Claudia Schumacher
Stefan Schwartz

100 Jobs mit Zukunft

UEBERREUTER

Die Deutsche Bibliothek – CIP-Einheitsaufnahme

Schumacher, Claudia:
100 Jobs mit Zukunft ; Anforderungen, Berufe, Informationsquellen / Claudia Schumacher ; Stefan Schwartz. – Wien : Wirtschaftsverl. Ueberreuter, 1996
ISBN 3-7064-0230-0
NE: Schwartz, Stefan ; Schumacher, Claudia : Hundert Jobs mit Zukunft; Schwartz, Stefan: Hundert Jobs mit Zukunft

S 0224 3 4 5 / 99 98 97

Umschlag: Kurt Rendl unter Verwendung eines Bildes der Bildagentur ZEFA

Druck: Ueberreuter Print und Digimedia, Korneuburg
Printed in Austria

Inhalt

Vorwort

Die Idee zu diesem Buch entstand nach diversen Besuchen in Abschluß- und Abiturklassen und nach zahlreichen Gesprächen mit Studenten. Wenn uns unsere Recherchen zu den Erwerbstätigen von morgen führten, fiel uns immer wieder auf, daß den meisten jungen Menschen ein Überblick über die Vielzahl von Berufen fehlt. Tiefere Kenntnisse über Anforderungen und die Vorzüge und Nachteile bestimmter Tätigkeitsbilder waren höchstens dann vorhanden, wenn ein Familienmitglied oder jemand aus dem Bekanntenkreis den jeweiligen Beruf ausübte und über seine Erfahrungen berichtete. Eine Einschätzung der Zukunftschancen bestimmter Tätigkeiten ist den Jugendlichen unter diesen Umständen natürlich kaum möglich, was die Wahl des »richtigen« Berufes zusätzlich erschwert.

Diese Lücke soll dieses Buch zumindest teilweise schließen. Für die Auswahl der »100 Jobs« ließen wir uns von prägenden wirtschaftlichen und gesellschaftlichen Indikatoren leiten, wie sie etwa die Herausbildung der Dienstleistungsgesellschaft, die Bedingungen des Informationszeitalters und die Veränderungen der Altersstruktur der Bevölkerung hin zu einer relativen Überalterung darstellen. Trotzdem diese Entwicklungen unbestritten vorangehen, sind die hier präsentierten Berufsbilder nur eine Auswahl aus vielen Alternativen; zu Recht weisen hochrangige Experten des Nürnberger Instituts für Arbeitsmarkt- und Berufsforschung immer wieder auf die »Gefahren« sogenannter »Berufs-Hitlisten« hin: Würden sich etwa nach der Lektüre dieses Buches tausende junge Leute spontan für den Beruf des »Screendesigners« entscheiden, würde der Massenandrang auf diesen Job die Perspektive von heute innerhalb kurzer Zeit in ihr Gegenteil verkehren.

Allerdings hoffen wir, die Erwerbstätigen von morgen mit diesem Buch für die Veränderungen von Wirtschaft und Arbeitsmarkt zu sensibilisieren und ihnen einen Einblick zu geben, was sie im Leben jenseits der Schul- und Universitätsmauern erwartet.

Bei der Benennung der Jobs und den Beschreibungen des Arbeitsalltags haben wir uns – allen Grundsätzen der Gleichberechtigung zum Trotz – im Sinne der besseren Lesbarkeit für die maskuline Variante allein entschieden.

Die Gehaltsangaben entsprechen immer dem Einstiegsniveau und sind als Brutto-Jahreseinkommen auf der Grundlage von 13 Monatsgehältern ausgewiesen.

Massenentlassungen, Rekordhöhen der Arbeitslosenzahlen, Pleitewellen: Kaum ein Tag vergeht ohne Negativmeldungen vom Arbeitsmarkt, und somit wächst die Sorge um die Sicherheit des eigenen Arbeitsplatzes zusehends.

Job- und Zukunftsängste packen mittlerweile auch diejenigen, welche mit dem Arbeitsleben noch gar nicht begonnen haben – die Jugendlichen. Bei einer Umfrage unter 2.400 jungen Leuten zwischen 14 und 24 führte die Mehrheit einen vernünftigen Berufseinstieg als ihre größte Sorge an. Die ehemaligen Angstmacher wie Krieg, Rassismus oder Umweltverschmutzung beschäftigen die Befragten im Verhältnis weit weniger.

Ein zweiter Blick auf den Arbeitsmarkt lohnt sich indes gerade für die Jungen durchaus, um die Job-Angst zu relativieren. Denn das pure Zahlenwerk, das die Medien tagtäglich transportieren, vermittelt nur die halbe Wahrheit. Der andere – und wichtigere – Teil versteckt sich in den Ursachen hierfür. Denn die meisten Arbeitsplatzverluste der jüngsten Vergangenheit sind auf eine wirtschaftliche Umstrukturierung zurückzuführen, die der industriellen Revolution nach der Erfindung der Dampfmaschine gleichkommt.

Ein solcher Umbruch fordert zwangsläufig seinen Tribut und dies zumeist da, wo die Bereitschaft der Umstellung mit zunehmendem Alter abnimmt. So sind es denn auch überwiegend die älteren Arbeitnehmer der Jahrgänge 1940 und früher, die ihren Job verloren. Den Jüngeren und insbesondere der künftigen Generation der Erwerbstätigen bleiben alle Chancen, sich den Bedingungen der neuen Arbeitswelt, den veränderten gesellschaftlichen und politischen Bedingungen anzupassen. Dazu zählen folgende Faktoren:

- **Die Dienstleistungsgesellschaft:**

Im Hochlohnland Deutschland wird die Zahl von Arbeitnehmern mit einfachen Tätigkeiten weiterhin abnehmen. Doch selbst wenn die Fertigung und Produktion von Gütern im billigeren Ausland erfolgt, Entwicklung, Handel, Verkauf, Beratung und Verwaltung bleiben hierzulande erhalten. Arbeitsmarktforscher versprechen sich von dieser Umstrukturierung in den kommenden Jahren ein Beschäftigungsplus von mehr als drei Millionen neuer Jobs.

- **Die Informationsgesellschaft:**

Die weltweite Verbreitung von Fax, Fernsehen, Telefon, Computern und Online-Diensten führt dazu, daß heute über jede Information jederzeit an jedem Ort der Welt verfügt werden kann. Gleichzeitig besteht für immer mehr Arbeitnehmer auch die Möglichkeit, Information überall auf der Welt zu verarbeiten.

● Globaler Markt – lokale Jobs:

Weltweit wachsen die nationalen Märkte zu einem gigantischen globalen Markt zusammen. Im entstehenden globalen Dorf – verbunden durch die Mittel des Informationszeitalters – bewegen sich die Unternehmen wie in einer riesigen Einkaufspassage: Sie kaufen dort ein, wo es am günstigsten ist, und lassen sich dort nieder, wo die Umgebung am besten gefällt. Die Arbeitnehmer haben sich anzupassen.

● Lebenslang lernen:

Mit dem Eintritt ins Berufsleben fängt der Lernprozeß für eine wachsende Schar Erwerbstätiger erst richtig an. Sprach- und Computerkenntnisse, Aufgeschlossenheit gegenüber neuen technologischen Entwicklungen und die Bereitschaft, permanent seinen Wissensstand in Frage zu stellen und seinen Horizont zu erweitern, sind die Rezepte für ein erfolgreiches Arbeitsleben.

● Generalisten gefragt:

Rasante Entwicklungen auf dem Arbeitsmarkt und schnell veraltendes Wissen erfordern einen neuen Mitarbeiter-Typus: Generalisten mit guter Allgemeinbildung, einer gehörigen Portion Neugier und der Fähigkeit, sich schnell in Spezialgebiete einzuarbeiten.

● Der Abschied vom Arbeitsplatz:

Ein Job fürs ganze Leben, regelmäßiges Gehalt und eine 37-Stunden-Woche – diese Errungenschaften der Arbeitswelt verlieren ihre Gültigkeit in den kommenden Jahren zunehmend. Vielmehr bauen die Unternehmen ihre feste Belegschaft ab, um stattdessen für einzelne Probleme Spezialisten heranzuziehen.

● Der Staat am Ende:

Die dominierende Rolle des Staates in der Wirtschaft geht zu Ende. Derzeit beansprucht er noch jede zweite Mark, die in der Bundesrepublik erwirtschaftet wird. Leere Kassen zwingen ihn zu der Erkenntnis, daß er sich übernommen hat. Als Konsequenz wird die Privatisierung staatlicher Dienstleistungen fortschreiten, Beamte erhalten ein leistungsorientiertes Berufsprofil, und Besitzstände im Sozialbereich stehen zur Disposition.

● Die Rentenfalle:

Als Zeitbombe wirkt die zunehmende Überalterung der Gesellschaft. Der Rentneranteil an der Gesamtbevölkerung nimmt kontinuierlich zu. Doch die steigende Zahl der Älteren birgt gleichzeitig Chancen für Jobs als Pfleger, Ärzte, Betreuer und Senioren-Entertainer.

● **Der Traum vom Umweltjob:**

Die Rekordarbeitslosigkeit hat zwar derzeit die Umweltproblematik aus den Schlagzeilen verdrängt, gelöst ist diese damit jedoch keineswegs. Praktizierter Umweltschutz gerät in den Betrieben zum alltäglichen Bestandteil eines jeden Jobs.

Die folgenden Kapitel gehen neben einer Analyse der aktuellen Situation am Arbeitsmarkt vor allem auf die neun genannten Faktoren ein, die die Beschäftigungslandschaft von morgen nachhaltig beeinflussen werden.

Was ist los auf dem Arbeitsmarkt?

Eine riesige Entlassungswelle am Bau war die Ursache für den traurigen Nachkriegsrekord bei den Arbeitslosen. Zurückgehende Aufträge, Konkurrenz aus dem Ausland und bitterer Frost führten dazu, daß sich monatlich mehr als 100.000 Bauarbeiter neu arbeitslos meldeten. Doch nur ein Teil von ihnen wird für längere Zeit ohne Arbeit bleiben. 1996 bauen in Deutschland private und öffentliche Träger knapp 600.000 Wohnungen.

Jeder fünfte derzeit gemeldete Arbeitslose ist über 55 Jahre alt. Vor allem größere Unternehmen haben in den letzten beiden Jahren ihre älteren Arbeiter und Angestellten zum frühzeitigen Ausstieg gedrängt. Sie erhalten jetzt Arbeitslosengeld, das zum Teil von ihrem ehemaligen Arbeitgeber noch aufgestockt wird. Mit 58 Jahren treten sie dann offiziell ihren Ruhestand an.

Zwei Drittel der Erwerbssuchenden sind Arbeiter. Bei Personen ohne abgeschlossene Berufsausbildung liegt die Arbeitslosenquote bei rund 20 Prozent, bei denen mit erlerntem Beruf unter 10 Prozent. Der simple Grund: Die Unternehmen verlagern vor allem einfache Produktionstätigkeiten wie Fließbandarbeit ins Ausland, die Beschäftigung für heimische ungelernte Kräfte fällt somit ersatzlos weg.

Die Wiedervereinigung hat die Quote der Erwerbslosen dramatisch in die Höhe getrieben. Ein Drittel aller Arbeitslosen stammt aus den fünf neuen Ländern. Dort brachen nach der Wende große Teile der Industrie zusammen. Einzelne Lichtblicke wie eine hochmoderne Computerchip-Fabrik in Dresden oder der Aufbau einer Pharma-Produktion in Bitterfeld vermögen nicht darüber hinwegzutäuschen, daß Hunderttausende von Stellen wegfielen. Erst allmählich, fünf Jahre nach der Wiedervereinigung, scheint dieser Prozeß zum Stillstand zu kommen. Langsam entwickelt sich zwischen Rostock und Dresden ein leistungsfähiger Mittelstand, der neue Jobs schafft.

Dagegen liegt die Quote arbeitsloser Jugendlicher unter 20 Jahren nach wie vor unter der allgemeinen Arbeitslosenquote. Für jüngere Fachkräfte mit einer abgeschlossenen Berufsausbildung sieht die Situation insgesamt sogar recht gut aus. Sie trifft das Risiko, arbeitslos zu werden, nur unterdurchschnittlich und wenn sie es doch erwischt, finden sie verhältnismäßig schnell neue Arbeit.

Einstiegsschwierigkeiten

Was hilft eine günstige Stellenprognose, wenn schon der Zugang zu diesem Beruf restlos verstopft ist. An den Universitäten drängeln sich doppelt so viele Studenten wie ursprünglich vorgesehen. Überall fehlt es an Büchern, Sitzplätzen und Hilfsmitteln wie Computern. Doch in die Mehrzahl der Studiengänge findet jeder Zutritt, für den Rest der Fächer bekommen die meisten nach einigen Runden in der Warteschleife auch eine Chance.

Entwicklung der Lehrstellenzahl in den alten Bundesländern

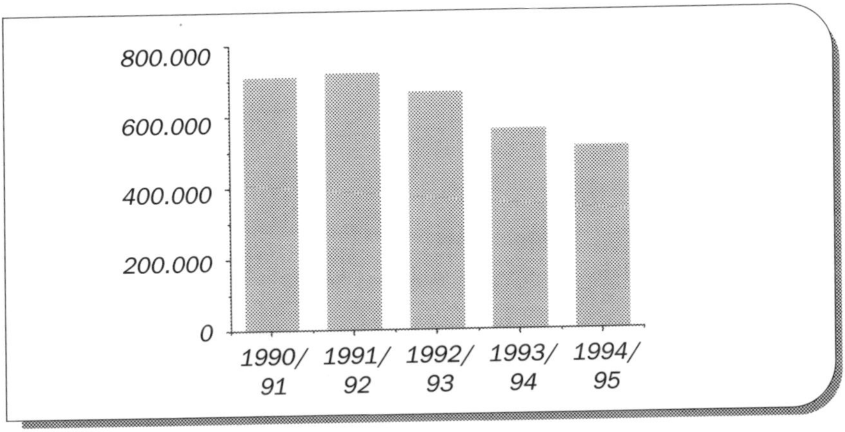

Für siebzig Prozent der Schulabgängers eines jeden Jahrgangs heißt das Nadelöhr Lehrstelle, und wenn die Plätze verteilt sind, hilft auch Warten wenig. Höchstens bleibt die Gewißheit, daß im nächsten Jahr das Gedrängel noch größer wird. Zwar konnte vergangenes Jahr der rasante Lehrstellen-Abbau gestoppt werden – 200.000 Plätze gingen seit 1990 in den alten Ländern verloren. Doch nur mit viel Müh' und Not sowie mit staatlicher Subventionierung gelang es bis in den späten Herbst, jedem Jugendlichen einen Ausbildungsplatz zu verschaffen.

Viele Berufswünsche bleiben unerfüllt. So reicht bei den kaufmännischen Berufen die Zahl der bundesweit angebotenen Ausbildungsplätze nicht mehr aus, die Nachfrage aller Interessierten zu befriedigen. Andere Branchen suchen händeringend nach Nachwuchs, doch stoßen sie bei Jugendlichen auf nur wenig Gegenliebe. So gelingt es bei Bäckern oder Mechanikern regelmäßig nicht, die freien Lehrstellen zu besetzen. Darüber klagen Handwerk sowie Industrie und vergessen dabei, daß ein Beruf ja auch ein klein wenig Spaß machen soll.

Diskrepanz zwischen Angebot und Nachfrage bei den Lehrstellen

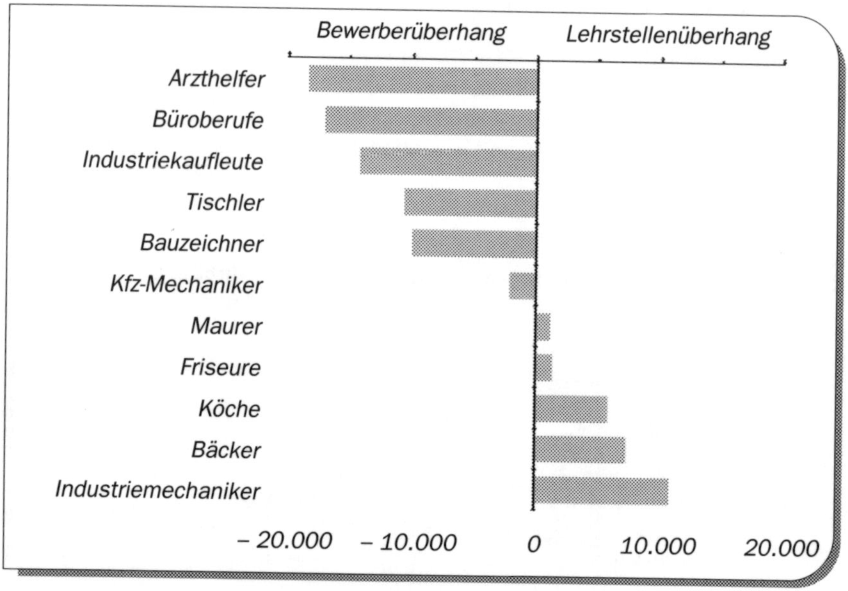

Jetzt hat die Wirtschaft hoch und heilig versprochen, für Abhilfe zu sorgen. Bis 1997 soll es in Deutschland 620.000 Ausbildungsplätze geben. In einzelnen Branchen, wie in der Chemie, wird die Steigerung der Lehrstellenzahl im Tarifvertrag festgeschrieben. Bis zu 30 neue Berufe sollen ab 1997 das Angebot an Lehrberufen ergänzen. Die neuen Stellen entstehen vor allem in Branchen, die bislang wenig oder überhaupt nicht ausbildeten – darunter Sicherheitsunternehmen, Messeveranstalter, Touristikanbieter und Fernsehanstalten.

Wer nicht mehr so lange warten will oder kann, muß derzeit Flexibilität beweisen. Durch Abrücken vom Traumberuf oder durch Übersiedlung in ein anderes Bundesland können Jugendliche ihre Chancen bei der Lehrstellensuche verbessern. Schließlich ist die Ausbildung nur der erste Baustein für einen erfolgreichen Einstieg ins Berufsleben, durch anschließende Fortbildung oder Studium kann man immer noch in seinen Wunschjob gelangen.

Wo die Jobs der Zukunft liegen

»Nicht abschrecken lassen von Lehrstellenmangel und überfüllten Universitäten«, heißt die Devise für den Nachwuchs. Denn Erwerbstätige ohne Ausbildungsabschluß werden in den nächsten 15 Jahren die Verlierer auf dem Arbeitsmarkt sein. Schon heute trifft sie das Risiko der Arbeitslosigkeit überdurchschnittlich hoch.

Bis zum Jahr 2010 soll sich die Zahl der Stellen in Deutschland, für die man keinerlei Qualifikation braucht, nahezu halbieren. Rund 4,5 Millionen Menschen werden dann noch einfache Aushilfsarbeiten in der Produktion, in Restaurants, als Fahrer oder Putzkraft finden.

Welche Qualifikationen gefragt sind
(Angaben in Millionen)

Qualifikation	*Stand 1990*	*Bedarf 2000*	*Bedarf 2010*
Uni-Diplom	*2,4*	*2,6*	*3,1*
Fachhochschul-Diplom	*1,4*	*1,6*	*2,0*
Lehre	*24,3*	*23,8*	*25,0*
ohne Abschluß	*8,0*	*5,9*	*4,5*

Das Gros der Berufstätigen ist weiterhin mit einer Lehre am besten bedient. 70 Prozent aller Arbeitnehmer brauchen nach Prognosen des Instituts für Arbeitsmarkt- und Berufsforschung (IAB), des Forschungsinstituts der Nürnberger Bundesanstalt für Arbeit, auch in Zukunft einen Facharbeiter- oder Gehilfenbrief.

In der Minderheit bleiben dagegen die Akademiker. Zwar braucht die Wirtschaft voraussichtlich in 15 Jahren mehr als eine Million zusätzlicher Hochschulabgänger für Forschungs-, Führungs- und Spezialistenaufgaben. Doch von einer Gesellschaft der Studierten bleiben wir weit entfernt.

Die Tätigkeiten der Zukunft

Die Anforderungen an den einzelnen am Arbeitsplatz nehmen ständig zu. Vorbei die Zeiten, wo monotone Produktions- und Verwaltungsjobs den Arbeitsalltag in Deutschland bestimmten. Das IAB geht davon aus, daß im Jahr 2010 zwei Millionen weniger Menschen mit dem Gewinnen und Herstellen von Gütern beschäftigt sein werden als noch 1985. Für das Tippen, das Ablegen von Akten und andere einfache Büroarbeiten braucht die Wirtschaft dann eine Million weniger Menschen.

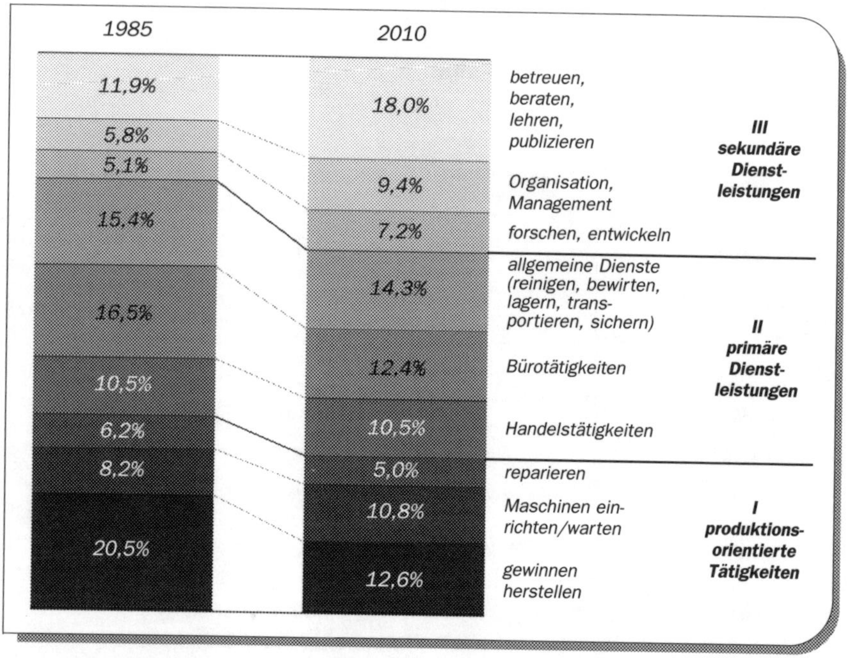

Der Abbau bei den einfachen Fließbandjobs in der Produktion bedeutet hingegen keineswegs das Aus für die Industrie am Standort Deutschland. Die Handlangerjobs werden von Robotern ausgeführt werden. Im Jahr 2010 wird sich knapp eine Million mehr Menschen damit beschäftigen, Maschinen einzurichten, einzustellen, sie zu warten und zu reparieren.

Der Wachstumsbereich Nummer eins in den kommenden Jahren sind Tätigkeiten wie betreuen, beraten, lehren, publizieren – alles Arbeiten, die sich mit dem Gewinnen und Verbreiten von Informationen beschäftigen. Experten gehen davon aus, daß bereits in fünf Jahren die Hälfte aller Erwerbstätigen in ihrem Job mit der

Ware Information in Kontakt kommt. Diese tritt gleichberechtigt neben klassische Produkte wie Stahlrohre und Pullover.

Der zweite Gewinner beim Strukturwandel sind alle jene Erwerbstätigen, die sich im weitesten Sinn mit Management beschäftigen. Sie leiten andere Menschen bei ihrer Arbeit an, entwerfen Strategien und entscheiden über alle betrieblichen Fragen – von der Einstellung eines Angestellten bis zum Neubau eines ganzen Werks.

Insgesamt, sind die Arbeitsmarktforscher überzeugt, gehört die Zukunft den höherqualifizierten Tätigkeiten. 3,5 Millionen zusätzliche Stellen sollen hier in den kommenden Jahren entstehen. Sie werden besetzt mit Akademikern und Fachkräften mit abgeschlossener Berufsausbildung. Im Jahr 2010 sollen nach diesen Prognosen vier von zehn Beschäftigten mit Führungsaufgaben oder hochqualifizierten Spezialaufgaben betraut sein.

Diener gesucht

Weder Butler noch Dienstmädchen sind gemeint, wenn die Arbeitsmarktexperten von der boomenden Dienstleistungsgesellschaft sprechen. Hinter dieser Bezeichnung verbergen sich vielmehr nahezu alle Berufe, die sich nicht mit reiner Produktherstellung beschäftigen.

Beratende Berufe, wie beispielsweise Anwälte, Wirtschaftsprüfer oder Unternehmensberater, Berufe im Gesundheitswesen, Jobs in der Versicherungs- und Bankenbranche, im Hotel- und Gastronomiegewerbe sowie im Sport- und Freizeitbereich, aber auch Beschäftigte im Bildungssektor sind alle unter dem Oberbegriff Dienstleister zusammengefaßt. Darüber hinaus umfaßt er alle Bereiche, die mit Service und Kundendienst zusammenhängen.

Wissenschaftler unterscheiden grundsätzlich zwei Dienstleistungsbereiche: den haushalts- und den unternehmensnahen Sektor. Insbesondere rund um die Unternehmen entsteht ein immer größerer Bedarf an Dienstleistern. Denn der Trend, Teile der Produktion entweder von Maschinen und Robotern besser und rationeller herzustellen oder billiger im Ausland anzufertigen, ist ungebrochen.

Dienstleister auf dem Vormarsch – produzierendes Gewerbe auf dem absteigenden Ast

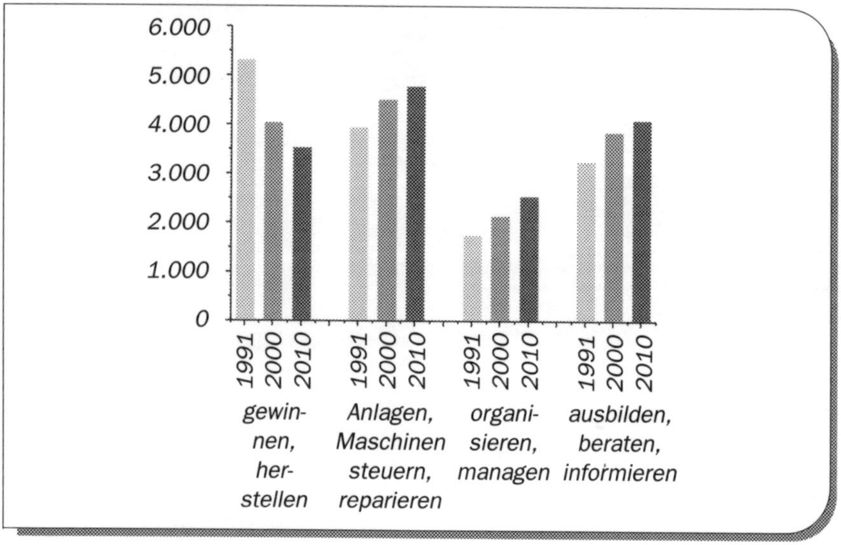

Durch die Umwandlung von der Produktions- in eine Dienstleistungsgesellschaft werden in der Bundesrepublik in den nächsten Jahren fast zwei Millionen Jobs wegfallen. Neuer Beschäftigungsbedarf in den Bereichen Management, Maschinenwartung, Lehre und Information wird diesen Verlust mehr als ausgleichen.

Der Umwandlungsprozeß

Natürlich wird es weiterhin Beschäftigte in der Produktion geben – nur weniger und besser ausgebildete. Wohin sich die Tätigkeiten stattdessen verlagern, zeigt das Beispiel eines typischen deutschen Unternehmens: Der Automobilhersteller VW erfüllt heute noch die gleiche Aufgabe wie vor 50 Jahren, nämlich Autos herzustellen und zu verkaufen – aber in völlig anderen Dimensionen.

Erschöpfte sich die Nachkriegsproduktion in zwei verschiedenen Autotypen, laufen heute nur noch selten zwei Wagen hintereinander vom Band, die sich bis auf die letzte Schraube gleichen. Mit einer unendlichen Palette von Typen, Farben und Ausstattungsmerkmalen entspricht das Unternehmen heute den individuellen Kundenwünschen.

Dabei wurde die Fertigung soweit wie möglich automatisiert, Robotern und computergesteuerten Produktionsstraßen übertragen. Die Produktionsmannschaft, die früher am Fließband stand und Teil für Teil per Hand zusammensetzte, dünnte entsprechend aus. Im Gegenzug stellte VW allerdings Mitarbeiter für die Entwicklung und Wartung dieser Maschinen ein.

In den 80er Jahren setzte die Internationalisierung ein. Volkswagen produziert seine Autos bzw. Teile davon seither unter anderem in China, Brasilien, Südafrika, Spanien und Tschechien mit Hilfe der Mitarbeiter in den jeweiligen Ländern. Koordinatoren tragen Sorge, etwa die Teilfertigung in Südafrika mit den Endprodukten in Wolfsburg termingerecht zu verbinden. Logistiker machen je nach Bedarf den schnellsten, sichersten oder preiswertesten Transportweg aus.

Konkurrenten auf einem hart umkämpften Markt

Wie bereits erwähnt, stellt VW heute weit mehr Fahrzeuge her als einige Jahrzehnte zuvor. Andere deutsche Hersteller haben einen ähnlichen Prozeß durchgemacht. Zusätzlich schwappen preiswerte und qualitativ hochwertige Konkurrenzprodukte aus Japan und Korea auf den hiesigen Markt.

Folglich buhlen immer mehr Hersteller mit immer kundenfreundlicheren Produkten um die Gunst der Käufer. So auch VW, das für die erfolgreiche Umwerbung seiner Kunden ein Heer von Fachleuten beschäftigt, die vor allem eines herauszufinden haben: Mit welchen Mitteln kann der Konzern möglichst viele Autos verkaufen?

In den 80er Jahren fanden diese Marktforscher, Marketing- und Werbefachleute heraus, daß hübsche Karosserien und zahlreiche PS als Kaufgrund nicht mehr ausreichten. Jetzt mußten die Autos sicherer werden. Die Forschungsabteilung von VW wurde drastisch aufgestockt, statt schnellerer wurden sicherere Autos produziert. Neue Roboter und Maschinen wurden entwickelt, die Fertigungsstraßen umgestellt, Facharbeiter umgeschult, und eine intensive Endkontrolle wurde eingeführt.

In den 90er Jahren erreichte die Umweltdebatte ihre ersten Höhepunkte. Autos mußten nun nicht nur schnell und sicher, sondern auch schadstoffarm und benzinsparend werden. Der gleiche Prozeß wie schon zehn Jahre zuvor setzte ein.

Nun, da VW die schnellen, hübschen, sicheren und umweltfreundlichen Autos hat, müssen die Käufer davon informiert werden. Werbeleute appellieren in Fernsehspots an den fürsorglichen Familienvater, der seinen Nachwuchs sicher transportieren und ihm dabei noch eine intakte Natur hinterlassen möchte.

Dazu kommt eine Reihe von weiteren Maßnahmen, um die Käufer zu umgarnen, etwa der Hinweis auf die zahlreichen Servicestationen, die im Laufe der Jahre heranwuchsen, oder auf Privat-Leasing und auf Finanzierungsmöglichkeiten über die hauseigene VW-Bank, die den lästigen Besuch bei der Hausbank erspart.

Insgesamt hat VW seine Mannschaft für die reine Autobautätigkeit drastisch reduziert. Im Gegenzug arbeiten jedoch heute unzählige Menschen in allen Bereichen, die der Produktion vor- und nachgelagert sind – im Dienstleistungsbereich.

Berater für Unternehmen und Privatleute

Neben den eng mit der Produktion verbundenen Dienstleistungsarbeiten hat sich die Zahl der Erwerbstätigen in den beratenden Berufen binnen der letzten zehn Jahre fast verdoppelt.

Außer Anwälten und Steuerberatern, deren Dienste bekanntlich auch von Privatleuten beansprucht werden, tummelt sich der Rest der Berater ausschließlich im Unternehmensbereich.

Personalberater helfen, die geeigneten Mitarbeiter zu finden oder die vorhandenen so zu schulen, daß sie den geänderten Anforderungen des Unternehmens gerecht werden. Unternehmensberater untersuchen den Konzern auf Schwachstellen und bieten Rezepte an oder erforschen neue Märkte, auf denen der Konzern sein Produkt einführen möchte. Wirtschaftsprüfer untersuchen den Betrieb auf seine finanziellen Schwachstellen und leisten gegebenenfalls Abhilfe. Steuerberater weisen den Weg der geringsten steuerlichen Belastung. Werbe- und PR-Fachleute rücken Firma, Firmenlenker und Produkte ins rechte Licht der Öffentlichkeit.

Die wichtigsten Berufsgruppen unter den Beratern

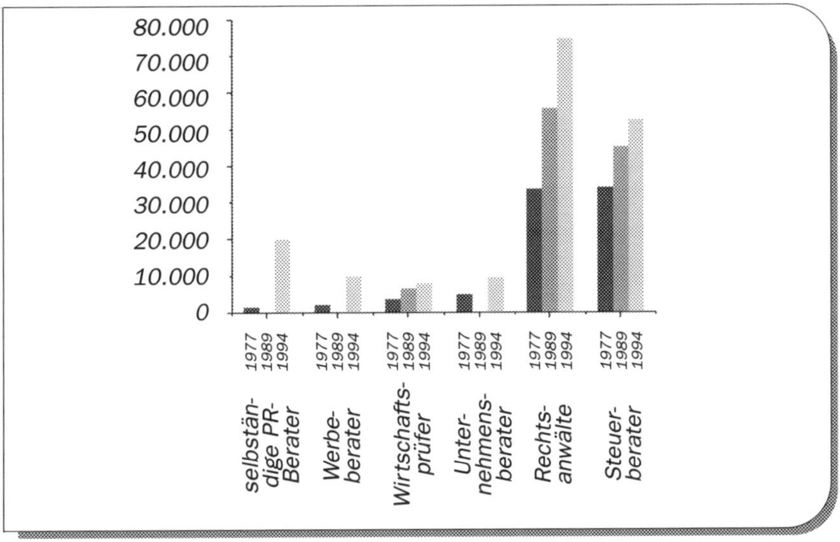

Ein Team von Spezialisten

Das Expertenheer rund um die Betriebe hat sich innerhalb der letzten 15 Jahre nicht nur schlichtweg verdoppelt, es hat sich dabei vor allem auch spezialisiert.

Die sich weltweit ausdehnenden Handelsbeziehungen lassen den Beratungsbedarf nicht nur wachsen, sondern erhöhen auch die Anforderungen an die Berater.

Heute haben die Rechtsanwälte für ihren Auftraggeber nicht nur Verträge mit einheimischen Zulieferern aufzusetzen, sondern müssen sich etwa auch mit dem taiwanesischen Rechtssystem auseinandersetzen. Mit der Öffnung Osteuropas galt es wiederum, in den zahlreichen Staaten der ehemaligen Sowjetunion die Patentrechte und Markennamen deutscher Unternehmen zu sichern.

Werbefachleute berücksichtigen in ihren Feldzügen neben dem inländischen Geschmack und Bedarf auch die Vorlieben europäischer Nachbarländer. Schließlich kann sich heute jeder Franzose per Satellitenfernsehen die Werbespots deutscher Sender ansehen.

Beide Beispiele demonstrieren, daß eine einzelne Person kaum in der Lage sein kann, allen diesen Anforderungen gerecht zu werden. Zusammenschlüsse, Kooperationen und Partnerschaftsverträge dienen dazu, dem Kunden für jedes Fachgebiet einen Spezialisten zur Verfügung zu stellen, die jedoch unter einem Dach versammelt sind.

Dienstleistung für private Haushalte

Insbesondere der Gesundheits- und der Freizeitbereich haben sich als wahres Beschäftigungswunder entpuppt. Die steigende Lebenserwartung, das wachsende Gesundheitsbewußtsein sowie Zivilisations- und Suchterkrankungen bescherten dem medizinischen Bereich einen Beschäftigungszuwachs von über 300.000 Angestellten und Arbeitern – freiberuflich Tätige nicht mitgerechnet.

Mit den gestiegenen Anforderungen an die medizinische Versorgung sind allerdings auch die Gesundheitskosten dramatisch in die Höhe geschnellt. Den ausufernden Gesamtausgaben von über 300 Milliarden Mark versuchte die Bundesregierung mit dem Gesundheitsstrukturgesetz von 1993 einen Riegel vorzuschieben. Mehr Wettbewerb und Wirtschaftlichkeit in der medizinischen Versorgung sparte denn auch im Folgejahr nicht nur rund 10 Milliarden ein, es stellt seither auch die Ärzte- und Pflegerschaft vor neue Herausforderungen: Sie müssen rechnen lernen.

Die Beschäftigungslandschaft im Gesundheitsbereich

Berufsgruppen	***Beschäftigte***
Ärzte	*244.238*
Zahnärzte	*54.972*
Tierärzte	*17.296*
Heilpraktiker	*14.000*
Apotheker	*41.607*
Masseure/Krankengymnasten	*126.189*
Krankenschwestern/Pfleger	*824.659*
Krankenhelfer	*140.039*
Diätassistenten	*52.384*
Sprechstundenhelfer	*377.011*
Medizinische Laboranten	*132.801*

Die Kombination von Heil- und Rechenkünsten wird auch in den kommenden Jahren eine gefragte Verbindung bleiben. Große Gemeinschaftspraxen, die unvermeidliche Unterhaltskosten auf die Schultern mehrerer Ärzte verteilen, eine genaue Kenntnis über die Preisstruktur der Medikamente oder zunehmend ambulante Behandlungen, bei denen der Patient vom Operationstisch nach Hause geschickt wird, statt drei Tage im Krankenhaus zu verbringen, sind die ersten Antworten auf den Sparzwang.

Eine weitere Strategie basiert in erster Linie auf dem Konzept des Vorbeugens. Allmählich gehen die Krankenkassen dazu über, finanzielle Mittel für präventive Therapien lockerzumachen. Bei Diabetes, Herz-Kreislaufschwächen, Wirbelsäulenschäden oder Durchblutungsstörungen hat sich zumindest ansatzweise die Erkenntnis durchgesetzt, daß vorbeugende Maßnahmen die Kosten für eine aufwendige spätere Behandlung eindämmen können.

Ob von der Krankenkasse oder aus der eigenen Tasche bezahlt – freudig geben die Deutschen Geld für ein gesundes und aktives Leben aus. Nicht nur ist die Zahl der Fitneß- und Gesundheitscenter innerhalb der letzten zehn Jahre auf das Doppelte gestiegen (mittlerweile gibt es bundesweit 5.500 derartige Einrichtungen), dort wird auch immer mehr Geld umgesetzt.

In der Nische zwischen Freizeitgestaltung und Fitneßprogrammen hat sich zudem die Tourismusbranche sattsam eingerichtet. Hier wird bis ins nächste Jahrtausend ein Beschäftigungswachstum von weltweit 500 Millionen zusätzlicher Erwerbstätiger entstehen.

Umsätze in Sportstudios

Umsatz	*1991*	*1993*
bis 100.000	*10,7%*	*2,0%*
bis 200.000	*23,5%*	*13,8%*
bis 300.000	*19,5%*	*13,8%*
bis 400.000	*18,5%*	*17,8%*
bis 500.000	*11,2%*	*19,9%*
über 500.000	*16,6%*	*32,7%*

An den beliebten Kombinationen von Fitneß und Freizeit, Kultur und Reisen, Fortbildung und Fernweh oder Abenteuer und Urlaub arbeiten die professionellen Freizeitgestalter unentwegt. Schließlich können sie sich ihrer wachsenden Kundschaft aufgrund mehrerer Tatsachen sicher sein:

Abnehmende Wochenarbeitszeit = mehr freie Zeit

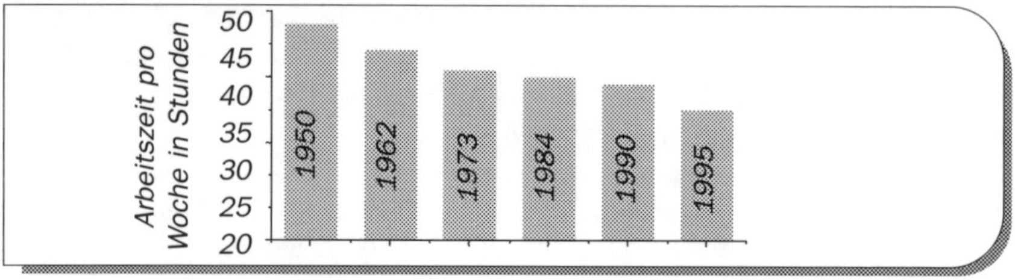

Die Freizeitausgaben nehmen rasant zu

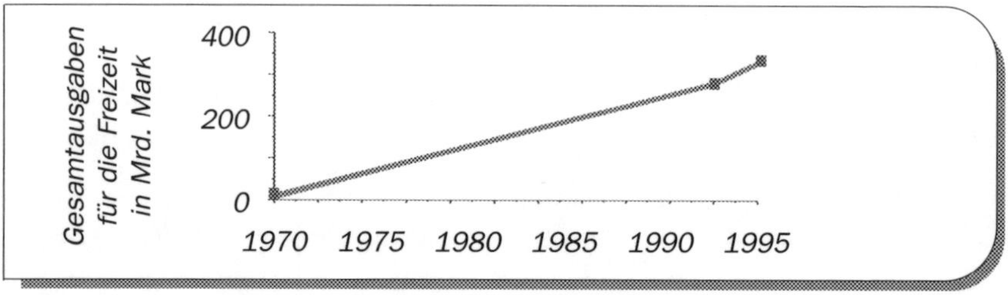

Dank dieser drei Indikatoren – geringere Arbeitszeit, ungebrochene Reiselust und Konsumfreude bei der Freizeitgestaltung – machen die Beschäftigten im gesamten Tourismus- und Freizeitbereich bereits mehr als zwölf Prozent aller Erwerbstätigen aus. Die Anforderungen an die Berufstätigen verändern sich dabei permanent.

Mit langjähriger Reiseerfahrung und ohnehin hohem Lebensstandard versehen, wachsen auch die Ansprüche der Urlauber ständig. Außerdem werden sie differenzierter: Je nach Geschmack, Alter, verfügbarem Einkommen und Familienstand müssen sich die Anbieter alljährlich neue Attraktionen ausdenken – seien es besonders günstige Arrangements oder ausgefallene Ziele.

Die ständige Reaktion auf immer spezifischere Zielgruppen – vom Manager als Seminartourist über die gesundheitsbewußte Karrierefrau bis zum alternativen Kletterurlauber – entpuppt sich denn auch als eine der Hauptbeschäftigungen im anspruchsvollen Freizeitgeschäft. Während die daraus resultierende Beratungsintensität zunimmt, schrumpfen die reinen Buchungs- und Verwaltungstätigkeiten in dem Maße, in dem immer mehr private Haushalte mit Computern und Online-Diensten versorgt sind. Denn damit können sie die Buchungen und den Zahlungsverkehr ohne fremde Hilfe abwickeln.

Das Informationszeitalter

»Ich weiß, daß ich nichts weiß« – nichts charakterisiert unseren Wissensstand im ausgehenden 20. Jahrhundert besser als dieser Philosophen-Spruch. Und das, obwohl wir das Informationszeitalter eingeläutet haben und die Bewohner der westlichen Welt ein noch nie erreichtes Bildungsniveau vorweisen können.

Doch gerade die Informationsfülle, die uns heute aus allen Kanälen – gewollt oder ungewollt – erreicht, führt dazu, daß unser Wissen immer schneller veraltet. Allein in den letzten fünf Jahren ist die Informationsmenge schneller gewachsen als in den 2.000 Jahren zuvor.

Nachrichten, Wissenswertes und Unterhaltung bieten Hörfunk, Fernsehen, Zeitungen und neuerdings auch Online-Dienste in vielfältigster Form, häufig täglich und rund um die Uhr. Hauptsächlich das Privatfernsehen und die privaten Radiosender haben mit ihrer Geburtsstunde vor etwa 15 Jahren eine neue Form der Informationsvermittlung gefunden: das Infotainment, die unterhaltsam aufbereitete Nachrichtendarstellung, leicht verständlich, kurz und knapp formuliert. Trotz leichter Kost wird der relative Anteil, den wir tatsächlich aufnehmen und verarbeiten können, immer geringer.

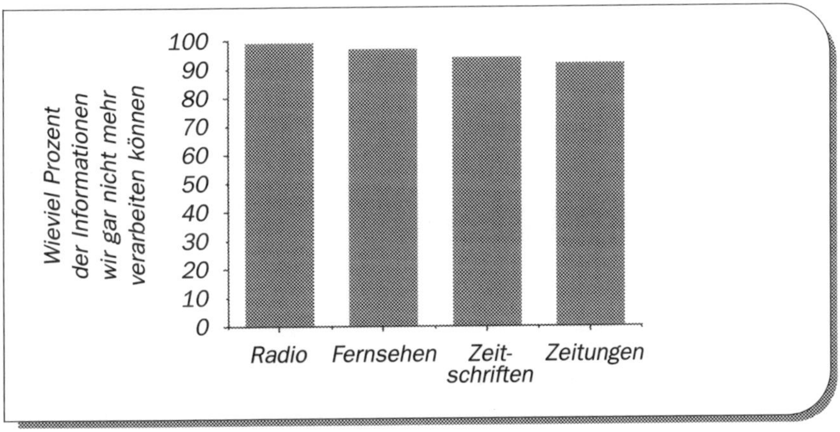

Trotz mangelnder Aufnahmefähigkeit wächst der Info-Markt immer weiter. Schon im vergangenen Jahrzehnt haben hier so viele Menschen Beschäftigung gefunden, daß Arbeitsmarktexperten ihn – neben Land- und Forstwirtschaft, Produktion und Dienstleistung – mit dem Titel des vierten Wirtschaftssektors ehrten und ihn Informationsdienstleistung tauften. Neben der reinen Nachrichtenbeschaffung, -formulierung und -aufbereitung werden sich die Anforderungen an die Beschäftigten mehr und mehr dahin bewegen, die Informationsflut zu ordnen, zu strukturieren und benutzerfreundlich darzustellen.

Internet

Obwohl sich bereits die klassischen Medien unentwegt als Informationstransporteur betätigen, setzt derzeit auch noch das Internet mit seinem weltumspannenden Datennetz zum Siegeszug an. Schon sind weltweit mehr als 30 Millionen Menschen – privat oder beruflich – an die digitale Welt angeschlossen. Täglich wächst die Fan-Gemeinde. Besonders die junge Generation und wissenschaftlich vorgebildete Akademiker nutzen rund um den Globus die Chance, auf der Datenautobahn aktuelle oder noch weitgehend unbekannte Informationen zu finden oder selbst welche auf die Reise zu schicken.

Neben seiner Funktion als virtuelle Spielwiese sowie als Forum für zweckfreien Informationsaustausch gewinnt das Internet zunehmend Bedeutung für das Wirtschaftsleben. In Deutschland sprießen zahlreiche Existenzen und Geschäftsideen, die ohne globale Datenautobahn undenkbar wären. Da gibt es Informationsbroker, die im Auftrag ihrer Kunden aus den unvorstellbaren Datenmassen die gewünschten Informationen herausfiltern, Werbeagenturen, die sich darauf spezialisieren, die Unternehmen im Netz artgerecht darzustellen, oder Software-Firmen, die intelligente Wegweiser durch den Info-Dschungel erfinden. Ausgestattet mit wenig Startkapital, aber großem Ideenreichtum, wächst die Zahl derer, die das Internet zu Geschäftszwecken nutzen, sprunghaft an.

Arbeiten daheim und unterwegs

Die vernetzte Welt und die problemlose, schnelle Übertragung von Gedanken, Dokumenten und Informationen in Text und Bild vom Süd- zum Nordpol revolutionieren zwangsläufig auch die Arbeitswelt. Die tatsächliche Präsenz zu einem bestimmten Zeitpunkt an einem bestimmten Ort wird zunehmend unwichtiger. Konzeptionelle, kreative oder organisatorische Aufgaben können von überall auf der Welt erledigt und die Ergebnisse per Datenleitung in Rekordzeit transportiert werden.

Der sogenannte Tele-Arbeitsplatz steckt zwar hierzulande noch in den Kinderschuhen, doch demonstriert er den ersten Schritt in ein Erwerbsleben ohne Arbeitsplatz in einem Betrieb oder einer Verwaltung. Ende 1994 hatten sich immerhin bereits 30.000 Arbeitnehmer in Deutschland für eine Form der Tele-Arbeit entschieden. Dazu zählen:

- ausschließlich in den eigenen vier Wänden Tätige;
- in einem nahegelegenen Satelliten- oder Nachbarschaftsbüro Beschäftigte;
- Erwerbstätige, die berufsbedingt viel unterwegs sind und ihre Ergebnisse zu Hause oder gleich vor Ort am tragbaren PC aufbereiten.

Allen neuen Arbeitsformen gemein ist der digitale Kontakt zum Arbeitgeber oder zur Betriebszentrale.

Welche Möglichkeiten die vernetzte Welt sonst noch bietet, darüber können Visionäre geradezu ins Schwärmen geraten. Fachleute, die über die ganze Welt verstreut sind – einer am australischen Strand, der andere in den Schweizer Bergen, ein Dritter auf einem Bootshaus am Amazonas – sollten dann beispielsweise gemeinsam an einem Projekt für einen englischen Auftraggeber arbeiten. Die Kommunikation untereinander und mit dem englischen Gentleman verläuft in diesem Fall dann per Videokonferenz, über Telefon und Datenleitungen. Die Aussichten auf derart kosmische Gruppenarbeit oder grenzübergreifende Projektteams geben nur einen Vorgeschmack darauf, wie sehr die neuen Technologien die Arbeit in der Informationsgesellschaft verändern werden.

Globaler Markt – lokale Jobs

Gewürze aus Indonesien, Seide aus China und exotische Früchte aus Afrika gibt es seit der Antike. Taschenrechner aus Taiwan, VW-Käfer aus Mexiko und T-Shirts aus Pakistan verkrafteten die Industriestaaten mühelos. Erst High-Tech-Maschinen aus Südkorea, Autos aus Malaysia und Flugzeuge aus Brasilien verstörten sie nachhaltig und führten zu einem radikalen Umdenkungsprozeß.

In rasender Geschwindigkeit wachsen die nationalen Märkte weltweit zusammen. Der Zusammenbruch des Ostblocks und die Öffnung Chinas brachten zwei Milliarden potentielle Käufer und Produzenten neu auf diesen Markt. Dort haben inzwischen die Stadtstaaten Hongkong und Singapur, aber auch Taiwan oder etwa Südkorea zu den westlichen Industriestaaten aufgeschlossen. Die Suburbs von Seoul ähneln denen in westlichen Großstädten, und der Boom in Südostasien führt dazu, daß das Verkehrschaos in Bangkok oder Djakarta dem in New York zur Rushhour in nichts nachsteht.

Der globale Markt verwischt die Grenzen zwischen den Industriestaaten und der Dritten Welt. Moderne Kommunikationsmittel wie Fax, Online-Dienste oder Videokonferenzen erlauben jederzeit die Kontaktaufnahme mit jedem Ort auf dem Globus.

Der Welthandel erweist sich als die eigentliche Wachstumslokomotive der Wirtschaft auf dem Erdball. Während das Bruttosozialprodukt – die Summe aller hergestellten Güter und Dienstleistungen – derzeit auf dem Globus um rund drei Prozent wächst, legt der Handel gleich um neun Prozent zu. Waren und Dienstleistungen im Wert von über sechs Billionen Mark wechselten vergangenes Jahr ihre Besitzer über Landesgrenzen hinweg.

Handeln statt produzieren

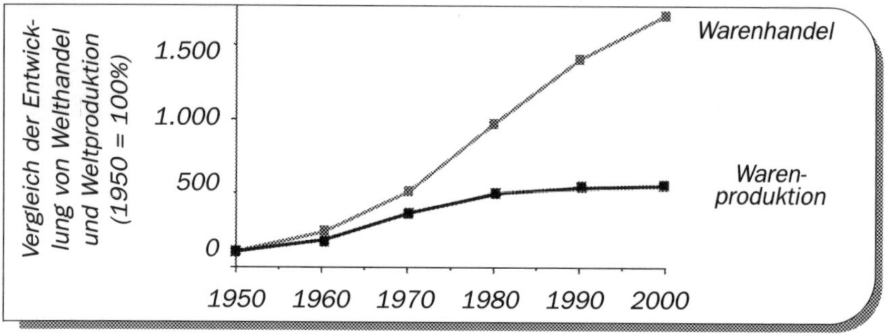

Die Welt wird für die Wirtschaft zu einem einzigen großen Einkaufszentrum, in dem sich jede Firma die passenden Angebote heraussucht. Ganz oben in der Liste der beliebtesten Einkaufsplätze steht die Bundesrepublik. Ihr Weltmarktanteil liegt bei rund zehn Prozent; das heißt, jedes zehnte Produkt, das auf dem Globus gehandelt wurde, trägt den Stempel »Made in Germany«. Erfolgreicher waren da nur noch die Amerikaner, während die gefürchteten Konkurrenten aus Fernost das Nachsehen hatten.

Zum wahrlich globalen Markt macht die wachsenden Handelsströme die zunehmende Präsenz der Unternehmen auf den einzelnen nationalen Märkten. Über 200 Milliarden Mark investieren sie jährlich im Ausland. Auch dabei liegen deutsche Firmen ganz vorn. Die Bundesbank schätzt, daß sie allein 1995 über 50 Milliarden Mark für Fabriken jenseits der Landesgrenzen ausgaben.

Exportartikel Arbeitsplätze

Entscheidende Kriterien für die Entscheidung deutscher Firmen, in Asien, in den USA oder in Osteuropa ein neues Werk aufzubauen, sind nationale Gesetze, die nötige Nähe zum Absatzmarkt und das unterschiedliche Lohnniveau. Mit über 40 Mark pro Stunde sind Arbeitskräfte in Deutschland teurer als an jedem anderen Standort weltweit. Vor allem die Zusatzkosten wie Rentenversicherungsbeiträge oder 30 Tage bezahlter Urlaub treiben die Kosten für die Firmen in die Höhe. Zum Vergleich: In den USA kostet eine Stunde im Durchschnitt 28 Mark, in Singapur knapp zehn Mark und in China nicht einmal eine Mark.

Einen Teil ihres Spitzenlohnes fangen die Beschäftigten hierzulande dadurch wieder auf, daß sie effizienter arbeiten und pro Stunde mehr schaffen als ihre Kollegen im Ausland. Doch dieser Vorsprung schwindet; auch in Südkorea oder in den USA entstehen hochmoderne Fabriken, die den gleichen oder sogar einen besseren Output erzielen. Mit ihrer Entscheidung, neue Fabriken vor allem im Ausland zu errichten, nutzen deutsche Firmen solche Lohnvorteile. Mit Produkten »Made in Germany« und zu hiesigen Kosten hergestellt, wären sie hier gegen lokale Konkurrenten nicht länger wettbewerbsfähig.

Der Drang der Firmen in die Billiglohnländer führt aber keineswegs zu einem Rückgang beim Export. Mit Waren und Dienstleistungen im Wert von über 700 Milliarden Mark verkaufen die Unternehmen hierzulande mehr Produkte als jemals zuvor jenseits der Grenzen. Den scheinbaren Widerspruch löst ein Blick auf die Hauptexportmärkte auf: Ganz vorne liegen Frankreich, Italien, die Benelux-Staaten und England. Diese Märkte werden weiter von den Fabriken im Inland aus beliefert.

Dazu kommt, daß manches Produkt erst am Standort Deutschland vom Pfennigsartikel zur Markenware wird. So führen Bekleidungshersteller, Elektronikfabrikanten oder Uhrenhersteller die Einzelbestandteile ihrer Waren zu Niedrigstpreisen ein. Hier fügen sie diese Stücke zu einem kompletten Produkt zusammen, das dann zu Luxuspreisen an die Verbraucher verkauft wird. Die Unternehmen verdienen glänzend, und im Inland sind zumindest die Jobs für die Endmonteure gesichert.

Um die weltweiten Einkäufe und das Netz von Filialen, Tochterunternehmen und Fertigungsstätten kontrollieren zu können, arbeitet in den Firmen ein Heer von Controllern, Produktionsmanagern, Produktionstechnikern und Marketing-Experten. Das A und O für solche Jobs sind exzellente Fremdsprachenkenntnisse.

Perfektes Englisch in Schrift und Wort gilt inzwischen für die meisten Berufe als selbstverständlich, weitere Fremdsprachenkenntnisse sind erwünscht. Dabei suchen die Firmen nicht nur Musterschüler, die ihre spanischen oder französischen Vokabeln ordentlich gebüffelt haben. Vorteile verschaffen sich Verkäufer, die in Tokio mit einigen japanischen Begrüßungsfloskeln aufwarten und zumindest halbwegs die Dialoge ihrer chinesischen Verhandlungspartner untereinander verstehen können.

Aus ihren Kenntnissen können Sprachtalente nicht nur bei der Jobsuche hierzulande Vorteile ziehen. Genauso wie die Märkte für Waren, Dienstleistungen oder Kapital öffnen sich auch die Arbeitsmärkte. Innerhalb der 15 Staaten der Europäischen Union ist ein Umzug inzwischen problemlos möglich.

Für diejenigen, die in der freien Wirtschaft Karriere machen wollen, wird der Aufenthalt jenseits der Grenzen ohnehin zur Pflicht: Wer in die Führungsetagen aufsteigen will, muß einen mehrjährigen Arbeitseinsatz im Ausland vorweisen. Schon bei der Einstellung achten die Unternehmen auf die internationale Ausrichtung ihrer Bewerber. Ein Semester Auslandsstudium gilt als selbstverständlich, Praktika in der Ferne sind dringend erwünscht.

Zehn bis 13 Jahre Schule, drei Jahre Lehre, fünf Jahre Universität und immer noch nicht genug gelernt? Im Gegenteil, in den meisten Berufen fängt der Lernstreß jetzt erst richtig an. Zwar fallen Klausuren und Zeugnisse weg, doch dafür bleiben für einen Grundkurs in Rhetorik auch nur zwei Tage Zeit. Danach erwartet die Firma, daß der Stoff sitzt und ihr Angestellter bei der nächsten Rede brilliert.

Permanentes Lernen ist Pflicht in Deutschlands Unternehmen. Knapp 40 Milliarden Mark geben sie inzwischen aus, damit ihre Leute auf dem neuesten Stand der Technik sind, perfekt verkaufen oder vernünftig in einem Team zusammenarbeiten können. Dabei legen sie das Schwergewicht auf das Lernen am Arbeitsplatz. Hier zeigt ein Trainer Angestellten die neuesten Kniffe mit ihrem Computerprogramm oder weist Mitarbeiter in eine neue CIM-Anlage ein. Auch die Top-Manager bleiben vom Bildungsfieber nicht verschont. Ihnen bringen Berater bei, wie sie überzeugend Fernsehinterviews geben oder Besprechungen mit ausländischen Gästen leiten.

Das lernende Unternehmen

Am Ende des unentwegten Bildungshungers im Betrieb steht das »lernende Unternehmen« – eine Vision, für die sich Manager zunehmend begeistern. Vom einfachen Fließbandarbeiter bis zum Vorstand bemühen sich hier alle Angestellten, ihr Wissen täglich zu vergrößern. Die ganze Organisation ist auf Weiterbildung eingestellt. Im Betrieb stehen Terminals, wo sich Angestellte bei Bedarf über CD oder Datenleitung informieren oder elektronische Hilfe holen, und fünf bis zehn Prozent der Arbeitszeit eines jeden sind für die Weiterbildung am Arbeitsplatz oder bei Seminaren vorgesehen.

Für den einzelnen Arbeitnehmer bedeutet dieser Bildungsenthusiasmus der Firmen aber keineswegs, sich ausschließlich auf deren Fortbildungsmaßnahmen verlassen zu können. Keine Firma kann eine lebenslängliche Beschäftigungsgarantie geben. Vermeintliche Erfolgsfirmen wie der Flugzeugbauer DASA oder die Elektronikbauer AEG und Grundig kapitulieren vor dem rapiden Wandel auf ihren Märkten und entlassen Tausende von Beschäftigten. Ohne Blessuren überstehen einen derartigen Personalabbau nur Mitarbeiter, die sich rechtzeitig eine breite Qualifikation verschafft haben, die sie auch für andere Arbeitgeber attraktiv macht.

Längst haben die Bundesbürger die Zeichen der Zeit erkannt. Knapp zehn Milliarden Mark investierten sie selbst in Computerkurse, Sprachreisen oder in Vorbereitungen auf die Meisterprüfung im Handwerk. Sie fragen bei Volkshochschulen und privaten Bildungsinstituten Kurse nach, die ihre Allgemeinbildung verbessern und ihre Einsatzchancen für zukunftsträchtige Berufe erhöhen. Perfekte Datenverarbeitungskenntnisse und fehlerloses Englisch sind dort ein Muß.

Der Verlust eines Jobs wird nach Ansicht von Bildungsexperten für die meisten Berufstätigen zur Normalität. Mit 16 Jahren die Schule verlassen, dann eine Lehre als Industriekaufmann absolvieren, kurz nach dem 19. Geburtstag die erste Stelle in der Buchhaltung erhalten, mit 39 Jahren Gruppenleiter werden, nach 40 Jahren in Frühpension gehen – solch geradlinige Berufskarrieren gehören endgültig der Vergangenheit an.

An die Stelle des kalkulierbaren Aufstiegs tritt der permanente Neubeginn. Solche Umbrüche schafft nur, wer ständig dazulernt und sich selbst neue Herausforderungen stellt. Wer einmal in der wohligen Routine eines geregelten Acht-Stunden-Tages versinkt, hat größte Schwierigkeiten, sich nach fünf oder sieben Jahren neu zu orientieren und den Mut aufzubringen, sich auf ganz neuen Gebieten zurechtzufinden.

Der Lernzwang für Millionen schafft für Tausende von Ausbildern, Seminarleitern und Lehrern neue Jobs. 35.000 Anbieter tummeln sich inzwischen auf dem Weiterbildungsmarkt. Sie bieten dort 500.000 Veranstaltungen an – vom Ein-Tages-Seminar bis zur mehrmonatigen Umschulung für Arbeitslose.

Ein Ende des Wachstums auf diesem Markt ist noch nicht abzusehen. Robotereinsatz, Mikrotechnik und Computernetzwerke beeinflussen Millionen von Arbeitsplätzen, deren Inhaber alle mit den modernen Techniken vertraut gemacht werden müssen. Der Trend, in Teams und Projekten zu arbeiten, sichert für Tausende von Trainern auf Dauer einen Job. Immer wieder sind sie gefragt, um Konflikte in den Gruppen zu lösen und den einzelnen Mitgliedern die Vorteile einer Zusammenarbeit deutlich zu machen.

Gefragte Allzweckwaffen: vielseitige Einsetzbarkeit und geistige Flexibilität

»Nichts bereitet die künftige Generation der Erwerbstätigen darauf vor, was sie auf dem Arbeitsmarkt erwarten wird«, prophezeit die Arbeitsmarktexpertin vom Institut der Deutschen Wirtschaft, Christiane Konegen-Grenier.

Der diplomierte Germanist assistiert nach seinem Studium noch für drei Jahre an der Universität, steigt dann quer in die Personalabteilung der Deutschen Bank ein und macht sich mit 45 Jahren als Ausbildungstrainer selbständig. So etwa könnte die Karriere eines angehenden Germanistik-Studenten aussehen.

Wozu also noch jahrelanges Anhäufen von Spezialwissen, das ohnehin bald wieder überholt sein dürfte? »Wir brauchen Generalisten«, räumt der Chef der Kienbaum Personalberatung, Jochen Kienbaum, mit dem jahrelang gehegten Vorurteil auf, daß Spezialisten automatisch die besten Berufschancen hätten.

Selbstverständlich werden Spezialisten auch künftig gefragt sein. Doch dieser Bedarf ist erstens schnell gedeckt und zweitens ohnehin nur von einer kleinen Minderheit zu erfüllen. Denn die besten Spezialisten werden meist nicht über standardisierte Ausbildungen herangezogen, sondern sind in der Regel das, was man gemeinhin »Freaks« nennt.

Nehmen wir die Computerbranche: Eine Handvoll Tüftler hat im vergangenen Jahrzehnt die Entwicklung der Hard- und Software geprägt und mit atemberaubender Geschwindigkeit vorangetrieben. Für das Gros der Beschäftigten bedeutete diese rasante Entwicklung indes, sich ständig mit neuen Bedingungen, neuen Anforderungen und letztlich neuen Berufsprofilen auseinandersetzen zu müssen. Hierbei ist Flexibilität gefragt sowie die Erkenntnis, sich ständig weiterzubilden, dazuzulernen und Veränderungen aufgeschlossen gegenüberzustehen.

Praxis statt Promotion

Diese Grundvoraussetzung kann besser erfüllen, wer dank seiner Ausbildung nicht Gefahr läuft, sich in eine bestimmte Nische zurückzuziehen, die ihn auch noch in der scheinbaren Sicherheit wiegt, dort während des gesamten Berufslebens überwintern zu können. Gerade jungen Menschen, die eine Ausbildung oder ein Studium absolviert haben, das nicht in einem eng gesteckten Berufsziel mündet, winken gute Chancen. Schließlich sind sie von Anfang an gezwungen, den Berufseinstieg und ihr Tätigkeitsgebiet zu erkämpfen, und diese Herausforderung wird an die neue Generation der Erwerbstätigen zunehmend gestellt – nicht nur einmal während des Berufslebens, sondern gleich mehrmals.

Flexibilität, Ideenreichtum und die Bereitschaft, ständig dazuzulernen, gelten aus Sicht der Unternehmen als die Vorteile der Generalisten. Natürlich erwerben auch sie während ihrer Ausbildung oder ihres Studiums fachliche Grundkenntnisse. Mindestens ebenso wichtig ist aber die Fähigkeit, die Informationsfülle zu strukturieren und zu analysieren sowie Probleme schnell erfassen und lösen zu können.

Darüber hinaus fordert die Wirtschaft zunehmend Qualitäten, die bislang leider in kaum einem Studiengang auf dem Programm stehen: soziale Kompetenz, Verantwortungsbewußtsein und Teamfähigkeit. Wer diese sogenannten Schlüsselqualifikationen unter Beweis stellen kann, sichert sich die Eintrittskarte in eine anspruchsvolle Berufstätigkeit.

Beim Gros der Beschäftigten steht der Doktorhut nicht mehr automatisch für eine erfolgreiche Karriere. Im Gegenteil: Angesichts der heftig geführten Diskussion über äußerst lange Studienzeiten in Deutschland, verbunden mit unnützer Theorielastigkeit, gelangen die angehenden Doktoranden mehr und mehr in die Ecke der Drückeberger. Schnell Studierende, die sich noch während ihrer theoretischen Ausbildung selbst die Frage beantworten, was die Wirtschaft denn mit ihrem Kenntnisreichtum anfangen kann, sind hingegen gefragte Kandidaten.

General Management

Ihnen ist eher zuzutrauen, den neuen Anforderungen gerecht zu werden, und diese heißen »General Management«. Zwar haben ein hohes allgemeines Bildungsniveau und Chancengleichheit hierzulande zu einer Art kollektivem Führungsstil geführt. Selbst wenn der Vorstandsvorsitzende offiziell der Kopf und Verantwortliche eines Unternehmens ist, gelangte er doch als Fachmann eines bestimmtes Bereiches in diese Position und erfüllt seine Leitungsfunktionen nur unter starker Mithilfe anderer »Bereichsleiter«. Zusammen sind sie ein »Führungsteam«, doch wie das bei vielen Köchen so ist – auch wenn sie nicht den Brei verderben, dauert es dennoch lange, bis die Sauce die richtige Konsistenz hat.

Diese Langsamkeit wird angesichts sich schnell verändernder Konsumgewohnheiten und rascher Innovationszyklen für die deutsche Wirtschaft ein wachsendes Hindernis, um in einem internationalen Konkurrenzmarkt bestehen zu können.

Innovationszyklus

Einen wachsenden Teil ihres Umsatzes machen Unternehmen heute mit neuen Produkten, die höchstens fünf Jahre auf dem Markt sind.

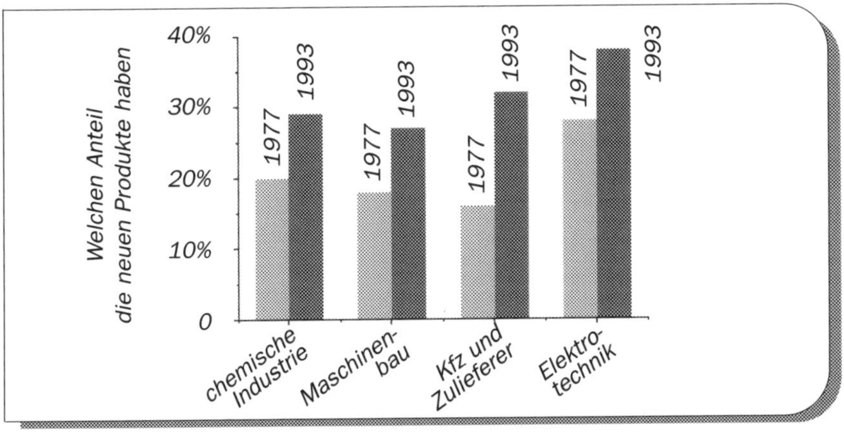

Um diesem Trend gerecht zu werden, braucht der Führungsnachwuchs eine funktionsübergreifende Ausbildung. Generelle Einsetzbarkeit und rasches Reaktionsvermögen erhalten größere Bedeutung als spezielles Fachwissen.

Probieren geht über Studieren

Eingedenk der Erkenntnis, daß derartige Fertigkeiten zumindest nicht zur Gänze an Schulen oder Hochschulen vermittelt werden können, bleibt zumindest die Frage nach dem Sinn oder Unsinn eines Studiums legitim. Zudem hat der überwiegende Teil des Hochschullehrkörpers sich die Frage nach dem Nutzen des Wissens selbst nie gestellt, geschweige denn beantwortet. Die offensichtlichen Defizite der Hochschulbildung verführen manche Kritiker dazu, eine Lehre generell dem Studium vorzuziehen. Auch wenn ein derartiges Pauschalurteil sicher fehl am Platze ist, sollte sich die steigende Zahl der Hochschulberechtigten gut überlegen, von ihrem Privileg aufs Geratewohl Gebrauch zu machen.

Denn eben jene gefragten Eigenschaften – die vielzitierten Schlüsselqualifikationen – lassen sich in der Regel nur durch praktische Berufserfahrung erlernen.

Kostspieliger Arbeitnehmerschutz

90 Prozent aller Erwerbstätigen sind abhängig beschäftigt. Sie haben einen Arbeitgeber und einen Arbeitsvertrag, der die Bedingungen, den zeitlichen Aufwand und die Vergütung regelt. Ein festes Anstellungsverhältnis besagt immer, daß der Angestellte sich den Weisungen seines Vorgesetzten zu fügen hat und fest in den betrieblichen Ablauf des Unternehmens eingebunden ist. Es besagt weiterhin, daß ein Arbeitnehmer nach Ablauf seiner Probezeit einem gesetzlichen Kündigungsschutz unterliegt. In der Praxis bedeutet dieser spezielle Schutz, daß ein Arbeitgeber nur bei einem mittelschweren Vergehen seines Angestellten diesem sang- und klanglos die Tür weisen darf.

Allen Arbeitnehmern stehen rund 30 Tage bezahlter Urlaub pro Jahr sowie in der Regel Urlaubs- und Weihnachtsgeld zu. Alle drei bis vier Jahre können sie zusätzlich einen Kuraufenthalt von circa vier Wochen beantragen und sich jedes Jahr eine Woche für Weiterbildung freinehmen.

Werden sie krank, zahlen Arbeitgeber und Krankenkassen ihr Gehalt oder ihre Löhne weiter; werden sie berufsunfähig, steht eine spezielle Versicherung, die Berufsgenossenschaft, für ihre finanzielle Absicherung gerade. Verlieren sie ihren Job, sichert die Arbeitslosenversicherung sie ab. Um ihren Lebensabend kümmert sich die gesetzliche Rentenversicherung und zumeist noch die betriebliche Altersversorgung ihres Unternehmens.

Teurer Rundum-Schutz

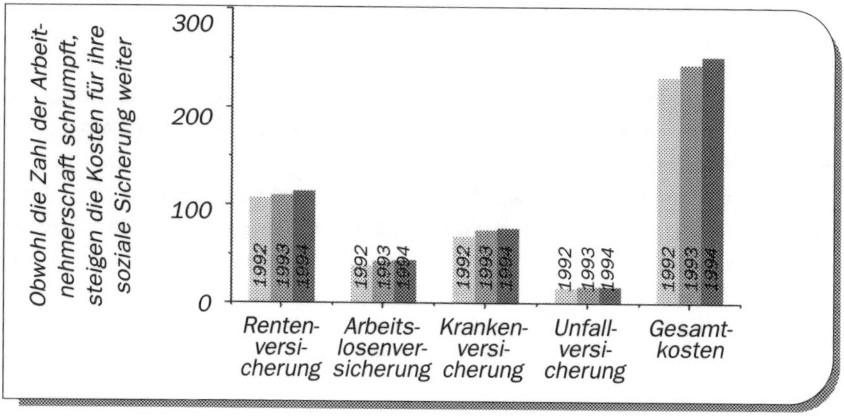

Alle diese Absicherungen, die das Ziel haben, den Arbeitnehmer vor unvorhersehbaren Ereignissen und vor der Willkür seines Arbeitgebers zu schützen, seine Arbeitskraft zu erhalten und seine Lebensqualität zu erhöhen, haben allerdings einen Schönheitsfehler – sie müssen finanziert werden.

Die Gesamtkosten von 500 Milliarden Mark müssen – vereinfacht ausgedrückt – je zur Hälfte aus den Taschen der Arbeitgeber und Arbeitnehmer aufgebracht werden. Alleine zahlt der Arbeitgeber darüber hinaus noch die Versicherungsprämien, um seine Angestellten gegen betriebliche Unfälle abzusichern.

Die Kosten für die soziale Sicherheit – gemeinhin auch Lohnnebenkosten genannt – haben mittlerweile ein gefährliches Ausmaß erreicht. Besonders erschrekkend ist für alle Beteiligten – Unternehmer und Angestellte – die Gewißheit, daß die Sozialkosten garantiert weiter steigen werden. Schon sind Erhöhungen zur Kranken- und Rentenversicherung beschlossene Sache, die Erhöhung der Beiträge zur Pflegeversicherung steht ohnehin an.

Die empfindlich hohen Kosten, die mit dem festen Anstellungsverhältnis zwangsläufig einhergehen, sind denn auch für beide Seiten ein gewichtiges Motiv, freie Mitarbeit oder lose geknüpfte Zusammenarbeit dem Arbeitnehmerstatus vorzuziehen.

Das Votum der Wirtschaft spricht hier eine eindeutige Sprache: »Was ursprünglich zum Schutz des Arbeitnehmers gedacht war, hat nun dazu geführt, den Arbeitnehmer vor einem Arbeitsplatz zu schützen«, faßt der Vizepräsident selbständiger Unternehmer in Deutschland, Klaus Günther, den unbezahlbaren Arbeitnehmerschutz aus Sicht der Arbeitgeber zusammen.

Sicherheit durch Selbständigkeit

Nicht nur die Kostengründe, auch die neuen Arbeitsformen und die bereits beschriebene technologische Entwicklung stellen starre Angestelltenverhältnisse mehr und mehr in Frage. Der Tele-Heimarbeitsplatz gilt als die erste Möglichkeit für eine steigende Zahl Erwerbstätiger, sich aus dem Betriebsalltag und der ständigen Verfügungsgewalt der Chefs zu lösen. Damit fallen wichtige Merkmale weg, die bislang den schützenswerten Status des Arbeitnehmers ausgemacht haben. Alle Formen der Telearbeit sieht der IAB-Arbeitsmarktforscher Werner Dostal denn auch als symbolträchtige Vorläufer für eine Unzahl freier Beschäftigungsverhältnisse an: »Die kommende Generation der Erwerbstätigen muß sich von dem Gedanken eines festen Arbeitsplatzes verabschieden.«

Das kommt aber keineswegs einem Nachteil gleich. Ist der klassische Arbeitnehmer naturbedingt einem Herrn verpflichtet, ist dem freien Mitarbeiter gestattet, mehreren davon zu dienen. Der Vorteil dieser Möglichkeit erschließt sich besonders angesichts der rasanten technologischen Entwicklung der Arbeitswelt.

Wer 20 Jahre lang seine Nase ausschließlich in einen Betrieb steckte, läuft mit Sicherheit Gefahr, wichtige Entwicklungen zu verschlafen. Die umtriebigen Freien dagegen, die sich mal im Süden, mal im Osten der Republik oder in europäischen Nachbarländern in verschiedenen Unternehmen tummeln, leben mit der Gewißheit, durch permanente Veränderung ihr Wissen auf dem neuesten Stand zu halten.

Eben jene Flexibilität und Offenheit suchen die Arbeitgeber heute händeringend und finden sie nicht immer in ihren festen Angestellten. Statt dessen greifen sie auf die Freidenker zurück, die unbeeinflußt von Firmenhierarchien oder alteingesessener Demut vor dem Vorgesetzten nur das eine tun: Probleme lösen. Buntgemischte Truppen finden sich zu diesem Zweck zusammen, erhalten ein sattes Honorar statt eines festen Gehalts, agieren einige Monate oder auch einmal ein paar Jahre im Team, um ein bestimmtes Projekt zu verwirklichen, und trennen sich anschließend, um einander an einem anderen Ort in neuer Zusammensetzung wiederzufinden.

Leere Kassen – staatlicher Sparzwang

»Nie waren wir so pleite wie heute«, könnte die versammelte Bundesregierung Tag für Tag im Kanon singen. Und das, obwohl sie ihren Bürgern soviel aus der Tasche zieht wie nie zuvor. Jede zweite Mark, die hierzulande den Besitzer wechselt, beansprucht mittlerweile Vater Staat für sich und seine Leistungen. Dabei hat er sich mit wenig weitblickenden Regierungsklimmzügen auch noch selbst in eine kostspielige Schuldenfalle manövriert. 30 Prozent seiner Gesamteinnahmen muß er darauf verwenden, die Zinsen für seine staatlichen Kredite aufzubringen.

Und immer noch hat er nichts dazugelernt. Auch wenn der erste Finanzmann im Staat, Minister Theo Waigel, sich in diesem Jahr einer geringeren Neuverschuldung rühmt, darf das nicht darüber hinwegtäuschen, daß immerhin noch von wachsenden Schulden die Rede ist.

Die Ausgaben galoppieren den Einnahmen davon

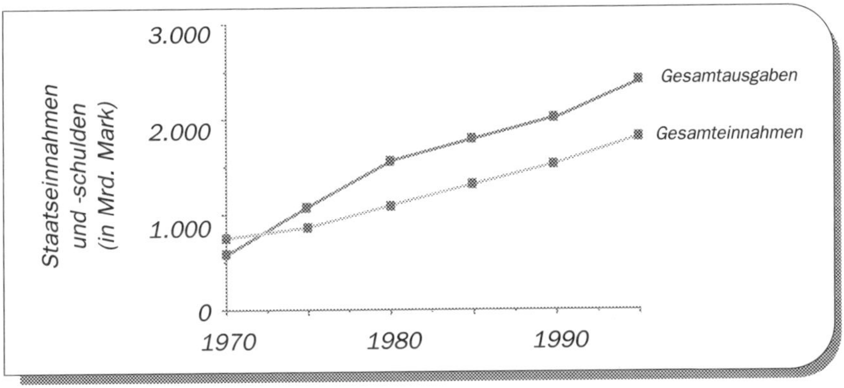

Selbst Klein Fritzchen weiß, daß er nicht mehr Geld ausgeben darf, als er zur Verfügung hat. Diese einfache Logik erschließt sich den öffentlichen Kassenhütern zwar erst nach und nach, doch langsam beginnen sie zu erkennen, daß ihr Ausgabeverhalten zumindest Sparwillen erkennen lassen muß. Zu groß ist der Unmut der Bürger über immer höhere Steuer- und Abgabenlast, zu laut klingt die Kritik der Wirtschaftswissenschaftler, daß die schlechte wirtschaftliche Lage des Landes zum Großteil auf die unsolide Haushaltsführung der staatlichen Lenkung zurückzuführen sei.

Wer wär' nicht gerne Millionär ...

... wirbt das einstige Staatsunternehmen Telekom um die Gunst der zahlungskräftigen Aktionäre. Der bürokratische Moloch macht sich seit Jahren schlank und attraktiv, um nach jahrzehntelanger staatlich-finanzieller Hege den wirtschaftlichen Schritt in die Unabhängigkeit zu schaffen. Durch die Entlassung der Telekom in die Selbständigkeit verliert die Bundesregierung zwar die Einnahmen aus den Telefongebühren, andererseits entledigt sie sich aber auch des Ballasts der kostspieligen Versorgungspflicht und der Sorge um die Bediensteten.

Die staatliche Schlankheitskur wird weitergehen und sich in immer mehr Bereichen der öffentlichen Haushalte einnisten. Die Frage »Was kostet dieser Service die öffentliche Hand?« beginnt sich zwar gerade erst den Rathäusern, Ämtern und Landesverwaltungen zu stellen, doch können die Stadt- und Landesväter landauf und landab nicht eher ruhen, bis sie die Antwort gefunden haben. »Wir müssen rechnen lernen«, beschreibt ein Vorzeige-Bürgermeister in Sachen Kostenbewußtsein, Stadtdirektor Clemens Werner aus Warstein, seine Tätigkeit, die ihn Tag und Nacht in Atem hält.

Privatwirtschaftlich orientierte Kostenrechner sind denn auch das, was die Verwaltungen dringend suchen. Ob Stadtbücherei, Volkshochschule, Universität, Krankenhaus, Oper, Museum oder Schwimmbad – alle Einrichtungen stehen am Rande des Ruins und brauchen dringend neue Konzepte, um ins nächste Jahrtausend hinübergerettet zu werden.

Hier bietet sich eine Herausforderung für die neue Generation der Erwerbstätigen an, den jahrhundertealten staatlichen Ämtermief durch modernes Management zu ersetzen. Oder, wie Werner sich so plastisch ausdrückt: »Hier kann ein diplomierter oder wie auch immer gearteter Kaufmann zeigen, was er gelernt hat.«

Die Herrschaft der Senioren

Mit dem Problem einer vergreisenden Gesellschaft werden sich die nächsten Generationen intensiv auseinandersetzen müssen. Medizinischer Fortschritt und steigendes Gesundheitsbewußtsein lassen die Deutschen heute im Schnitt um fast 50 Jahre älter werden als noch 100 Jahre zuvor.

Das gesellschaftliche Phänomen der Überalterung eröffnet verschiedenste Betrachtungsweisen. Eine davon umfaßt zwangsläufig die Tatsache, daß für die Lebenshaltungskosten der Senioren aufgekommen werden muß. Da 90 Prozent der heutigen und künftigen Rentner als Angestellte tätig waren (oder mit einem Angestellten verheiratet waren) und damit Ansprüche an die gesetzliche Rentenversicherung erwarben, muß ein Großteil ihrer Altersversorgung von der Allgemeinheit der Erwerbstätigen aufgebracht werden. Dieser sogenannte Generationenvertrag – die Berufstätigen von heute versorgen mit ihren Pflichtbeiträgen in die gesetzliche Rentenversicherung die Berufstätigen von gestern – bröckelt an allen Ecken und Enden. So makaber es klingen mag, dieses System sah nicht vor, daß die Menschen immer älter werden und der Nachwuchs so spärlich ausfällt.

Babykrise: Die Alten werden zum Problem

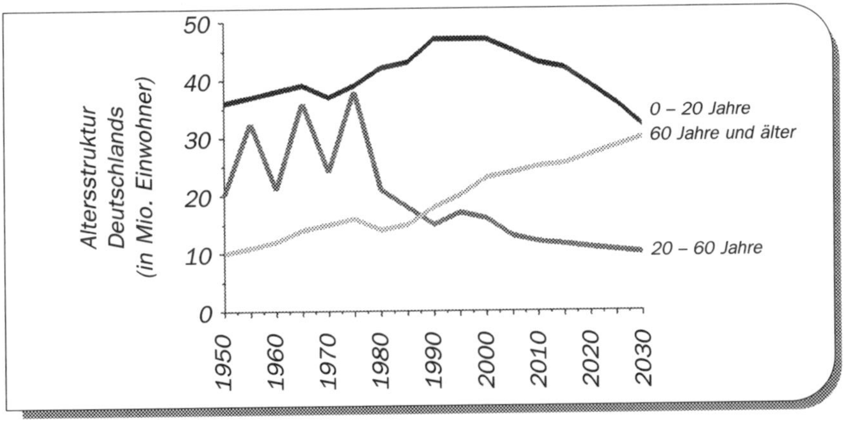

Konnten aufgrund der Bevölkerungsstruktur in diesem Jahrhundert noch drei Erwerbstätige einen Rentner finanzieren, wird sich dieses Verhältnis mit der Jahrtausendwende umkehren. Das Baseler Wirtschaftsforschungsinstitut Prognos errechnete, daß bei gleichbleibender Tendenz im Jahr 2030 auf 100 Erwerbstätige Beitragszahler 146 zu finanzierende Rentner kommen werden.

Kennen Sie Woopies?

Sowohl einseitig wie auch falsch wäre es indes, die wachsende Seniorenschar als Geißel Gottes oder als finanzielles Problem zu betrachten. Marktforscher und Verkaufstalente beginnen die munteren Alten bereits als vielversprechende Zielgruppe zu entdecken und zu umwerben. 50 Jahre üppiges Wirtschafts- und Wohlstandswachstum haben Deutschland schließlich eine Vielzahl gutbetuchter Ruheständler beschert.

> ***15 Milliarden Mark** kann die gesamte Rentnergarde in Deutschland **Monat für Monat** ausgeben. Darüber hinaus verfügt sie über ungeheure Reserven. Nach Schätzungen des Genossenschaftsverbandes Bayern haben die älteren Bundesbürger ein **Geldvermögen** von insgesamt **650 Milliarden Mark** auf der hohen Kante und besitzen zusätzlich **Immobilien im Wert von 760 Milliarden Mark**. Während der nächsten zehn Jahre wird sich das Gesamtvermögen älterer Herrschaften auf **drei Billionen Mark** steigern.*

Angesichts dieser Vermögenswerte liegt es auf der Hand, daß Unternehmen und Dienstleister sich die Beine ausreißen, um die ungeweckten Wünsche der junggebliebenen und vermögenden älteren Menschen zu befriedigen.

Für freiwillige und selbstfinanzierte Gesundheits- und Fitneßmaßnahmen oder für altersgerechte Freizeit- und Kulturangebote beispielweise geben sie ihre Spargroschen bereitwillig her.

Auch spezielle Produktpaletten werden mittlerweile für die gutsituierte »Kukident-Fraktion« (so nennen die Werbe- und Marketing-Fachleute die neue Zielgruppe) geschaffen und vermarktet. Ob edle Schokoriegel im Kaiserwalzer-Design oder bekömmliches, weil alkoholfreies Bier – die Wirtschaft hat sie als speziell zu bedienende Kundschaft erkannt. Wichtig ist hierbei nur, den Älteren nicht das Gefühl zu geben, alt zu sein. Diskret umschreiben amerikanisch orientierte Verkaufstalente sie denn auch als »Well-off older people« (= Woopies) oder »Second life people« (= Selpies).

Das Geschäft mit der Pflege

Natürlich sind nicht alle unter den betagten Mitbürgern fit und schwimmen im Geld – Geld verdienen läßt sich jedoch auch mit dem Dienst an weniger gut Betuchten. Seit die Bundesregierung die Pflegeversicherung eingeführt hat, können sich auch Durchschnittsrentner dank staatlicher Unterstützung häusliche Pflege und Betreuung leisten. Innerhalb von zwei Jahren ist das Geschäft mit der privaten Pflege zu einem Renner unter den neuen Existenzmöglichkeiten avanciert: Mehr als 350.000 Berufstätige haben hier einen Job gefunden. Im Kielwasser dieser rasanten Entwicklung etablieren sich bereits die ersten Dienstleister, welche den Senioren bei der Wahl des optimalen Pflegedienstes helfen oder Unterstützung beim Kampf mit Formularen und Anträgen leisten.

Fächerartig gruppieren sich rund um die wachsende Schar älterer Menschen also neue unternehmerische Existenzen, deren Geschäftsideen vor allem auf die Pflege, die Sorge, die Unterhaltung, und die Bedürfnisbefriedigung von Senioren abzielen.

Plastik in den gelben Sack, leere Rotweinflaschen in den Glascontainer, Batterien zurück in den Handel: Jeder Bundesbürger kennt heute sein kleines Müll-Einmaleins. Die Kommunen bauen in ihre Klärwerke eine neue Reinigungsstufe ein, durch die das Abwasser noch einmal biologisch gereinigt wird. Die Industrie rüstet Neuwagen serienmäßig mit Katalysatoren aus und preist ihre Produkte als besonders umweltschonend an.

»Öko« ist gesellschaftsfähig geworden. Quer durch alle Branchen und Berufe beschäftigt sich die Wirtschaft mit dem Umweltschutz. Den Schutz von Wasser, Luft und Boden lassen die Unternehmen sich mittlerweile einiges kosten. Ein regelrechter Wachstumsmarkt entsteht.

Lockruf des Mülls

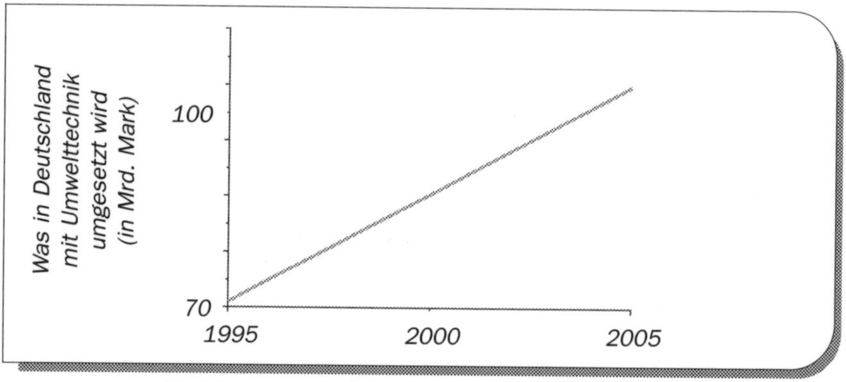

Schon heute beschäftigen sich 800.000 Menschen damit, Kläranlagen zu konstruieren, Müllwagen zu steuern oder Verpackungen im Handel zu reduzieren. Prognosen gehen davon aus, daß nach der Jahrtausendwende die Zahl deutlich über eine Million steigen wird.

Trotzdem fehlt in diesem Buch ein Kapitel »Rund um die Umwelt«. Dabei bieten Hochschulen inzwischen weit mehr als 100 Umweltstudiengänge an, und unzählige private Institute preisen mehrmonatige Qualifikationsmöglichkeiten für Ökofreaks an. Am Ende der oft kostspieligen Lehrgänge steht dann ein Titel wie »Europäischer Umweltexperte« oder »Geprüfter Umweltberater«. Sind das nicht die besten Eintrittskarten in den boomenden Markt?

Keineswegs. Hinter der gewaltigen Zahl von Menschen, die im Umweltschutz arbeiten, verbergen sich ganz normale Beamte, Ingenieure und Kaufleute – klassische Berufe, die sich ein neues Segment erschlossen haben. Die städtischen Wasserwerke werden hier ebenso eingerechnet wie die Müllabfuhr.

Wirklich neue Jobs entstanden am ehesten noch bei der Beseitigung des Abfalls. Der Staat zwingt die gesamte Wirtschaft durch Gesetze wie die Verpakkungsverordnung oder das Kreislaufwirtschaftsgesetz, sich intensiv mit ihren Produktionsfolgen zu beschäftigen. Spätestens im Jahr 2005 werden zudem die herkömmlichen Deponien geschlossen, so daß dann alle Stoffe entweder wiederverwertet oder gefahrlos verbrannt werden müssen.

Doch selbst in dieser Branche, die es vor zehn Jahren überhaupt noch nicht gab, blickt man skeptisch auf Ökoexperten. Die Edelhoff-Gruppe, eine der größten privaten Entsorgungsfirmen bundesweit, sucht eher gestandene Kaufleute, um das gewaltige Unternehmenswachstum zu bewältigen, als speziell geschulte Umweltmanager. Das nötige Fachwissen bringt sie ihren Nachwuchsleuten im Betrieb bei.

Die Wirtschaft setzt auf die Qualifikation der eigenen Leute. In ein- oder mehrtägigen Seminaren sensibilisieren Unternehmen ihre gesamte Belegschaft – vom Arbeiter bis zum Manager – für Umweltprobleme. Der Gedanke dahinter ist simpel: Am besten schützt man die Umwelt, indem man sie erst gar nicht belastet. »Wir brauchen niemanden, der den Abfall verwaltet, sondern jemanden, der als Verfahrens- oder Prozeßingenieur in die Produktionsabläufe eingreift, um Abfälle zu vermeiden«, bringt ein Manager des Chemieriesen Hoechst die herrschende Einstellung auf den Punkt. Der angenehme Nebeneffekt für die Unternehmen: Der präventive Umweltschutz spart ihnen Geld.

Zum Umweltschutzbeauftragten oder Umweltmanager im Betrieb avancieren denn auch gestandene eigene Leute: Maschinenbauer, Kaufleute oder Fertigungstechniker. Auch beim Erstellen von Umweltbilanzen oder beim Öko-Audit, bei dem die gesamte Belastung der Umwelt durch die Produktion dokumentiert wird, setzen die Firmen in der Mehrzahl auf den Sachverstand im eigenen Haus.

Konsequent forciert die Industrie gemeinsam mit Bildungsexperten den Einbau von ökologischen Fragen in Ausbildungsgänge für den Nachwuchs. Jeder Kfz-Mechaniker lernt, wie er mit Altöl umzugehen hat; jeder Friseurlehrling bekommt mit, wie gefährlich Haarfärbemittel sind. Auch an den Universitäten stehen Umweltfragen in fast jedem Fach auf dem Lehrplan. Ganz selbstverständlich lernen Naturwissenschaftler und Ingenieure, welche ökonomischen Konsequenzen der Umgang mit gefährlichen Stoffen hat oder wie sie bestimmte Produkte entsorgen können. Kaufleute bekommen bereits im Grundstudium Basiswissen über den richtigen ökologischen Umgang mit der Umwelt beigebracht. Das Nachsehen haben ihre Kommilitonen, die sich fünf Jahre lang mit nichts anderem als dem Schutz der Umwelt beschäftigt haben – ihnen fehlen entscheidende Qualifikationen für einen problemlosen Einstieg ins Arbeitsleben.

Rund um den Bau

Trotz Branchenkrise bestehen für hochqualifizierten Nachwuchs gute Chancen

Ein ungewöhnlich harter Winter, sinkende Auftragszahlen und die Konkurrenz von Anbietern aus anderen EU-Staaten, aber auch aus Osteuropa setzen Deutschlands Bauunternehmern 1996 arg zu. Mehr als die Hälfte klagen, daß sie nicht kostendeckend arbeiten können, jeder 14. wird voraussichtlich dieses Jahr Konkurs anmelden. Die bittere Konsequenz für ihre Angestellten: Schon heute ist jeder fünfte Bauarbeiter arbeitslos. In den Wintermonaten 1995/96 meldeten sich monatlich 100.000 neue Fachkräfte aus dem Baubereich beim Arbeitsamt.

Aber Vorsicht: Vorschnell schreiben bereits jetzt viele die ganze Branche ab. Sie vergessen dabei, daß auch 1996 in Deutschland bis zu 600.000 neue Wohnungen gebaut werden. Sie sehen nicht, daß die Aufträge zwar zurückgehen, daß die Baufirmen aber bis Mitte des vergangenen Jahres einen Boom sondergleichen erlebten. Sie ignorieren Prognosen, nach der die derzeit krisengeschüttelte Branche bis ins nächste Jahrtausend hinein von einem stabilen Wachstum ausgehen kann.

Die zumeist mittelständischen Unternehmen stehen dabei vor einer Revolution: Moderne Technologien erobern die Baustellen, kleine Handwerksbetriebe schließen sich zu schlagkräftigen Einheiten zusammen, und ökologische Baustoffe, wie Holz, erfordern hochqualifizierte Fachkräfte. Wer sich rechtzeitig auf diese Trends einstellt, muß sich um sein Fortkommen in dieser Branche keine Sorgen machen.

Bei allen Aufträgen müssen sich die Firmen mit selbstbewußter auftretenden Bauherren auseinandersetzen. Für viele Bundesbürger ist der Hausbau das größte finanzielle Abenteuer ihres Lebens, und langsam erkennen sie, daß sie dabei Anspruch auf umfassende Beratung haben. Sie mischen sich stärker in den Bauprozeß ein und dringen darauf, daß der ursprüngliche Kostenrahmen eingehalten wird. Für alle Beteiligten am Bau wird es daher immer wichtiger, sich auch als scharf kalkulierende Rechenkünstler einen Namen zu machen. Private Häuslebauer, aber auch staatliche Bauherren und Industriekunden werden es mit Aufträgen danken.

Hausbau mit Köpfchen und Taschenrechner

Kreativität allein genügt nicht: Architekten müssen rechnen, managen und planen können. Ihre Objekte entwerfen sie in Zukunft direkt am Computer.

Der Job:

Künstlerisch, kreativ, chaotisch: wer sich solch ein Bild vom Architektenberuf macht, liegt daneben. Den Großteil ihrer Zeit verbringen die Häuserbauer am Zeichenbrett oder – die moderneren unter ihnen – am Computer. Mit CAD-Systemen entwerfen sie Details ihrer Aufträge: Nach welcher Seite sollen die Türen aufgehen, wo liegen die Fenster, trägt die Statik den Ausbau des Dachgeschosses? Während Architekten bei Einfamilienhäusern das Ende absehen können, dauert die Ausführung von Großaufträgen, wie Hochhäuser oder Bürogebäude, oft Jahre. Hier beschäftigen sich die vermeintlichen Künstler mit der Anordnung von Treppenhäusern und Kabelschächten sowie mit der Lage der Kantine und der Tiefgarage.

Architekten übernehmen bei kleineren Projekten auch die Bauleitung. Sie schlagen sich dann mit unpünktlichen Handwerkern herum, laufen fehlenden Materiallieferungen hinterher und wickeln den Papierkram mit Behörden ab. Und zu guter Letzt mischt sich auch noch der Bauherr ein. Er hat ständig Änderungswünsche und sorgt sich um die Kosten. Doch keine Angst: Es bleibt durchaus noch Raum für Kreativität, denn schließlich sollen die Bauwerke, die da entstehen, auch gut aussehen.

Für den ganzen Streß bekommt man in den ersten Berufsjahren nur ein geringes Gehalt, aber dafür (meist) ein optimales Ambiente: helle Büros, großzügige Räume und junge Kollegen.

Fakten:

Jede Menge Arbeit werden die Architekten auch in den kommenden Jahren in Deutschland haben. Das Bauvolumen soll Prognosen zufolge bis in das nächste Jahrtausend hinein zunehmen.

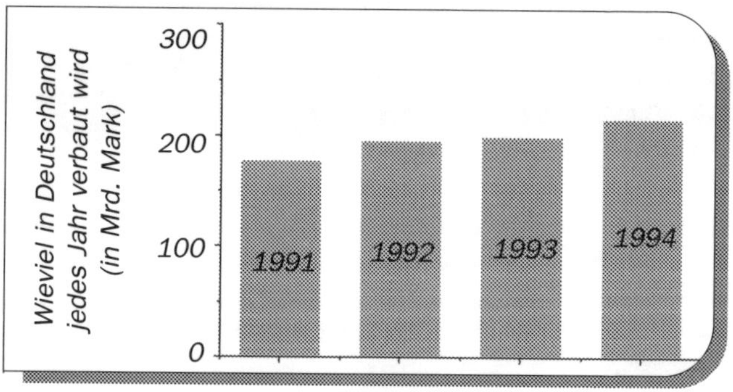

Voraussetzungen:

Gesucht sind belastbare Leute mit Teamgeist, denn bei Großprojekten ist jeder Einzelkämpfer überfordert.

Schule: Fachabitur oder Abitur.

Ausbildung: Universität oder Fachhochschule. Die Universitäten legen mehr Wert auf kreative Entwürfe. Pragmatiker wählen den schnelleren Weg über die Fachhochschule.

Zusatzqualifikationen: Viel zu kurz kommt im Studium kaufmännisches Know-how. Wer den Praxisschock mildern will, sollte sich in die Grundlagen der Kostenrechnung einarbeiten. Unerläßlich sind ständige Praktika in Architekturbüros.

Einstiegsmöglichkeiten: Die Hälfte der Hausbauer arbeitet in Architekturbüros. Daneben stellen auch Behörden und private Baufirmen ein.

Anfangsgehalt: Ab 40.000 Mark.

Aufstieg:

Je bekannter das Büro, um so besser für den Anfang: Wer bei Norman Foster oder Helmut Jahrn gearbeitet hat, ist geadelt. Durch häufigeren Jobwechsel am Anfang der Karriere erwirbt man ganz unterschiedliche Einblicke in Arbeitsweisen und Denkrichtungen. Keine Angst, die Büros nehmen den Stellenwechsel nicht übel; meistens haben die Chefs selbst so angefangen.

Das Ziel der meisten Architekten ist das eigene Büro. Wichtig ist es, sich bereits vorher um erste Aufträge zu bemühen. Häufig ziehen die Inhaber von neuen Büros Kunden von ihrem vorherigen Arbeitgeber ab. Das ist zwar nicht gerade die feine Art, aber damit sichern sie ihr Auskommen im ersten Jahr der Selbständigkeit.

Trends:

Architekten bleiben die unverzichtbaren Planer am Bau. Zunehmend benutzen sie bei ihrer Arbeit moderne Rechner. CAD-(Computer-Aided-Design-)Systeme verschaffen ihren Kunden noch vor der Grundsteinlegung ein realistisches Bild, wie ihr Gebäude eines Tages aussehen wird.

Immer bedeutsamer wird für Architekten in Zukunft eine vernünftige Kostenrechnung. Bauherren sind nicht mehr bereit, explodierende Preise hinzunehmen, viele schreiben im Architektenvertrag auch schon eine Höchstsumme vor.

Mit Robotern per du

Auch am Bau beginnt langsam die industrielle Revolution. Spezialisten entwickeln und betreuen High-Tech-Maschinen, welche in Minutenschnelle ganze Häuser aufstellen.

Der Job:

Bauroboter verzeihen keine menschlichen Fehler: Sind sie falsch programmiert, wird die Mauer unwiderruflich schief. Kein Polier kann die Maschine durch einfachen Zuruf stoppen. Monatelang bereiten Bautechniker daher die hochempfindlichen Maschinen auf ihren Einsatz vor. Jede Möglichkeit eines Fehlers müssen sie im voraus erkennen und durch entsprechende Programmschritte unterbinden.

Die Haupteinsatzorte der Roboter sind große Fabrikhallen, wo Bauteile vorgefertigt werden. Hier ziehen die Roboter im Sekundentakt ganze Wände hoch, wobei sie Lücken für Fenster und Türen lassen. Sie schneiden auch Hölzer für den Dachausbau zu oder formen Bauelemente vor.

Ihren Arbeitsplatz haben die Entwickler am Rand großer Fertigungshallen. Ihre Büros sind eher praktisch denn schick, dafür sind die Roboter-Trainer aber auch nicht verpflichtet, in Anzug und Krawatte zu erscheinen. Ihre Entwicklungsarbeit erledigen sie im Team, der Umgang miteinander ist locker, und auch die Chefs verstehen sich meist mehr als Mitglieder des Teams denn als unumschränkte Herren im Haus.

Fakten:

Noch setzt die Bauwirtschaft stark auf manuelle Arbeit. Im Vergleich zu anderen Branchen ist ihre Ausstattung pro Arbeitsplatz – Maschinen oder Computer – sehr gering.

Was die Einrichtung eines Arbeitsplatzes kostet	
Energiewirtschaft	*1.968.400 DM*
Bergbau	*385.200 DM*
Banken, Versicherungen	*268.200 DM*
Gesamtwirtschaft	*230.000 DM*
Staat	*209.300 DM*
Handel	*126.700 DM*
Bau	*49.700 DM*

Voraussetzungen:

Hier herrscht freie Fahrt für Tüftler, die allerdings für die Arbeit im Team gut kooperieren können müssen. Außerdem sollten sie in der Lage sein, ihre eigenen Ideen immer wieder zur Diskussion zu stellen.

Schule: Abitur oder Fachabitur.

Ausbildung: Studium des Bauingenieurwesens an Fachhochschulen oder Universitäten. Manche bieten im Bereich Baubetriebslehre Veranstaltungen mit Bezug auf Bauroboter an.

Zusatzqualifikationen: Grundkenntnisse in Informatik sind unerläßlich. Während des Studiums helfen Nebenjobs am Bau, die tägliche Baupraxis kennenzulernen.

Einstiegsmöglichkeiten: Bislang setzen nur wenige Bauunternehmer, vor allem im Südwesten Deutschlands, voll auf High-Tech-Fertigung. Jobs finden Bauingenieure aber bei jedem größeren Unternehmen der Branche.

Anfangsgehalt: 50.000 bis 60.000 Mark.

Aufstieg:

Junge Bauingenieure arbeiten erst einmal als Bauleiter oder bei der Konstruktion von herkömmlichen Gebäuden. Chefs werden aber hellhörig, wenn man ihnen die Vorteile der Roboter nahebringt: fehlerfreies Bauen, geringere Kosten und große Zeitersparnis. Wer dann sein erstes Projekt mit High-Tech-Einsatz verwirklicht, dem ist die Aufmerksamkeit aller Vorgesetzten sicher.

Trends:

An der Technischen Universität Karlsruhe arbeiten Wissenschaftler derzeit schon am ersten Roboter, der direkt auf der Baustelle zum Einsatz kommen soll. »Rocco« soll auf Großbaustellen ganze Stockwerke hochziehen. Noch ist der raumgroße Apparat nicht ganz fertig entwickelt, aber in zwei Jahren wollen ihn die Forscher auf den Markt bringen.

Als Vorbild für High-Tech-Freaks dient Japan. Dort sind heute schon mehr als 1.000 Roboter auf den Baustellen im Einsatz. Sie ziehen Wolkenkratzer hoch oder fertigen im Minutentakt Reihenhäuser vor. In Japan wurde diese Technologie zu einer der zwölf Schlüsseltechnologien des 21. Jahrhunderts erklärt.

Diesem Trend aus Fernost können sich auch Deutschlands Baufirmen nicht verschließen. Selbst Mittelständler erkennen, daß der Einsatz billiger Arbeitskräfte auf den Baustellen nicht das letzte Wort im Hochlohnland Deutschland sein kann.

Ein grüner Daumen für den grauen Asphalt

Wachsendes Umweltbewußtsein und Erholungsbedarf schaffen neue Einsatzgebiete für Landschaftsarchitekten. Doch ihren Traum, einen großen Park zu gestalten, können sich nur die wenigsten erfüllen.

Der Job:

Selbstverständlich kennen Landschaftsgärtner jeden Strauch, jede Blume und jedes Gras. Genauso firm müssen sie aber auch in Bodenkunde, Planungsrecht und im Umgang mit Computern sein. Nur dann haben sie eine Chance, als Gartenbauer Erfolg zu haben.

Eingezwängt in einen engen Kostenrahmen, erarbeiten sie Lösungen für die Außengestaltung in Neubaugebieten und Industrieparks. Sie helfen mit bei der Anlage von Golfplätzen und Naherholungsgebieten. Ihr Job ist es, dort so »Natur« zu schaffen, daß es aussieht, als wäre sie schon immer dagewesen.

Bevor Arbeiter die erste Schaufel in die Hand nehmen, planen Gartenbauer ihre Projekte minutiös am Reißbrett oder Computer. CAD-(Computer-Aided-Design-)Systeme erleichtern ihnen die Arbeit und geben ihnen selbst, aber auch den Kunden einen ersten Eindruck, wie die Landschaft in Zukunft aussehen wird. Bei der genauen Auswahl von Pflanzen ist dann der Botaniker in ihnen gefragt: Welche Pflanzen sind für diesen Boden geeignet, welche Gewächse passen zusammen, und wie sieht das Ganze in fünf Jahren aus?

Ihre Arbeit erledigen sie in Zusammenarbeit mit ihren Kunden, den dazugehörigen Architekten und häufig auch dem zuständigen Unternehmen, das später die praktische Umsetzung übernimmt. Zwar bewegen Gartenbauer viel in der Natur, ihre Arbeit verrichten sie jedoch größtenteils im Büro.

Fakten:

In Deutschland bietet sich Gartenbauern noch viel Platz zum Entwerfen ihrer Landschaften an.

Womit die Fläche der Bundesrepublik Deutschland bedeckt ist	
Äcker	*54,7%*
Wald	*29,2%*
Gebäude	*5,8%*
Straßen und Schienen	*4,6%*
Parks und Erholungsflächen	*0,6%*

Voraussetzungen:

Selbstverständlich muß man ein Naturfreak sein, um Natur zu gestalten. Dazu sollten ein gutes Ausdrucksvermögen und Kreativität vorhanden sein.

Schule: Fachabitur oder Abitur. Für eine Lehre reicht die Hauptschule.

Ausbildung: Studiengang Gartenbau oder Lehre bei einem Landschaftsgärtner. Größere Auftraggeber trauen dem Akademiker meist mehr zu als dem Ausgebildeten.

Zusatzqualifikationen: Wer in die Planung will, muß sich mit CAD-Systemen auskennen.

Einstiegsmöglichkeiten: Gartenbaubetriebe, Landschaftsarchitekten, aber auch staatliche Behörden.

Anfangsgehalt: Nach der Lehre um die 40.000 Mark, nach einem Studium ca. 50.000 Mark.

Aufstieg:

Am Anfang ihrer Berufslaufbahn sollten Gartenbauer versuchen, möglichst viele verschiedene Einblicke in ihren Job zu erlangen. Mut zum Stellenwechsel ist also gefragt. Wertvolle Erfahrungen vermitteln Auslandsaufenthalte.

Innerhalb der Gartenbaubetriebe ist ein Aufstieg schwierig. Meist besteht das Team nur aus wenigen Leuten. Dafür stehen die Chancen aber gut, sich nach mehrjähriger Berufspraxis auf eigene Beine zu stellen.

Berufsstarter bei einer Behörde, wie dem Grünflächenamt, erwartet ein bis zur Pensionierung vorgezeichneter Karriereweg. Dafür haben sie den Vorteil eines sicheren Arbeitsplatzes und die Möglichkeit, kontinuierlich die eigene Kommune mitzugestalten.

Trends:

Das Interesse an einer optisch gut gestalteten Landschaft nimmt zu. In Scharen strömen die Bundesbürger in Naherholungsgebiete oder bevölkern am Wochenende die grünen Flecken der Großstädte. Trotz knapper Kassen achten die Kommunen darauf, den Bedürfnissen der Bürger nach Natur in ihrer unmittelbaren Umgebung gerecht zu werden.

Auch Industriefirmen legen bei Neubauten zunehmend Wert auf eine ansprechende Umgebung für ihre Zweckbauten. Dagegen bleibt der Markt für den Gartenbau bei Privatleuten begrenzt. Einfamilienhaus-Besitzer gestalten sich ihre 200 bis 500 Quadratmeter Garten nach wie vor meist selbst.

Umweltgerecht hobeln

Vom Boom des ökologischen Bauens profitieren alle, die sich mit Holz bestens auskennen.

Der Job:

Schwindelfrei muß sein, wer in diesem Beruf Erfolg haben will. Holzhausbauer klettern während ihrer Ausbildung als Zimmerer auf schmalen Balken herum, befestigen Bohlen auf steilen Dachgauben und sehen sich den Rest der Baustelle von oben an. Auch wenn die Deutschen bislang auf Häuser setzen, die Stein auf Stein gemauert werden, besteht ihr Dachgeschoß meist aus Holzkonstruktionen.

Ungefährlicher leben jene Holzhausbauer, deren Produkte sich zu großen Teilen in Fabrikhallen vorfertigen lassen. Balken werden dort zurechtgesägt und ganze Konstruktionen einschließlich Leitungsrohren vormontiert. Auf der Baustelle setzt dann ein Montagetrupp innerhalb von ein bis zwei Wochen den gesamten Rohbau zusammen – bei herkömmlichen Häusern dauert das drei Monate.

Wer im Geschäft mit den Holzhäusern Erfolg haben will, muß über Verkaufstalent verfügen und skeptische Bauherren nicht nur davon überzeugen, daß ihr zukünftiges Heim nicht bereits beim Anzünden des Weihnachtsbaumes abbrennt. Der Hinweis auf deutsche Sicherheitsbestimmungen und TÜV-Siegel reicht da nicht aus.

Fakten:

Der Markt für ökologisches Bauen soll sich in den nächsten fünf Jahren angeblich verdoppeln.

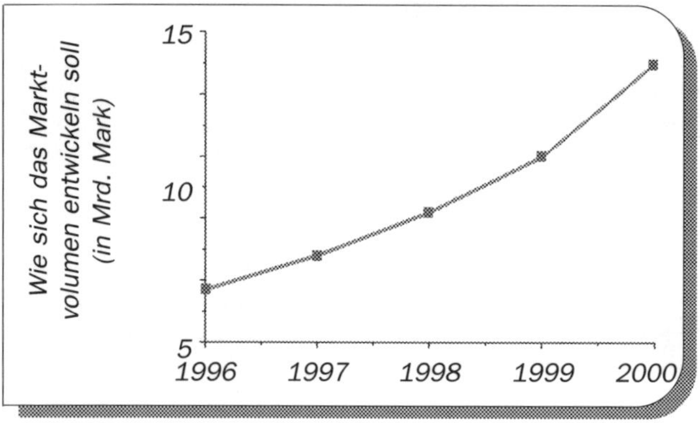

Voraussetzungen:

Handwerkliches Geschick und Improvisationsgabe braucht derjenige, der mit dem lebenden Baustoff Holz arbeiten will.

Schule: Hauptschule. Passable Rechenkenntnisse und ein gutes Raumvorstellungsvermögen helfen bei Lehrbeginn.

Ausbildung: Zimmerer-Lehre.

Zusatzqualifikationen: Das Geschäft mit Holz verlangt exzellentes kaufmännisches Know-how.

Einstiegsmöglichkeiten: Zimmerer, Baufirmen und Fertighausbauer.

Anfangsgehalt: Als Zimmergeselle am Bau gut 30.000 Mark.

Aufstieg:

Als Geselle sollte man bei verschiedenen Betrieben arbeiten, darunter in jedem Fall bei einem Fertighausbauer, der sich schon länger auf Holzhäuser spezialisiert hat.

Das eigene technische Know-how läßt sich in staatlichen Baufachschulen vertiefen, kaufmännisches Wissen vermittelt die Meisterschule. Deren Abschlußzeugnis erlaubt den Sprung in die Selbständigkeit. Wer rechtzeitig auf den Trend zum Holzhaus aufspringt, hat gute Chancen, mit dem eigenen Betrieb erfolgreich zu sein.

Trends:

Umweltgerecht und kostensparend bauen ist mit Holz kein Problem: Häuser aus dem natürlichen Baustoff lassen sich für unter 2.000 Mark pro Quadratmeter herstellen. Langsam setzt sich auch in Deutschland die Erkenntnis durch, daß man diesen Baustoff zu Unrecht über Jahrzehnte vernachlässigt hat. Erst jetzt, wo skandinavische und nordamerikanische Anbieter sich anschicken, den deutschen Markt zu erobern, besinnen sich auch heimische Bauunternehmer auf die Holzbauweise. In Bayern entstanden daraus schon ganze Gebäudekomplexe im sozialen Wohnungsbau.

Der Markt für Holzhäuser wird in den kommenden Jahren kontinuierlich wachsen. Das schafft neue Jobs für Zimmerleute, die von Grund auf gelernt haben, mit diesem Baustoff zu arbeiten. Für selbständige Handwerker wird es dabei immer wichtiger, ihren Kunden ein Komplettpaket anbieten zu können (Teamwerker S. 58). Der Zusammenschluß mit Installateuren, Malern und Fliesenlegern sichert den Markterfolg.

Sonnenanbeter mit handwerklichem Geschick

Langsam, aber stetig findet die umweltfreundliche Energie Kunden in Deutschland. Für den Aufbau und die Wartung von Solaranlagen braucht es spezialisierte Handwerker.

Der Job:

Aller Anfang ist schwer. Noch bedarf es viel Überzeugungsarbeit, um Kunden von den Vorteilen einer Solaranlage für das Eigenheim zu überzeugen. Trotz staatlicher Fördermittel ist die Energie vom Dachgeschoß teurer als die aus der Steckdose. Bei thermischen Anlagen – sie dienen ausschließlich der Erzeugung von Warmwasser – ist die Chancengleichheit fast erreicht: Neue Anlagen heizen das Badewasser zu Kosten, die denen einer herkömmlichen Ölheizung nahekommen.

Um ihre Kunden zu überzeugen, müssen Solarbauer Verkäufer und kundige Berater sein. Die Käufer erwarten, daß sie alles über staatliche Fördermittel wissen und genau sagen können, wo man die Förderung wie beantragen kann.

Doch Überredungskunst allein reicht im Solargeschäft nicht aus. Bei der Installation der Anlagen klettern Solarbauer auf den schrägen Dächern der Reihenhäuser herum, installieren dort die flachen Siliziumscheiben und ein ausgeklügeltes Leitungssystem, durch das die Energie vom Dach in das gesamte Haus gelangt.

Während das bei Neubauten noch vergleichsweise einfach erscheint, muß sich der Solarbauer bei älteren Häusern mit dem Innenleben in den Leitungsschächten beschäftigen, um so die neue Anlage auf dem Dach in den bestehenden Strom- und Wärmekreislauf integrieren zu können.

Fakten:

Die Zahl der in Deutschland installierten Solarzellen zur Stromerzeugung wächst derzeit langsam, aber kontinuierlich.

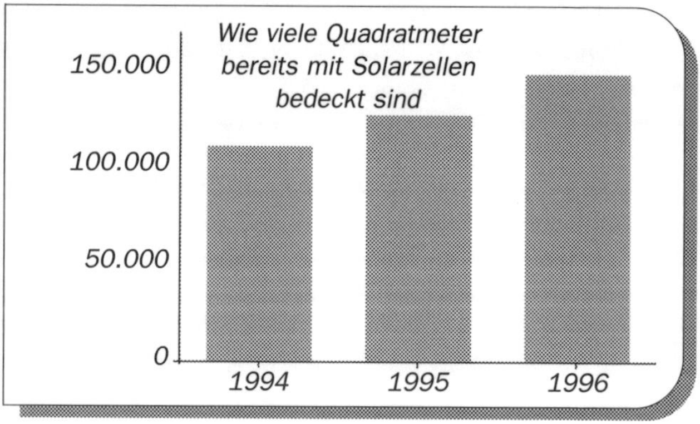

Voraussetzungen:

Die intensive Beratungstätigkeit verlangt nach Nachwuchskräften mit Spaß am Umgang mit Menschen.

Schule: Haupt- oder Realschule. Wichtig ist ein Faible für Physik und Mathematik, denn wer etwas über Kilowatt, Ampere und Ohm lernen will, muß viel rechnen.

Ausbildung: Als Ausgangsbasis wählt man am besten den Beruf des Elektroinstallateurs. Ideal für die Lehre ist ein Betrieb, der sich schon heute ein zusätzliches Standbein in der Solartechnik schafft.

Zusatzqualifikationen: Bislang gibt es keine systematische Unterweisung in den korrekten Umgang mit Sonnenstrom. Der Bund für Energieverbraucher baut aber derzeit bundesweit fünf Solarschulen auf, die diesen Mißstand beheben sollen.

Einstiegsmöglichkeiten: Handwerksbetriebe.

Anfangsgehalt: Rund 40.000 Mark.

Aufstieg:

Wer sich auf das Geschäft mit Sonnenstrom spezialisieren will, sollte auf jeden Fall nach einer dreijährigen Gesellenzeit noch die Meisterprüfung absolvieren. Denn nur dann bekommt er die Chance, sich selbständig zu machen und sein ganzes technisches und verkäuferisches Wissen auf eigene Rechnung zu vermarkten.

Trends:

Sonnenenergie ist im Kommen. Vor allem im Bereich Warmwasserversorgung dürfte die Branche in den nächsten Jahren vor einem Boom stehen. Einer aktuellen Umfrage zufolge, denkt jeder vierte Bauherr daran, Solarzellen auf seinem Hausdach zu installieren. Im Jahr 2003 soll der Einbau von Solaranlagen zum deutschen Baustandard gehören. Davon gehen 900 deutsche Wissenschaftler aus, die im Rahmen der Delphi-Studie im Auftrag des Forschungsministeriums über zukünftige Technologiesprünge befragt wurden.

Strahlende Aussichten also für Handwerker, die sich schon heute auf die Technik von morgen spezialisieren. Was die meisten derzeit noch als zusätzliches Standbein in ihrer Firma betreiben, kann sich für viele in den nächsten Jahren zum Haupterwerb entwickeln.

Gemeinsam stark

Gut organisierte Handwerkertruppen können mit großen Baufirmen konkurrieren. Ihre Organisation ist äußerst zeitaufwendig, aber lohnenswert.

Der Job:

Früh aufstehen gehört dazu: Zwischen sieben und acht morgens erreicht der Leiter eines Handwerkerteams noch am ehesten seine Partner. Danach sind diese selbst auf den Baustellen unterwegs und auch per Handy nur äußerst mühsam zu erreichen.

Beim morgendlichen Rundruf erfährt der Teamwerker alles über den Stand der Bauvorhaben und über eingetretene Verzögerungen. Der Maurer sagt ihm, wann der Rohbau soweit steht, daß der Zimmerer mit dem Dachstuhl anfangen kann. Von der nächsten Baustelle erfährt er, daß die Fertigstellung der Elektroinstallationen länger als geplant dauert, der Maler also noch gar nicht anzurücken braucht.

Ständiges Krisenmanagement müssen Teamwerker aus dem Effeff beherrschen. Zehn bis 15 selbständige Betriebe sind nötig, damit ein durchschnittliches Reihenhaus entsteht. Im Handwerkerteam sind sie alle vertreten, und dessen Leiter muß sie koordinieren.

Neben der Organisation der eigenen Leute steht der Kontakt zu den Bauherren und Architekten im Mittelpunkt der täglichen Arbeit von Teamwerkern. Schließlich erhalten diese ihre Aufträge ja gerade deshalb, weil sie dem Bauherren versprechen, daß er sich durch sie den Ärger mit Handwerkern erspart, daß er so nur einen für alles zuständigen Ansprechpartner hat und durch dessen effiziente Organisation möglichst auch noch Geld spart.

Fakten: Koordinatoren gesucht

Der Bau ist das klassische Arbeitsgebiet für Handwerker. 42 Prozent aller Handwerksbetriebe arbeiten hier, in insgesamt **233.800 Unternehmen**. Sie beschäftigen **2,6 Millionen Menschen**.

Für ein durchschnittliches Einfamilienhaus werden bis zu **17 verschiedene Handwerker** gebraucht: vom Maurer für den Rohbau bis zum Treppenbauer und Malermeister.

Voraussetzungen:

Nervenstärke und Organisationstalent sind unerläßlich, wenn man selbständige Handwerker zum Team zusammenschweißen will.

Schule: Haupt- oder Realschule.

Ausbildung: Bevor einer am Bau mitreden kann, muß er die Arbeit von der Pike auf lernen. Eine Lehre am Bau, sei es als Maurer, Zimmerer, Tischler oder Maler, ist Grundvoraussetzung.

Zusatzqualifikationen: Teamworking erfordert kaufmännisches Know-how. Das vermitteln einem die Handwerkskammern.

Einstiegsmöglichkeiten: Handwerksbetriebe; das Ziel ist ein eigener Betrieb.

Anfangsgehalt: Gesellen am Bau starten mit 32.000 bis 40.000 Mark.

Aufstieg:

Wer im Handwerk etwas erreichen will, kommt um die Meisterprüfung nicht herum. Nach dreijähriger Gesellenzeit müssen Handwerker noch einmal zurück zur Schule, wo sie ihr Wissen im eigenen Fach vertiefen und zugleich einiges über Betriebsführung und Ausbildung lernen. Kaufmännisch interessierte Gesellen können sich auch zum Betriebswirt fortbilden.

Bei der Teambildung kommt es darauf an, gleichgesinnte Mitstreiter zu finden, die bereit sind, einen Teil ihrer Selbständigkeit aufzugeben. Jeder Handwerker behält zwar seinen eigenen Betrieb, im Team ordnen sie sich aber einem von ihnen unter. Dies kann ein Hochbauunternehmer oder Zimmerer sein, aber auch ein angestellter Manager.

Trends:

Die Bauhandwerker stehen derzeit unter gewaltigem Druck. Große Baufirmen nutzen ihre starke Stellung am Markt aus und setzen ihre Zulieferer aus dem Handwerk einem starken Preisdruck aus. Mehr als die Hälfte der Bauunternehmer klagt über nicht mehr kostendeckende Preise, das heißt, sie machen mit jedem Auftrag Verluste.

Die Organisation in Teams verschafft den bedrängten Unternehmern Luft. So können sie nämlich in Eigenregie Bauaufträge übernehmen und müssen sich nicht mehr damit begnügen, nur jeweils einen kleinen Teil des Neubaus fertigzustellen. Noch bereitet die Einordnung in Teams vielen Handwerkern Schwierigkeiten. Seit Jahrhunderten pocht dieser Berufsstand auf seine Selbständigkeit. Doch der Wandel am Bau zwingt sie jetzt, sich neuen Organisationsformen anzuschließen.

Rund um die Gesundheit

Trotz staatlicher Sparmaßnahmen blüht das Geschäft mit der Gesundheit

Die »Götter in Weiß« haben vielleicht etwas von ihrer Herrlichkeit verloren, dafür haben sie zahlenmäßig stark zugelegt. Mit einem Plus von 323.000 Arbeitnehmern über einen Zeitraum von zehn Jahren verzeichnen medizinische Versorgung und Vorsorge den höchsten Beschäftigungszuwachs.

Steigende Lebenserwartung, Zivilisations- und Suchtkrankheiten, Umweltbelastung und zahlreiche Berufskrankheiten sind die Hauptgründe für den wachsenden Bedarf an medizinischer Versorgung. Parallel dazu explodieren die Gesundheitskosten, und die heutige Ärzteschaft muß immer stärker den Kostenaspekt berücksichtigen. Als Folge kristallisieren sich mehrere Trends heraus:

- Ärzte verschiedener Fachrichtungen schließen sich zu Praxisgemeinschaften zusammen, um die Unterhaltskosten der Praxen niedrig zu halten und aufwendige und teure Geräte optimal einzusetzen, und um Patienten, die unter mehreren Krankheiten leiden, »servicegerecht« behandeln zu können.

- Nach dem Motto: »Vorsorge ist besser, als später das Nachsehen zu haben«, versuchen die Mediziner, ihren Patienten mit gezielten Therapien spätere Krankheiten zu ersparen. Allerdings hat die medizinische Forschung in diesem Bereich noch viel zu tun. Die Präventionsforschung steht großteils noch am Anfang, wenngleich die Erkenntnisse im Herz-Kreislauf-Bereich, bei Stoffwechselstörungen, Diabetes und Colesterin bereits soweit fortgeschritten sind, daß die Kassen hier die Kosten für Vorsorge übernehmen.

- »Ein gesunder Geist in einem gesunden Körper« – diese alte Weisheit haben die Ärzte im Zeitalter der Apparatemedizin etwas vernachlässigt. Bis jetzt: Heute schenkt die Ärzteschaft der Psyche wieder mehr Beachtung. Nicht zuletzt auf Gebieten, in denen die Wissenschaft (noch) versagt, wie etwa bei vielen Krebserkrankungen, gewinnt die Psychotherapie an Bedeutung.

- »Zurück zu den Wurzeln« ist die Devise für die wiederentdeckte Naturheilkunde. Neu ist die Verwendung natürlicher Arzneimittel nämlich nicht. Sie war nur etwas in Vergessenheit geraten. Ihre neue Popularität verdankt die Naturheilkunde nicht zuletzt der steigenden Bereitschaft von Schul- und Alternativmedizinern, stärker zusammenzuarbeiten.

Kämpfer gegen Zivilisationskrankheiten

Gerötete Augen, juckende Nasen, Hautpusteln oder Atembeschwerden – der Allergologe muß herausfinden, woher diese unangenehmen Erscheinungen kommen und wie man sie beheben kann.

Der Job:

Nahezu jeder kennt jemanden aus seinem Familien- oder Bekanntenkreis, der keine Erdbeeren ißt oder sich bei schönstem Sonnenschein wegen Pollenflug im abgedunkelten Zimmer vergräbt.

Bevor es zu so vernünftiger Vorsorge kommt, muß der Allergologe aber erst einmal herausfinden, daß der häßliche Hautausschlag vom Erbeerkonsum herrührt und die Triefnase nicht auf einen Schnupfen, sondern auf die Wirkung einer bestimmten Pollenart zurückzuführen ist.

Mit fortschreitender Umweltbelastung, aber auch dank der gesellschaftlichen Akzeptanz, diese Art von Leiden als Krankheit einzustufen, ist das Berufsfeld der Allergologen in den letzten Jahren explosionsartig gewachsen. Mit verschiedenen Methoden versuchen sie, die Ursachen bestimmter allergischer Reaktionen zu finden, um sie erfolgreich behandeln zu können und eine Wiederkehr zu vermeiden.

Nicht selten sind diese Leiden zumindest teilweise psychisch bedingt oder auf eine bestimmte Lebensweise zurückzuführen. Viel Zeit müssen sich die Fachleute daher auch nehmen, um die Persönlichkeit ihrer Patienten kennenzulernen.

Fakten: Allergien als Volkskrankheit Nummer eins

Am Welt-Allergie-Tag im April 1996 wurde eine erschreckend hohe Anfälligkeit der bundesdeutschen Bevölkerung konstatiert. **Rund 20 Millionen Menschen** – und damit fast **jeder vierte Bundesbürger** – leiden an Heuschnupfen, Asthma oder Ekzemen. Besonders bei den **jüngeren Menschen unter 30 Jahren** hat sich die **Zahl der Allergiker** binnen fünf Jahren fast **verdoppelt**.

Voraussetzungen:

Allergologen müssen psychologisches Geschick und Forscherqualitäten in sich vereinen.

Schule: Abitur.

Ausbildung: Medizinstudium sowie eine medizinische Fachausbildung, etwa in Innerer Medizin oder Dermatologie. Anschließend erfolgt noch eine zweijährige Zusatzausbildung zum Allergologen, wobei Stellen noch rar sind.

Zusatzqualifikationen: Ständige Weiterbildung ist in diesem forschungsintensiven Bereich notwendig.

Einstiegsmöglichkeiten: Praxen, Krankenhäuser, Privatkliniken, Sanatorien oder die Forschung.

Anfangsgehalt: Im Krankenhaus knapp 80.000 Mark.

Aufstieg:

Da in Stadtgebieten noch immer mehr Allergiekranke anzutreffen sind als auf dem Land, streben die meisten Ärzte dieser Fachrichtung ein eigene Praxis in der Stadt an. Vielfach schließen sie sich mit fachverwandten Kollegen zu Praxisgemeinschaften zusammen. Da die Allergikerzahl beständig steigt und die langjährige Ausbildung nicht jedem Humanmediziner liegt, sind die Arbeits- und Verdienstmöglichkeiten für Allergologen ausgezeichnet.

In der medizinischen Forschung können Allergologen nach einigen Jahren Berufserfahrung leitende Positionen übernehmen. Außerdem verlangt dieses expandierende Berufsfeld noch jede Menge Seminar- und Aufklärungsarbeit.

Trends:

In Anbetracht der Tatsache, daß Allergien sogenannte Zivilisationskrankheiten sind, kann man davon ausgehen, daß diese Art der Krankheit eher zu- als abnehmen wird. Umweltbelastungen und Unverträglichkeiten werden zudem von einem Großteil der Bevölkerung nicht mehr als gegeben hingenommen: Der Gang zum Allergologen ist selbstverständlich geworden.

Der gute alte Onkel Doktor ...

... stirbt nicht aus. Von der Behandlung einer Hautabschürfung über die Diagnose eines entzündeten Blinddarms bis zum Hausbesuch langjähriger Patienten sind seine Aufgaben seit Jahrzehnten unverändert. Neue und veränderte Krankheitsbilder sind allerdings hinzugekommen.

Der Job:

Jeder hat schon einmal seine Bekanntschaft gemacht. Von der belegten Zunge über den Wespenstich bis zum Gallenstein behandelt der Allgemeinmediziner die kleinen und größeren, die einmaligen und chronischen Leiden rund um den ganzen menschlichen Körper.

Kein medizinisches Gebiet ist ähnlich umfassend, denn was er nicht selbst behandeln kann, muß er zumindest erkennen, einordnen und zur Weiterbehandlung überweisen. Er entscheidet bei den meisten seiner Patienten, ob die Behandlung eines Facharztes notwendig ist, und überwacht die Überweisung eines Kranken in eine Klinik, um ihn zur Nachbehandlung wieder in der eigenen Praxis aufzunehmen, oder schlägt Rehabilitationsmaßnahmen vor.

Für diese Aufgabenpalette braucht er vor allem eines: hervorragende diagnostische Fähigkeiten. Gerade in ländlichen Regionen, in denen der Hausarzt seine Patienten oft über Jahrzehnte betreut, ist die intime Kenntnis der jeweiligen familiären und persönlichen Verhältnisse hilfreich bei der Diagnose.

Was heute unter Bezeichnungen wie psychosomatische Erkrankung oder psychosoziale Zusammenhänge von einem Großteil der Ärzteschaft als neues wissenschaftliches Gebiet gefeiert wird, haben erfahrene Allgemeinmediziner in der täglichen Praxis schon lange erkannt und in ihrer Diagnose und Behandlung berücksichtigt. Sie nannten es nur schlichter: Ein gesunder Körper setzt einen gesunden Geist voraus.

Fakten:

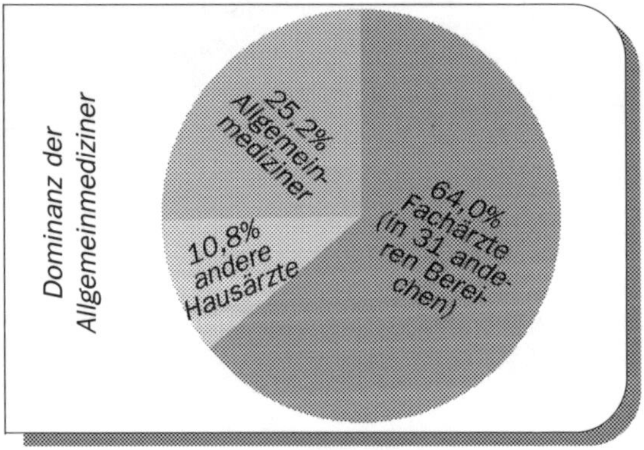

Dominanz der Allgemeinmediziner

Voraussetzungen:

Hilfsbereitschaft, Gewissenhaftigkeit und Verantwortungsbewußtsein sind Grundvoraussetzungen. Ein rasches Einfühlungsvermögen und eine gute Beobachtungsgabe erleichtern die tägliche Praxis.

Schule: Abitur.

Ausbildung: Nach mindestens 12 Semestern Medizinstudium schließen sich 18 Monate als »Arzt im Praktikum« bis zur Approbation an. Danach folgen drei Jahre Weiterbildung zum Allgemeinmediziner.

Zusatzqualifikationen: Ständige Weiterbildung durch Fachliteratur, Seminare und Ärztekongresse ist notwendig.

Einstiegsmöglichkeiten: Kliniken oder Praxen.

Anfangsgehalt: 80.000 Mark.

Aufstieg:

Die Allrounder unter den Medizinern verlassen die Großstadtkliniken in der Regel rasch und schauen sich etwas außerhalb der Ballungsgebiete nach geeigneten Standorten um. Zuerst Mitarbeiter oder Kompagnon in der Praxis eines anderen Doktors, streben Allgemeinmediziner letztlich meist eine eigene Praxis an.

Alternativ dazu schließen sich »Allgemeine« in den Großstädten zunehmend mit Kollegen anderer Fachrichtungen zusammen. Da in City-Lagen die ärztliche Versorgung zumeist flächendeckend gewährleistet ist, versuchen sich junge Ärzteteams in Praxisgemeinschaften zu etablieren. Auf diese Weise können die jungen Existenzgründer die Unterhaltskosten ihrer Praxen senken und ihrer Patientenschar einen kompletten Gesundheitsservice unter einem Dach bieten.

Trends:

Die besten Zukunftschancen liegen zweifellos in ländlichen Regionen. Nicht abschrecken lassen! Schließlich wartet dort mehr als die Hälfte der Bevölkerung als potentielle Patientenschar. Die Gesundheitsreform setzt zudem auf die Allrounder und ihre Nähe zum Patienten. Künftig sollen die praktischen Hausärzte stärkeres Mitspracherecht bekommen, wann Patienten eine weiterführende Behandlung im Krankenhaus zu empfehlen ist oder eine ambulante Pflege ausreicht. Die Sparmaßnahmen zwingen die Mediziner außerdem dazu, ihre Praxen zunehmend nach wirtschaftlichen Gesichtspunkten zu führen. Die Ärzte von morgen müssen also auch Experten in Kostenrechnung sein.

Kostendrücker zum Wohle der Patienten

Die explodierenden Kosten im Gesundheitswesen lassen die deutschen Krankenkassen neidvoll in die USA schauen. Dort sorgen Health-Maintainance-Organisationen dafür, daß die Ausgaben für die Versicherten nicht weiter steigen.

Der Job:

»Wenn Sie uns nicht 10 Prozent Rabatt einräumen, kommen unsere Versicherten nicht mehr zu Ihnen.« Mit dieser Drohung können Gesundheitscontroller Ärzte und Klinikchefs, die auf einen regelmäßigen Zustrom von Kranken angewiesen sind, in Angst und Schrecken versetzen. Ähnliche Pokerspiele könnten Pharmafirmen dazu bewegen, ihre Preise zu senken. Ansonsten kauft der Kostenkontrolleur den Bedarf seiner Kasse eben bei der Konkurrenz oder im Ausland, wo das Preisniveau – selbst innerhalb der EU – teilweise nur halb so hoch ist.

In der gesamten Wirtschaft sind solche Verhandlungsmethoden gang und gäbe; im Gesundheitswesen sind sie derzeit in Deutschland noch unmöglich. Hier regiert eisern staatliche Planwirtschaft, die Krankenhäusern Budgets vorgibt, Pharmafirmen die Preise vorschreibt und Ärzten gnädig Honorarerhöhungen genehmigt. Die Vertreter der Krankenkassen sitzen zwar mit am Verhandlungstisch, häufig sind ihnen aber die Hände gebunden, obwohl sie am Ende alles zahlen müssen. Dagegen wehren sich gebeutelte Kassen zunehmend, indem sie gewiefte Kontrolleure engagieren, um in den Verhandlungsrunden selbstbewußter auftreten zu können. Zur Zeit bereiten die Rechenexperten in den Versicherungen das Terrain auf und führen moderne Datenverarbeitungssysteme ein, die eine Steuerung der Einnahmen, Kosten und Ausgaben erlauben.

Fakten:

Bislang wachsen die Ausgaben der gesetzlichen Krankenkassen ungebremst. Die Politik zeigt sich unfähig, die Explosion zu stoppen.

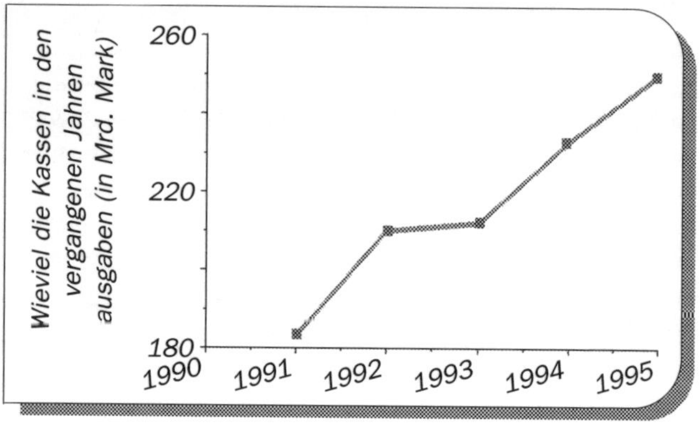

Voraussetzungen:

Verhandlungsgeschick, sicheres Auftreten und eine schnelle Auffassungsgabe helfen beim Umgang mit den Milliardenbudgets der Krankenkassen.

Schule: Fachabitur oder Abitur.

Ausbildung: Studium der Betriebswirtschaftslehre mit Schwerpunkt Gesundheitsmanagement. Immer mehr Hochschulen bieten eigene Studiengänge an.

Zusatzqualifikationen: Wichtig ist, frühzeitig Einblick in die Branche zu gewinnen, etwa durch Praktika im Krankenhaus oder bei Pharmafirmen. Empfehlenswert ist die Mitarbeit bei einem US-Anbieter.

Einstiegsmöglichkeiten: Krankenkassen, in Zukunft auch Pharmafirmen, die in den USA im Gesundheitscontrolling aktiv sind.

Anfangsgehalt: 50.000 bis 60.000 Mark.

Aufstieg:

Die Krankenkassen taumeln von einem finanziellen Kollaps zum nächsten. Engagierte Kostendrücker haben in diesen Organisationen beste Chancen, Anerkennung zu erwerben und sich damit für Führungspositionen zu empfehlen.

Mit ihrem Know-how ergeben sich auch Wechselmöglichkeiten zu den Anbietern im Gesundheitswesen. Kliniken, Praxisgemeinschaften oder Pharmafirmen halten Ausschau nach fähigen Mitarbeitern, die ihr Budget durchforsten.

Trends:

Mehr als 80 Prozent der Amerikaner nutzen inzwischen die Angebote von Firmen, die sich auf das Kostensenken im Gesundheitswesen spezialisiert haben.

Seit April 1996 können erstmals in Deutschland rund 50.000 Berliner Versicherte in den Genuß dieser neuen Organisationsform kommen. Sie beteiligen sich an einem landesweiten Modellversuch der Betriebskrankenkassen. Im Krankheitsfall haben sie die Wahl zwischen 250 Ärzten, deren Praxen untereinander vernetzt sind. So können die behandelnden Ärzte Patientendaten austauschen und ihre Kunden ohne lästigen Schreibkram zum Kollegen überweisen. Die Praxen kaufen ihren Bedarf gemeinsam ein und nutzen Angebote der Kassen, die kostensparende Alternativen zu herkömmlichen Heilmethoden aufzeigen. Eine Million Mark will die Betriebskrankenkasse dadurch einsparen. In der Zentrale begleiten Gesundheitscontroller das Modell, das bei Erfolg bundesweit ausgedehnt werden soll.

Mit Kräutern und Überzeugungskraft

Alles, was die Natur bietet, verwendet der Heilpraktiker zur Behandlung seiner Patienten – und muß ihnen dabei mehr abverlangen als seine Kollegen aus der Schulmedizin.

Der Job:

»Vielleicht versuchen Sie es mal bei einem Heilpraktiker«, hat schon manch ein Schulmediziner seinen hoffnungslosen Fällen empfohlen, deren chronische Leiden er einfach nicht in den Griff bekam. So landen bei den Alternativen unter den Heilern nicht selten Patienten, denen die promovierte Ärzteschaft nicht helfen konnte.

Für diese, aber auch für alle anderen, nehmen sich die Heilpraktiker zuerst einmal viel Zeit. Denn der größte Unterschied ihrer Berufsauffassung zu jener der Schulmediziner ist die ganzheitliche Betrachtung des Menschen. Der Heilpraktiker untersucht nicht die jeweilige Krankheit, sondern versucht ihre Ursache aus dem Krankheitsverlauf, der persönlichen Lebensweise und dem gesamten Organismus herauszufinden.

Seine Diagnosemethoden muten anfangs etwas merkwürdig an: Bei Augendiagnostik, homöopathischen Therapien, Massagen oder auch Methoden aus der traditionellen chinesischen Medizin gewinnen viele, die zum ersten Mal einen Heilpraktiker aufsuchen, den Eindruck, mit ihrem Leiden nicht wirklich ernstgenommen zu werden. Neben der tatsächlichen Diagnose und Behandlung haben die Heilpraktiker oft mit einer kräftigen Portion an Vorurteilen und Befremden zu tun. All ihre Bemühungen nutzen nichts, wenn der Kranke nicht aktiv an seinem Heilungsprozeß mitwirkt. Vielen seiner Neuzugänge, die mit dem Aberglauben an das Heilen durch Handauflegen zu ihm gekommen sind, hat er beizubringen, daß Gesundheit erhalten harte Arbeit bedeutet.

Fakten: Heilpraktiker müssen auf die Einwohnerzahlen achten

Circa **7.500 Heilpraktiker** sind in Deutschland zu- und niedergelassen. Da ihre Dienste – anders als die der Ärzteschaft – in der Regel nicht durch die Krankenkasse abgegolten werden, sollten sie sich in einem Einzugsgebiet mit mindestens **20.000 Einwohnern** niederlassen.

Voraussetzungen:

Einfühlungsvermögen, Geduld und Intuition zählen zur Grundausstattung eines Heilpraktikers. Überzeugungskraft und ein wenig Strenge helfen ihm dabei, seine Patienten zum Mitmachen zu bewegen.

Schule: Haupt- oder Realschule.

Ausbildung: Eine geregelte Ausbildung gibt es nicht. Die Zunft steht auf dem Standpunkt, daß es gleichgültig ist, woher jemand sein Wissen hat. Er muß es nur in einer Prüfung des Gesundheitsministeriums beweisen. Eine gute Vorbereitung bieten zahlreiche Heilpraktikerschulen, Ausbildungen in einem Gesundheitsberuf und medizinische Studien.

Zusatzqualifikationen: Verantwortungsvolle Heilpraktiker sollten den neuesten Stand der medizinischen Forschung und Wissenschaft kennen und berücksichtigen.

Einstiegsmöglichkeiten: Mitarbeit in einer Praxis, bei einer Pharmaberatung, in einer Klinik oder eine eigene Praxis.

Anfangsgehalt: Zwischen 40.000 und 50.000 Mark.

Aufstieg:

Im Gegensatz dazu, daß die »Wunderheiler« zahlreichen Presseberichten und Talk-Shows zufolge angeblich gerne Geschäfte mit der Angst ihrer Patienten machen, sind die Einkommensverhältnisse der meisten frei praktizierenden Heiler zwar nicht schlecht, aber auch nicht üppig. Großangelegte Praxen unterhalten die wenigsten unter den reinen Heilpraktikern.

Bei Medizinern, die sich unter diese Gilde mischen und gleichzeitig eine schulmedizinische Praxis betreiben, übernehmen die Krankenkassen immer häufiger die Kosten. Die Heilpraxiskunst wird dadurch erheblich lukrativer.

Trends:

Die Zahl gesundheits- und körperbewußter Menschen steigt und mit ihr das Betätigungsfeld, der Bekanntheitsgrad und das Vertrauen in die Heilpraktiker. Die alte Weisheit über die körperlichen und seelischen Gesamtzusammenhänge bei Kranken, die seit jeher Grundlage heilpraktischer Methoden war, setzt sich zunehmend auch bei den Schulmedizinern durch. Dazu kommt, daß Heilpraktiker in der Regel ausgezeichnete Psychologen sind und demzufolge auch psychosomatische Krankheiten erkennen und behandeln. All das zusammengenommen macht die alternative Medizin zu einem zeitgemäßen Betätigungsfeld.

Auch weiße Kittel brauchen schwarze Zahlen

In Krankenhäusern werden Kostenkontrolleure gebraucht, die trotz Sparmaßnahmen im Gesundheitswesen auch künftig eine umfassende medizinische Betreuung finanzieren helfen.

Der Job:

Ihre Büros sind nicht allzu imposant ausgestattet, ihr Arbeitswerkzeug ist der Computer, ihr grauer Anzug sticht im Klinikalltag heraus – die Betriebswirte im Krankenhaus können sich nicht hinter dem Schreibtisch verkriechen: ständig müssen sie sich über die Arbeitsabläufe im Haus und über das Personal informieren.

Großer Beliebtheit im Kollegenkreis erfreuen sich die Kostensenker in der medizinischen Versorgung nicht gerade. Das Wohl des Patienten steht nach Ansicht der Ärzte, Pflegerinnen und Betreuer an erster Stelle, und die Frage nach den Kosten scheint hier nicht angebracht.

Die Finanzjongleure im Gesundheitswesen müssen mit viel Fingerspitzengefühl Pionierarbeit leisten. Mit dem Holzhammer können sie nicht vorgehen, denn ohne die Mithilfe des gesamten Personals kommen sie nicht besonders weit. Vorzugsweise gilt es, die Mitarbeiter für die Kostenproblematik zu sensibilisieren, damit sie von selbst Effizienzsteigerungs- und Einsparungsmöglichkeiten vorschlagen.

In stundenlangen Diskussionen mit den Ärzten müssen die Krankenhausmanager herausfinden, welche Anschaffung ihre Klinik wirklich braucht. Die Mediziner hätten am liebsten jedes neue Gerät, doch angesichts der Millionenkosten müssen sie davon überzeugt werden, daß Beschränkung not tut.

Fakten:

Sehr zögerlich haben die Kliniken in den achtziger Jahren damit begonnen, für ihre Verwaltungsarbeit Computer einzusetzen. Auch heute gibt es noch große Lücken.

Was die Krankenhäuser heute mittels EDV erledigen	
Patientenverwaltung	*95%*
Kostenrechnung	*92%*
Einkauf	*64%*
Leistungsabrechnung (Wofür wird wieviel Geld ausgegeben?)	*39%*
Personalplanung	*23%*
Stationsarbeit	*22%*

Voraussetzungen:

Für die Verhandlungen mit Professoren und Doktoren brauchen die Manager viel Fingerspitzengefühl, gepaart mit Durchsetzungsvermögen.

Schule: Abitur oder Fachabitur.

Ausbildung: Studium der Betriebswirtschaftslehre mit Schwerpunkt Controlling. Immer mehr Universitäten richten auch spezielle Studiengänge für Krankenhausmanagement ein.

Zusatzqualifikationen: Praktika oder Jobs im Pflegebereich sind empfehlenswert. Computer- und Softwarekenntnisse in Bilanzierung und Kostenrechnung gelten als unerläßlich.

Einstiegsmöglichkeiten: Kliniken, Kur- und Rehabilitationszentren.

Anfangsgehalt: Ab 50.000 Mark.

Aufstieg:

Angesichts verstaubter eigener Controlling-Systeme stellen Kliniken derzeit häufig noch Manager mit Industrieerfahrung ein. Diese können ihr Know-how meist mühelos auf den Klinikbetrieb übertragen, Krankenhäuser produzieren schließlich eine ganz normale Dienstleistung.

Der Aufstieg an die Krankenhausspitze steht erfolgreichen Controllern offen, ihren Verantwortungsbereich können sie durch den Wechsel zu den riesigen Universitätskliniken vergrößern. Durch Spezialisierung auf ein ganz bestimmtes Segment – z. B. Ambulanzmanagement – können sie sich nach einigen Jahren Berufserfahrung auch selbständig machen.

Trends:

In Zukunft kommt keine Klinik mehr ohne Betriebswirte an ihrer Spitze aus. Seit Januar 1996 schreibt das Gesetz den Krankenhäusern vor, daß sie leistungsbezogen abrechnen müssen. Jede Blinddarm- oder Meniskusoperation hat seitdem einen festen Preis. In welcher Höhe der liegt und wie man den Gewinn bei einer Operation optimieren kann, das sagen den Ärzten die Krankenhausmanager.

Weitere staatliche Sparmaßnahmen und das zunehmende Kostenbewußtsein der Krankenkassen zwingen die Kliniken ebenfalls, Manager einzustellen. Die »Halbgötter in Weiß« müssen sich daran gewöhnen, daß auch in ihrem Metier die Regeln der Marktwirtschaft Einzug halten. Am Ende des Jahres muß der Betrieb schwarze Zahlen schreiben; anhaltende Verluste führen dazu, daß die »Firma« nach einigen Jahren dichtmachen muß.

Das Herz jeder Klinik

24 Stunden am Tag, sieben Tage in der Woche sind Krankenpfleger für die Patienten im Krankenhaus da: Ein stressiger Job mit viel Verantwortung.

Der Job:

Grelles Licht blendet Patienten bereits um sechs Uhr morgens. Mit der Frage »Guten Morgen. Haben wir gut geschlafen?« stürmen Krankenpfleger bei ihrer ersten morgendlichen Runde jedes Zimmer und knipsen das Licht an. Nachdem sie ihre ganze Station zu nachtschlafender Zeit geweckt haben, beginnen sie mit der täglichen Routine: Patienten waschen, Frühstück verteilen, Betten machen und die erste Ration Pillen austeilen.

Für die Pfleger ist die Frühschicht angenehm. Zwar müssen sie in diesem Fall früh aus den Federn, dafür haben sie aber oft den Nachmittag frei. Weniger beliebt sind Nacht- und Wochenenddienste. Wenn morgens um drei Uhr ein Patient einen Schluck Wasser will, müssen sie laufen. Wenn um vier Uhr morgens ein Stationsinsasse keine Luft mehr bekommt, müssen sie hellwach reagieren, die Bereitschaft rufen und sofort Erste Hilfe leisten.

Am Tage übernehmen sie eine Vielzahl von Hilfsdiensten für die Ärzte. Sie messen Puls, Körpertemperatur oder Blutdruck, verabreichen Spritzen und bereiten ihre Patienten für Untersuchungen vor. Zudem erledigen sie die gesamte Verwaltungsarbeit auf der Station. Aus ein paar hingeworfenen Worten ihres Oberarztes machen sie eine lesbare Patientenakte. Im Kontakt mit den Kranken sind menschliche Qualitäten gefragt. Die meisten Patienten sehen Pflegekräfte als die eigentlichen Bezugspersonen im anonymen Klinikalltag an.

Fakten:

Gängige Fortbildungswege der Schwestern und Pfleger		
Weiterbildung	*Maßnahme*	*Dauer*
Stationsschwester	*Kurs*	*3–5 Monate*
OP-Schwester	*OP-Weiterbildung*	*2 Jahre*
Intensiv-Schwester	*Pflege-Weiterbildung*	*2 Jahre*
Anästhesie-Schwester	*Weiterbildung in Anästhesie*	*2 Jahre*
Oberschwester	*Weiterbildung nach jahrelanger Berufspraxis*	*1 Jahr*

Voraussetzungen:

Geistig und körperlich belastbar müssen Pflegekräfte sein, die täglich mit den Leiden anderer Menschen konfrontiert werden. Um diesen zu helfen, benötigen sie Einfühlungsvermögen und Geduld.

Schule: Realschule.

Ausbildung: Drei Jahre dauert die Pflegeausbildung an einer Klinik. Zwei Drittel ihrer Zeit arbeiten die angehenden Pflegekräfte bereits auf einer Station mit, ein Drittel ihrer Zeit büffeln sie die nötige Theorie.

Zusatzqualifikationen: Ohne absolut fit zu sein, hält kein Pfleger auf Dauer den Dienst rund um die Uhr aus.

Einstiegsmöglichkeiten: Kliniken, Pflegeheime, Sanatorien.

Anfangsgehalt: Um die 45.000 Mark.

Aufstieg:

Für verantwortungsvolle Positionen benötigen die Pflegepersonen häufig eine Zusatzqualifikation. Erst danach können sie direkt im OP, auf der Intensivstation oder bei der Narkose mitarbeiten. Um eine ganze Station zu übernehmen, brauchen sie die einjährige Weiterbildung zur Oberschwester. Dort lernen sie alles über Personalplanung, Abrechnung und Materialbeschaffung.

Neue Tätigkeitsgebiete ergeben sich für gelernte Pfleger im Pflegebereich. Die neue staatliche Pflegeversicherung löst einen Boom privater Pflegedienste aus, die kranke Menschen in den eigenen vier Wänden betreuen. Als Angestellte oder als Selbständige finden die Pflegekräfte hier einen Job jenseits der Klinikmauern.

Trends:

Computertomograph, Dialysegerät, Beatmungsmaschine: Moderne Pflegekräfte müssen mit allen maschinellen Helfern der Ärzteschaft umgehen können. Ohne ihren Sachverstand läuft auch in der heutigen Apparatemedizin nichts. Im Gegenteil: Die Ärzte übertragen erfahrenen Helfern immer mehr Arbeiten, häufig auch solche, zu denen die Pflegekräfte eigentlich gar nicht befugt sind.

Präzision und Fingerfertigkeit

Blut, Urin, Speichel, Gallenflüssigkeit: aus nahezu allen Flüssigkeiten und Sekreten im menschlichen Körper analysieren medizinisch-technische Laborassistenten (MTLAs) die Krankheiten der Patienten.

Der Job:

Blut abgezapft, ins Reagenzglas gefüllt, beschriftet und abgeschickt – die Arbeit von Arzt oder Pfleger ist beendet, die der MTAs beginnt.

Mit Hilfe verschiedener technischer, zum Teil hochkomplizierter Hilfsmittel untersuchen sie das Blut gewissenhaft und erstellen einen Untersuchungsbericht, auf den wiederum der behandelnde Arzt seine Therapie aufbaut.

Gewissenhaftigkeit und Sorgfalt sind oberstes Gebot. Selbst wenn der Umgang mit dem Blut oder der Gallenflüssigkeit anonymer Patienten zur Routine geworden ist, bleibt die sorgfältige Behandlung und Analyse der Proben doch lebensnotwendig.

Der lockere Tonfall, der in den Laborteams herrscht und der Außenstehende manchmal erschauern läßt, darf diese Sorgfalt nicht beeinträchtigen.

Die Hierachien in den Labors sind zwar streng festgelegt, die einheitlich weiße Berufskleidung verhindert aber, daß Standesunterschiede allzu sehr zum Tragen kommen.

Fakten: Unentbehrliche Helfer

Rund **110.000 medizinisch-technische Assistenten** arbeiten derzeit in den Praxen und Labors der Mediziner. Mehr als **6.000 Jugendliche** werden in privaten Schulen als Laborhelfer ausgebildet – die Mehrzahl davon sind Frauen.

Voraussetzungen:

Präzision, Zuverlässigkeit und handwerkliches Geschick gelten als fachliche Voraussetzung. Hinzu kommen Freude am Experimentieren, Teamfähigkeit und Flexibilität.

Schule: Realschule.

Ausbildung: Schulische Ausbildung über die Dauer von drei Jahren.

Zusatzqualifikationen: Vertiefte Kenntnisse in mathematisch-naturwissenschaftlichen Fächern sind von Vorteil.

Einstiegsmöglichkeiten: Kliniken, Gemeinschaftslabors, größere Arztpraxen, Forschunglabors in Instituten und Unternehmen.

Anfangsgehalt: 40.000 Mark.

Aufstieg:

Nicht nur die breitgefächerten Einsatzmöglichkeiten machen diesen Beruf so attraktiv. Mit Hilfe betriebsinterner oder freiwilliger Fortbildung können sich die Laborassistenten auf ein Fachgebiet spezialisieren und künftig den Titel Fachassistent tragen. Nach weiteren Praxisjahren steht die Weiterbildung zum leitenden Assistenten und damit der Posten eines Laborleiters offen.

Hierfür sind allerdings neben der fachlichen Kompetenz auch Führungsqualitäten notwendig. Zudem verschiebt sich die rein wissenschaftliche Tätigkeit mehr und mehr auf Organisation, Kostenplanung oder Etatverwaltung.

Trends:

Trotz fortschreitender Technisierung und Automatisierung gilt dieser Job als krisensicher. Nicht zuletzt ihre Vielseitigkeit macht Laborassistenten zu idealen Mitarbeitern. Ohnehin am Puls der Forschung und Weiterentwicklung, bringen sie von Berufs wegen schon Interesse und Verständnis für Innovationen mit.

Mit dem Schraubenschlüssel heilen

Ingenieure und Techniker garantieren, daß die moderne Apparatemedizin in Krankenhäusern und Praxen fehlerfrei funktioniert.

Der Job:

Joystick, Virtual Reality und Roboter gehören zukünftig zum Handwerkszeug von Ärzten. Mit millionenteuren Maschinen operieren die Heilkundigen bereits heute ihre Patienten. Beatmungsmaschinen, Dialysegeräte oder Röntgenapparate zählen zur Standardausstattung. Doch die Mediziner stehen beim Umgang mit dem High-Tech vor einem gewaltigen Problem: Die Bedienung der modernen Gerätschaft erfordert viel Übung und Sachverstand. Bei Untersuchungen stellte sich heraus, daß zwei Drittel aller Unfälle mit medizintechnischen Geräten auf fehlerhaften Umgang zurückzuführen sind.

Um dieses Risiko zu vermindern, organisieren Medizintechniker in den Kliniken regelmäßig Schulungen oder führen sie selbst durch. Sie beraten die Klinikleiter beim Kauf neuer Modelle und überprüfen die Angebote der Hersteller. Die Blaumänner im OP führen kleinere Reparaturen und Wartungsdienste an den Geräten selbst durch oder kümmern sich um einen regelmäßigen Kundenservice.

Ihre Chefs sind meist Ingenieure. Mit ihnen zusammen bilden sie im Krankenhaus ein Fünf- bis Zehn-Mann-Team. Da die Klinik 24 Stunden am Tag arbeitet, müssen auch die Techniker rund um die Uhr verfügbar sein. Regelmäßigere Arbeitszeiten haben jene, die für einen Gerätehersteller arbeiten. In diesem Fall führen die Medizintechniker den Kundendienst bei Kliniken und großen Praxen durch. Sie arbeiten aber auch im Vertrieb von Herzklappen, künstlichen Hüftgelenken oder Prothesen.

Fakten: Kostspielige Maschinenparks

27 Milliarden Mark setzten Medizintechnik-Unternehmen vergangenes Jahr weltweit um. In fünf Jahren soll der Umsatz um 20 Prozent auf 33 Milliarden Mark steigen. **Jede sechste Maschine** stammt aus deutschen Landen. Größter Anbieter weltweit ist der Elektroriese Siemens. Er allein erwirtschaftet mit **23.500 Mitarbeitern** einen Umsatz von 6,8 Milliarden Mark.

Voraussetzungen:

Von der fehlerfreien Arbeit der Medizintechniker hängen Menschenleben ab. Präzision, Sorgfalt und technisches Geschick müssen sie daher unbedingt mitbringen.

Schule: Hauptschule, Realschule oder Fachabitur, je nach Ausbildungswahl.

Ausbildung: Technikerschule oder Ingenieurstudium der Gesundheitstechnik. Für die Aufnahme in die Schulen ist eine abgeschlossene Lehre notwendig. Die zweijährige Ausbildung kostet dort bis zu 10.000 Mark Schulgeld.

Einstiegsmöglichkeiten: Krankenhäuser, Gerätehersteller, Praxisgemeinschaften.

Anfangsgehalt: Im Krankenhaus ohne Universitätsausbildung rund 45.000 Mark, Ingenieure 50.000 bis 60.000 Mark.

Aufstieg:

In den Krankenhäusern sind die Aufstiegschancen für gelernte Techniker begrenzt, da an der Spitze ihrer Abteilungen Ingenieure sitzen. Besser stehen die Chancen bei Geräteherstellern. Hier können sie bis zum Niederlassungsleiter aufsteigen. Ingenieure arbeiten mehr in der Entwicklung neuer Maschinen. Für sie ist ein Aufstieg bis an die Firmenspitze oder die Leitung der technischen Abteilung eines Krankenhauses möglich.

Beide Gruppen haben auch die Alternative, sich selbständig zu machen. Die Medizingeräteverordnung schreibt für alle Apparate regelmäßige Kontrollen vor. Praxisgemeinschaften, aber auch kostenbewußte Klinikchefs greifen dafür zunehmend auf externe Experten zurück.

Trends:

Angesichts der expansiven Apparatemedizin sehen sich viele Ärzte in Zukunft nur noch als Gesundheits-Ingenieure. Dennoch werden sie sich aber weiterhin darauf beschränken, die Maschinen einzusetzen, während die aufwendigen Wartungs- und Entwicklungsarbeiten von Medizintechnikern übernommen werden.

6.500 verschiedene Gerätetypen stehen Ärzten bereits heute bei ihrer täglichen Arbeit zur Verfügung, und wöchentlich bieten ihnen die Hersteller neue Geräte an. Der zunehmende Einsatz solcher High-Tech-Apparaturen wird nur durch den Sparzwang in den Gesundheitshaushalten begrenzt – den Kassen fehlen bis zu zehn Milliarden Mark in ihren Budgets.

Keulen und Stäbe gegen Bewegungsstörungen

Berufsbedingt oder von Geburt an, normale Verschleißerscheinung oder Folge eines Unfalls – Physiotherapeuten helfen ihren Patienten wieder auf die Beine.

Der Job:

Früher galt Massage als Luxus, und Gymnastik diente dazu, die Figur zu erhalten. Heute arbeiten die Therapeuten unter anderem mit diesen Techniken daran, das Bewegungsverhalten ihres Patienten so zu ändern, daß dieser sich möglichst schmerzfrei bewegen kann. Dazu gehört der auf schlechten Bürostühlen erworbene Wirbelsäulenschaden ebenso wie der vorsichtige Muskel- und Bewegungsaufbau nach Beinbrüchen oder Bänderrissen.

Dabei setzen die ehemals Krankengymnasten genannten Helfer Bälle, Stäbe und Keulen ein. Aber auch Massageliegen und Fußrollen sowie Rollstühle oder Bein-Prothesen gehören zum Berufsalltag von Physiotherapeuten.

Ihre Patienten lernen sie entweder im Krankenhaus kennen, oder sie begleiten sie in Sanatorien und Rehabilitationszentren bis zur Genesung. Besonders die schweren Fälle ringen ihnen nicht nur körperliche Anstrengung, sondern auch eine große psychische Leistung ab. So ist einem Verkehrsunfall-Opfer, dem ein Bein abgenommen werden mußte, erst einmal neuer Lebensmut einzuflößen, bevor eine effiziente Bewegungstherapie begonnen werden kann.

Ist es dem Therapeuten gelungen, im Patienten das Gefühl der Eigenverantwortung zu wecken, ist der schwerste Schritt getan. Dann lehrt er etwa den Beinamputierten, seine Bewegungsabläufe so umzustellen, daß er mit Hilfe der Prothese so normal wie möglich leben kann.

Fakten:

Physiotherapeuten arbeiten vorwiegend als Angestellte in Rehabilitationszentren, Badeanstalten, Praxisgemeinschaften.

Wie viele Physiotherapeuten in Deutschland tätig sind	
Angestellte im privaten Sektor	*6.000*
Freiberufler	*13.200*
Angestellte im öffentlichen Sektor	*23.500*
Gesamtzahl der Therapeuten	*45.000*

Voraussetzungen:

Einfühlungsvermögen, Freude am Umgang mit Menschen und an Bewegung, Geduld und psychologisches Geschick sind in diesem Beruf unbedingte Voraussetzungen.

Schule: Realschule oder ein vergleichbarer Abschluß; als Mindestalter gilt das vollendete 17. Lebensjahr.

Ausbildung: Sie dauert drei Jahre, wobei ein Vorpraktikum empfehlenswert ist. Die Ausbildungsplätze sind beschränkt, mit Wartezeiten muß gerechnet werden. Bei ausgebildeten Masseuren oder medizinischen Bademeistern kann sich die Ausbildungszeit verkürzen. Für die Ausbildungszulassung muß ein ärztliches Zeugnis über die körperliche Eignung vorgelegt werden.

Zusatzqualifikationen: Permanente Weiterbildung und bestenfalls die Spezialisierung auf ein Gebiet, wie etwa Chirurgie oder Sportmedizin, sind empfehlenswert.

Einstiegsmöglichkeiten: Praxen, Krankenhäuser, Privatkliniken, Sanatorien und die Forschung.

Anfangsgehalt: Rund 40.000 Mark.

Aufstieg:

Der Beschluß, das mannigfaltige Berufsfeld der Physiotherapeuten in Spezialgebiete zu untergliedern, ist bereits von den Parlamenten verabschiedet. De facto gibt es bereits seit langer Zeit eine Differenzierung und eine Einteilung nach Schwerpunkttätigkeiten innerhalb dieser Zunft.

Mit einer geregelten Weiterbildung zum Fachtherapeuten können sich die Bewegungshelfer dann spezialisieren, was ihren beruflichen Aufstieg innerhalb der Abteilungen von Krankenhäusern, Rehabilitationszentren und Sanatorien unterstützen kann.

Trends:

Boris Becker und Steffi Graf betreten den Center-Court nie ohne Begleitung ihrer persönlichen Therapeuten. Derartige Traumjobs sind indes rar – auch wenn die Professionalisierung des Sports vielen Therapeuten Arbeitsplätze geschaffen hat.

Als fester Bestandteil vieler Heilmethoden bleibt dieser Beruf krisensicher. Besondere Wachstumspotentiale sehen Experten nach der Verabschiedung der Pflegeversicherung im Altenpflegebereich.

Auf der Suche nach der Wurzel des Übels

Kopfschmerzen, Atembeschwerden, Brechreiz: Mediziner haben erkannt, daß die Ursachen solcher Leiden häufig in einer psychischen statt einer körperlichen Krankheit zu finden sind.

Der Job:

Vor wenigen Jahrzehnten hätte die Ärzteschaft einen Magersüchtigen noch von Kopf bis Fuß und von innen nach außen untersucht, um herauszufinden, von welcher organischen Störung seine unnatürliche Schlankheit herrührt. Heute findet ein derartig Kranker Hilfe bei einem Mediziner psychologischer Ausrichtung, der nach den tiefverwurzelten Gründen für die Kalorienabneigung seines Patienten sucht.

Die Psychotherapie als heilender oder zumindest mitheilender Beruf erfährt einen zweiten Frühling. Obwohl wissenschaftlich noch lange nicht zur Gänze erforscht, erkennen immer mehr allgemeine Mediziner die Psyche zumindest als Mitverursacher vieler Krankheiten an. Ob Krebs oder Asthma – die Ursachen solcher Leiden sind nicht selten in geheimen Ängsten, schrecklichen und daher verdrängten Erlebnissen oder schlicht unerfreulichen Lebensumständen zu finden.

Die Hauptaufgabe der Psychotherapeuten besteht daher in erster Linie darin, gemeinsam mit seinen Patienten diese Ursachen aufzuspüren. Mit Hilfe von Einzelgesprächen, Gruppentherapien oder Tiefenpsychologie suchen Arzt und Patient nach der Wurzel des Übels. Geduld und Behutsamkeit sind dabei nicht nur für den Therapeuten notwendig, er muß diese Eigenschaft auch seinem Patienten abverlangen. Nicht selten bezieht er auch den familiären und sozialen Hintergrund in seine Behandlung mit ein.

Fakten:

Kein von der Allgemeinheit finanziertes Studium, sondern eine selbst bezahlte Ausbildung führt in diesen Beruf.

Wieviel die Ausbildung zum Psychotherapeuten kostet	
10 Semester Vorlesungen, Seminare, Übungen (gesamt)	*5.000 Mark*
mind. 300 Stunden	*33.000 Mark*
Lehranalyse	*16.500 Mark*
150 Kontrollstunden	*3.000 Mark*
Fachliteratur	*3.000 Mark*
Gebühren	*1.000 Mark*

Voraussetzungen:

Einfühlungsvermögen, analytischer Verstand und eine Portion Hilfsbereitschaft sind Voraussetzungen für diesen Beruf.

Schule: Abitur.

Ausbildung: Hochschulausbildung als Arzt, Diplom-Psychologe, Sozialpädagoge oder Pädagoge. Anschließend berufsbegleitende Zusatzausbildung zur Psychotherapie von mindestens fünf Jahren.

Zusatzqualifikationen: Praktische Berufserfahrung im Umgang mit Problemgruppen sammeln, wie etwa bei den Anonymen Alkoholikern oder in Ehe- und Familienberatungsstellen.

Einstiegsmöglichkeiten: Praxen, klinische Einrichtungen, Heime, Beratungsstellen.

Anfangsgehalt: Rund 60.000 Mark.

Aufstieg:

Wie in allen medizinischen oder medizinnahen Berufen steht auch dem Psychotherapeuten über freie Mitarbeit oder eine eigene Praxis ein individueller Weg für ein erfolgreiches Berufsleben offen. Wer sich für eine Anstellung in einer Klinik, einem Heim oder einer staatlichen Einrichtung entscheidet, hat dort nach einigen Jahren Berufserfahrung und Engagement Aufstiegsmöglichkeiten in leitende Positionen.

Außerdem eröffnen sich bei Eignung Möglichkeiten zur Lehrtätigkeit, zur Berufsausbildung und zur Autorenschaft – sowohl wissenschaftlich als auch populär.

Trends:

Auch wenn die Erfahrenen unter den Ärzten nie den Zusammenhang zwischen Körper und Geist leugneten, blüht die Suche nach der psychischen Ursache vieler Krankheiten geradezu auf. Hinzu kommt eine wachsende Zahl von Suchtkranken, sozial gestörten Einzelgängern und leichteren psychisch Kranken, die sich zum eigenen Wohlbefinden Therapien leisten. Insgesamt eröffnet sich den Psychotherapeuten ein riesiges Betätigungsfeld. Einzige Einschränkung bleibt noch, daß viele Krankenkassen die Kosten nicht übernehmen, sofern eine Therapie nicht medizinisch begründet ist.

Ein noch völlig unterbesetztes Spezialgebiet ist die Kinder- und Jugend-Psychotherapie. Hier werden Fachkräfte dringend gesucht.

Blick ins Innere des Menschen

Wo Krankheitssymptome von außen nicht mehr zu erkennen sind, versucht der Radiologe mit Hilfe zahlreicher Instrumente einen Blick in das Innere des Körpers.

Der Job:

Die Praxen und Untersuchungsräume von Radiologen beeindrucken Außenstehende meist durch die große Vielfalt an hochkompliziert wirkenden Geräten. Röntgenapparate, Ultraschallgeräte, Computertomographen und Kernspintomographen sind das Handwerkszeug der Radiologen.

In immer verfeinerter Form liefern diese Geräte detaillierte Informationen über mögliche Störungen und kleinste Wucherungen im Körper ihrer Patienten, die vielfach wegen Krebsverdachts zu ihnen kommen.

Die Radiologen arbeiten mit ihren High-Tech-Gerätschaften in speziellen Krankenhausabteilungen oder Privatpraxen. Zwar geben ihre Kollegen vor, was am jeweiligen Patienten zu untersuchen ist, aber die Auswertung der Untersuchungsergebnisse übernehmen sie selbst.

Während der einzelnen Untersuchungen müssen sie ihren Patienten einiges zumuten: Kranke, die unter Platzangst leiden, sind bei der Computertomographie in enge Röhren zu schieben, Kontrastmittel müssen gespritzt und unruhige Patienten zu absoluter Bewegungslosigkeit angehalten werden. Die Auswertung der Untersuchungsergebnisse entscheidet wesentlich über die weitere Vorgangsweise bei der Behandlung des Patienten. Und selbst wenn es Normen bei der Auswertung der Untersuchungsergebnisse gibt, bleibt es doch vielfach der Erfahrung des Radiologen überlassen, die richtige Diagnose zu treffen.

Fakten:

Trotz hoher Kosten sprießen die lukrativen radiologischen Praxen.

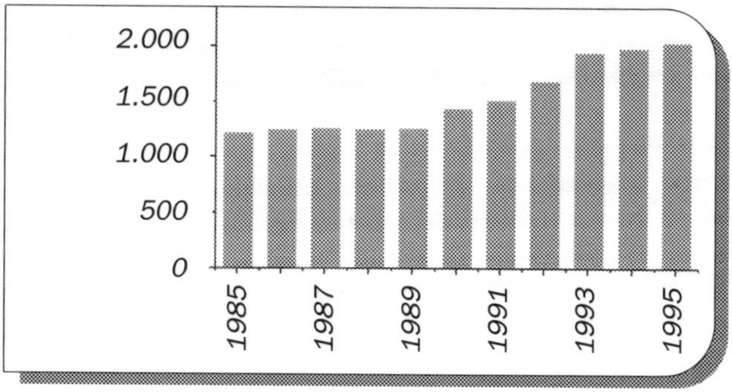

* Seit 1990 mit neuen Bundesländern.

Voraussetzungen:

Radiologen müssen technisches Geschick sowie physikalische und medizinische Kenntnisse mitbringen.

Schule: Abitur.

Ausbildung: 12 Semester Medizinstudium, gefolgt von 18 Monaten als »Arzt im Praktikum« bis zur anschließenden Approbation. Danach folgen nochmals fünf Jahre Weiterbildung.

Zusatzqualifikationen: Hier steht noch zusätzlich eine Spezialisierung auf Kinderradiologie im Fortbildungsprogramm.

Einstiegsmöglichkeiten: Krankenhäuser, große radiologische Praxen und die Forschung.

Anfangsgehalt: Rund 80.000 Mark.

Aufstieg:

Selbständig tätige Radiologen gehören zu den Spitzenverdienern innerhalb der Ärzteschaft. Mit 200.000 bis 300.000 Mark Einkommen im Jahr können erfahrene Radiologen rechnen.

Allerdings setzen diese Spitzenverdienste eine aufwendige und kostenintensive technische Ausrüstung der eigenen Praxis voraus: 12 bis 15 Millionen Mark muß ein Existenzgründer heute ausgeben, bis er seine moderne Gerätschaft beisammen hat.

Trends:

Der Radiologe gilt als der Mediziner mit dem größten technischen Gerätepark. Erschöpften sich seine Tätigkeiten vor wenigen Jahrzehnten noch in Röntgenaufnahmen, weisen radiologische Großpraxen oder die Spezialabteilungen innerhalb der Krankenhäuser heute ein »Raumschiff-Ambiente« auf.

Trotz langer Ausbildung und hoher Investitionskosten bleibt dieser Beruf begehrt. Das Arbeitsvolumen der Radiologen hat sich im Laufe der vergangenen zehn Jahre kontinuierlich gesteigert, doch erhalten lange nicht alle gründungswilligen Ärzte in einem bestimmten Gebiet die gewünschte Erlaubnis. Nun drängen auch die Krankenhäuser auf den Markt der ambulanten radiologischen Untersuchung.

Rund ums Geld

Ob Sparvermögen oder Lebensversicherung – die Kunden verlangen intensive Beratung

»Früher waren die weitflächigen Filialnetze großer Privatbanken hauptsächlich dazu da, das Geld der Sparer und Kleinanleger einzusammeln und auf deren Sparkonten zu deponieren«, erläuterte der Chef der Deutschen Bank, Hilmar Kopper, bei einem Kamingespräch mit den journalistischen Größen des Landes. »Heute geben sich die Kunden auch bei einem kleinen Vermögen nicht mit dem normalen Sparzinssatz zufrieden.« Kurz, die Sparer wollen umfassend beraten werden, wie ihr Geld die meisten Früchte trägt.

Der Chef der größten deutschen Privatbank hat die Zeichen der Zeit richtig erkannt und reagiert mit tiefgreifenden Strukturmaßnahmen. Die Einführung von Geldautomaten, Kontoauszugdruckern und Home-Banking führt dazu, daß innerhalb der Finanzszenerie einfache Tätigkeiten von der Kundschaft selbst erledigt werden. Der »Schalterbeamte« hat kaum noch Zukunft, der Bedarf an beratungs- und verkaufsorientierten Bankleuten wächst. Eine aufgeklärte, fordernde Kundschaft verlangt nach Beratung – individuell und global.

Zudem verwischen die Grenzen zwischen Banken und Versicherungen immer mehr. Die Geldhäuser entwickeln sich zu Allfinanz-Dienstleistern, die Assekuranzen machen sich im Anlagebereich breit.

Schließlich haben die Deutschen mittlerweile vier Billionen Mark auf der hohen Kante – Immobilienbesitz und Beteiligungen nicht mitgerechnet. Trotz rückläufiger Sparrate wuchs alleine in den vergangenen zwölf Monaten das Barvermögen hierzulande um 221 Milliarden Mark. Am Kuchen bundesbürgerlicher Liquidität versuchen Banken und Versicherungen gleichermaßen mitzunaschen. Auch die Argumente sind häufig die gleichen: Die Vertreter beider Finanzsektoren versprechen ihrer Kundschaft finanzielle Unabhängigkeit und ein Alter im Wohlstand.

Die Gestaltungsmöglichkeiten wachsen mit der Globalisierung der Märkte und der europäischen Zusammengehörigkeit ins Uferlose. Parallel dazu wachsen der Beratungsbedarf und damit die Chancen für kommende Erwerbstätige in diesem Bereich.

Hinter den Kulissen der Top-Etage

Das Zahlenwerk von Unternehmen auf seine Nachhaltigkeit zu überprüfen und die Fähigkeiten der Manager ebenso richtig einzuschätzen wie die Auswirkungen der Infos auf die Börse, das ist die diffizile Aufgabe von Analysten.

Der Job:

Die Angst vor den »Großen und Mächtigen in der Wirtschaft« geht schnell verloren, wenn man den Finanzchef von Volkswagen oder Daimler-Benz ein paar Mal mit unerwarteten Fragen in Verlegenheit gebracht hat. Die sorgfältige Recherche aller greifbaren Unternehmensdaten und -informationen gehört zum täglichen Brot – genauso wie die Hartnäckigkeit, diese Infos im Gespräch mit dem Vorstand oder mit externen Branchenexperten abzuchecken. Das kann am Telefon sein, vor Ort oder bei einem der zahlreichen Analystentreffs, zu denen die Chefs international tätiger Firmen einladen. Analysten sind also keineswegs reine Stubenhocker.

Allerdings, nur wenn man herausbekommt, was andere übersehen haben, gelingt der Aufstieg zum gesuchten Top-Analysten – der sich im übrigen dadurch auszeichnet, daß er die Wirkung von Infos und Visionen auf die Börsenkurse besser einschätzt als andere.

Deshalb sollte er sich bald zum Experten einer Branche oder einer Gruppe von Unternehmen entwickeln – am besten international. Fast alle großen Banken verlagern ihre Analyseabteilungen nach London oder New York. Nur noch einige lokale Privatbanken wie Oppenheim in Köln oder SMH in Frankfurt/Hamburg leisten sich noch den Luxus eigener Research-Abteilungen.

Fakten: Mit tausend Augen und Ohren

Die Kurszettel der deutschen Börsen sind prall gefüllt: Über **3.000 Firmen** sind an den Aktienmärkten notiert. Besondere Aufmerksamkeit müssen Analysten den 30 Dax-Werten widmen – den wichtigsten Aktiengesellschaften von Allianz bis Volkswagen. Deren Wertpapiere allein machen weit mehr als die Hälfte des Gesamtumsatzes an allen Börsenplätzen aus.

Voraussetzungen:

Analysten sind Einzelkämpfer und müssen ein hohes Frustpotential haben, weil sie von Portfolio-Managern, denen sie eigentlich Entscheidungshilfen bieten sollen, nicht immer ernstgenommen werden. Darüber hinaus ist eine gewisse Liebe zu Zahlen unerläßlich.

Schule: Abitur.

Ausbildung: Hochschulstudium mit Abschluß in Betriebswirtschaftslehre und/oder Volkswirtschaftslehre.

Zusatzqualifikationen: Eine Banklehre mit Schwerpunkt Corporate Finance oder eine Grundausbildung als Wirtschaftsprüfer sind ebenso hilfreich wie gute EDV- und Sprachkenntnisse. Empfehlenswert ist auch eine Mitgliedschaft bei der Deutschen Vereinigung für Finanzanalyse (DVFA).

Einstiegsmöglichkeiten: Banken und Kapitalanlagegesellschaften.

Anfangsgehalt: Zwischen 65.000 und 75.000 Mark.

Aufstieg:

Mindestens zwei bis drei Jahre, besser noch fünf Jahre Knochenarbeit und Spezialisierung auf eine Branche sind die Basis, um sich höheren Orts einen Ruf im Geldmanagement zu erwerben. Inzwischen haben die besten Analysten auch häufiger die Chance, ihre gute Nase in der einschlägigen Fachpresse ins rechte Licht zu rücken. Ist der Ruf etabliert oder gelingt gar der Aufstieg in die Top-Liga europäischer Analysten, kommt garantiert das Angebot, in das eigentliche Geldmanagement zu wechseln. Ansonsten winkt der Aufstieg zum Chefanalysten, der sich nicht nur um Unternehmen, sondern um globale Zusammenhänge kümmert.

Trends:

Die Bedeutung der Aktie für Publikumsfonds und große Pensionsfonds hat in den vergangenen Jahren kontinuierlich zugenommen. Die Zahl der börsennotierten Unternehmen steigt ebenso wie der Bedarf an Eigenkapital und der Fähigkeit, den Bilanzen der Unternehmen auf den Grund zu gehen. Durch die wachsende Globalisierung wird der Job sicherlich nicht einfacher, dafür aber attraktiver. Bei großen Konzernen mit weltweitem Betätigungsfeld reicht die Kenntnis nationaler Standorte und Bilanzregeln nicht aus: Man kommt nicht mehr umhin, die zunehmende ausländische Verflechtung mit ins Kalkül zu ziehen. Das bedeutet internationale Kontakte und Aufmerksamkeit – mit entsprechenden Aufstiegschancen. Insider-Gesetze machen den Analysten allerdings zunehmend das Leben schwer.

»Verdoppeln Sie mein Geld, bitte.«

Als Bankangestellte oder auch freiberuflich Tätige sollten Anlageberater für jeden Kunden eine individuell passende Möglichkeit finden, sein Geld anzulegen.

Der Job:

Sie haben ununterbrochen mit Menschen zu tun und müssen sich permanent auf neue Charaktere einstellen können. Gute Menschenkenntnis, Kontaktfreude und ein gewinnendes Wesen sind für diesen Beruf genauso unerläßlich wie eine gute Portion Seriosität.

Sie müssen herausfinden, in welcher persönlichen und finanziellen Situation sich der Kunde befindet, und ihn entsprechend beraten. Außer fachlicher Kompetenz im Finanzgeschäft brauchen sie auch steuerrechtliche Grundkenntnisse, um zu wissen, welcher Steuer welche Gewinne unterliegen, wie eine Besteuerung weitgehend zu umgehen ist und ob sich für den Kunden ein Steuersparmodell überhaupt lohnt.

Bei alle diesen Fragen stehen die Berater immer vor dem gleichen Problem: Sie müssen ein Produkt verkaufen, das der Kunde nicht sehen und nicht anfassen kann. Gelingt es ihnen nicht, das Vertrauen des Kunden zu gewinnen, kommt es nicht zum Geschäftsabschluß. Selbst Bankangestellte müssen ihre geregelte Arbeitszeit vergessen, wenn der Interessent sich für 19 Uhr ansagt. So nett und einsatzbereit der Anlageberater sich auch zeigen mag – Kollegen und Vorgesetzte messen ihn nach seinem Erfolg: den Geschäftsabschlüssen.

Fakten:

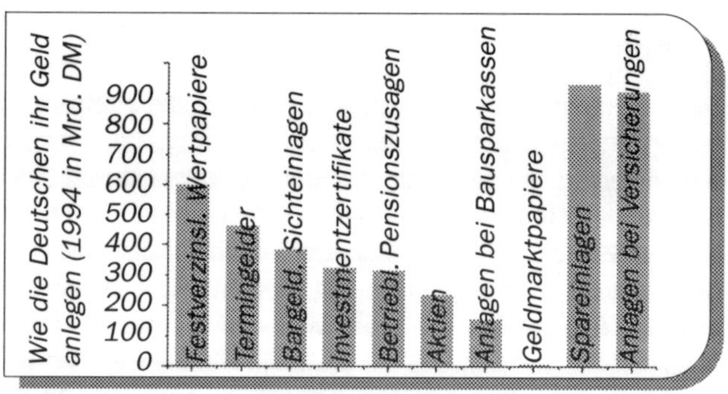

Konservative Anlageformen wie Bausparverträge oder Lebensversicherungen werden zwar weiterhin beliebt bleiben, aber selbst da werden die Anleger in Zukunft vermehrt auf professionelle Beraterzurückgreifen, die ihnen Vergleiche von Konkurrenzprodukten bieten oder vielleicht doch eine bessere Investitionsmöglichkeit ausmachen.

Voraussetzungen:

Glaubwürdig, verbindlich und überzeugend müssen Anlageberater sein. Sicheres Auftreten und eine Portion Charme helfen meist, das Vertrauen der Kunden zu gewinnen.

Schule: Realschule, Abitur, Fachabitur.

Ausbildung: Banklehre sowie bankinterne Weiterbildung oder Betriebswirtschaftslehre-Studium.

Zusatzqualifikationen: Neben fachlichem Know-how im Finanzbereich empfehlen sich Grundkenntnisse im Steuerrecht.

Einstiegsmöglichkeiten: Privatbanken, Raiffeisenbanken und Sparkassen.

Anfangsgehalt: Nach Lehre oder Studium zwischen 50.000 und 60.000 Mark.

Aufstieg:

Wer das richtige Händchen hat, kann innerhalb der Bank Karriere bis zum Abteilungsleiter machen. Einigen gelingt auch der Sprung von der Privatkunden- in die Geschäftskundenabteilung, die meist nicht nur räumlich eine Etage höher liegt.

Wer den Sprung in die Selbständigkeit wagen möchte, sollte sich auf einen Bereich oder ein Produkt spezialisieren. Ob Schiffs- oder Immobilienbeteiligungen – hier zählen fundierte Branchenkenntnis und ausgezeichnete Kontakte. Einige Anleger ziehen private Berater den Bankmitarbeitern vor, da sie bei ihnen sicherer sind, umfassender und individueller beraten zu werden.

Trends:

Neben dem ewigen Traum, im Schlaf Geld zu verdienen, wird vor allem die große Vielfalt an Produkten im Geldanlagebereich den Beratungsbedarf weiter steigen. Die Banken mußten in den letzten Jahren begreifen, daß sich selbst Kleinanleger nicht mehr unbedingt mit dem Sparbuch zufriedengeben, und bauen ihre Beratungsabteilungen entsprechend aus.

Für Freiberufler, die nicht die Haftung, den Namen und die Seriosität eines Bankhauses hinter sich haben, ist ein Spezialgebiet wichtig. Nur so sind sie in der Lage, neue Anlagemöglichkeiten auf Herz und Nieren zu überprüfen, bevor sie sie empfehlen.

Mit Milliarden jonglieren

Fondsmanager stellen für eine Vielzahl von Anlegern ganze Pakete zusammen, die täglich neu gemischt werden und die die beiden wichtigsten Vorgaben erfüllen müssen: einerseits den Gewinn zu optimieren, andererseits so sicher wie möglich zu sein.

Der Job:

Die Börse ist eine Welt für sich, und wer sich erfolgreich in dieser Welt bewegen will, muß viel Zeit dafür investieren. 12-Stunden-Tage sind für die Verantwortlichen von Milliarden von Mark keine Seltenheit, sondern Selbstverständlichkeit. Ihre Hausaufgaben – die Finanzmärkte der ganzen Welt zu beobachten, Unternehmensdaten zu analysieren und sich in bezug auf die neuesten Nachrichten immer auf dem laufenden zu halten – haben die Fondsmanager genauso täglich zu machen wie ihre Kollegen in anderen Börsenberufen. Darüber hinaus brauchen sie vor allem zwei Eigenschaften: Entscheidungsfreude und Nervenstärke. Blitzschnell müssen sie auf Veränderungen reagieren oder die Gewißheit und Gelassenheit besitzen, negative Entwicklungen als kurzfristig einzustufen und auszusitzen. Wie sie sich auch entscheiden, sie haben immer die volle Verantwortung dafür zu tragen.

Da sie die Informationsflut unmöglich alleine bewältigen können, sind sie auf die Zusammenarbeit mit den Kollegen angewiesen. Teamfähigkeit und Aufgeschlossenheit den anderen Börsianern gegenüber fördern nicht nur das Betriebsklima, sondern sind auch für den funktionierenden Informationsfluß und die »Gestaltung« der Gerüchteküche unabdingbar.

Fakten:

Immer mehr Deutsche legen ihr Geld in Fonds an. Durch neue Pensionsfonds wird der Bedarf an Fondsmanagern explodieren.

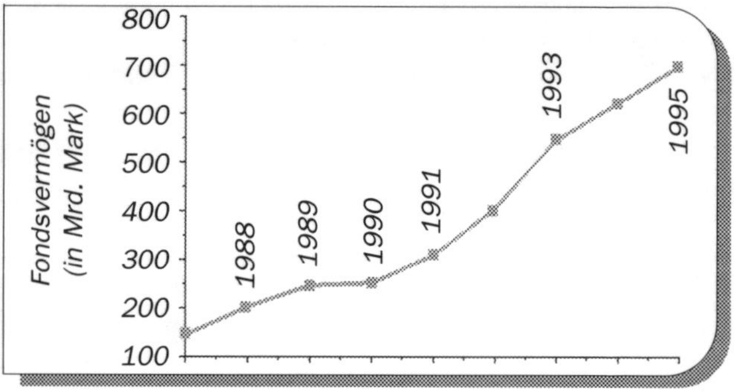

Voraussetzungen:

Nervenstärke, Kommunikationsfähigkeit und Entscheidungsfreude müssen die angehenden Fondsmanager nicht nur nach außen hin zeigen, sondern auch täglich unter Beweis stellen. Sie brauchen Persönlichkeit – behaupten sie von sich selbst.

Schule: Abitur.

Ausbildung: Banklehre plus bankinterne Weiterbildung; Betriebswirtschaftslehre-Studium plus Trainee-Programm.

Zusatzqualifikationen: Selbst wenn heute schon 30jährige Fondsmananger zu finden sind, braucht man für diese Disziplin nicht nur Talent, sondern auch Erfahrung. Letztere läßt sich auch bei kleineren Banken und besonders im Ausland erwerben.

Einstiegsmöglichkeiten: Kleinere und größere Privatbanken.

Anfangsgehalt: Zwischen 50.000 und 60.000 Mark; darüber hinaus stark erfolgsabhängig.

Aufstieg:

Weniger der Weg vom Fondsmanager aufwärts als der Weg dorthin dürfte viele interessieren. Leider gibt es hier – wie in so vielen anderen begehrten Berufen – keinen einheitlichen Ein- und Aufstieg. Ein Faible für Börse, Wertpapierhandel, ein Gespür für internationale Stimmungen und volkswirtschaftliches Know-how sind Bedingungen für derart verantwortliche Tätigkeiten.

Diese Voraussetzungen lehren weder Universitäten noch die Kreditinstitute selbst in ihrer Ausbildung. Die Persönlichkeit stellen die Personalverantwortlichen denn auch immer als eines der entscheidendsten Kriterien in den Vordergrund.

Trends:

Fonds sind auch für kleinere Anleger in Mode gekommen, und das nicht zuletzt auf Betreiben der Banken selbst, die lieber das Geld mehrerer Anleger auf internationalem Parkett gebündelt anlegen, als die Spargroschen jedes einzelnen Kunden zu betreuen. Auch der Kleinanleger kann und will auf diese Art und Weise ein bißchen prickelnde Börsenluft schnuppern.

Da diese Form der Anlage nicht nur aufregender, sondern auch lukrativer ist, als Erspartes in einer Lebensversicherung oder in einem Sparbuch zu parken, kommt das Fondsmanagement erst jetzt so richtig in Schwung.

Jungen Unternehmern auf die Sprünge helfen

Wem es zu riskant ist, selbst eine kleine Fabrikation oder einen Laden aufzubauen, der kann auch ganz gut dabei fahren, diejenigen zu beraten und zu betreuen, die den Mut zum Gründer haben.

Der Job:

Viele selbständige Gründungsberater haben es schon einmal ausprobiert – und sind als angehende Industrielle oder Händler gescheitert. Was allerdings keineswegs ausschließt, daß sie ideenreiche Pioniere nicht gut beraten können. Im Gegenteil: Sie haben die Erfahrung schon gemacht, die sie bei anderen verhindern wollen, und haben Antworten auf Fragen wie: Wo bekommt man schnell und günstig Fördermittel? Wie gestaltet man vorausschauend Verträge mit Vermietern, Lieferanten, Kunden etc.? Wie umgeht man die berüchtigte Liquiditätslücke, die zwangsläufig bei schnellem Unternehmenswachstum zwischen Zahlungseingang und Lieferantenverpflichtungen entsteht? Warum sollte man eine allzu enge Bindung an die Hausbank vermeiden? Wie findet man Kapital, das für eine gute Idee auch mal Risiken eingeht? Wie verhält man sich am besten gegenüber dem Finanzamt?

1.000 Fragen, die auf den Gründer einstürzen, ihn aber eigentlich nur ablenken von seinem Ziel: ein Produkt oder eine Dienstleistung permanent zu optimieren und möglichst viele Kunden zu finden, die einen mehr als kostendeckenden Preis dafür zu zahlen bereit sind. Diese Routineaufgaben nimmt ihm der Berater ab und schafft ihm Freiheit für Kreativität. All dem gehen viele Gespräche voraus, die Vertrauen schaffen. Manchmal gehört zum Job auch ganz einfach der hilfreiche Rat: Schuster, bleib bei deinem Leisten!

Fakten:

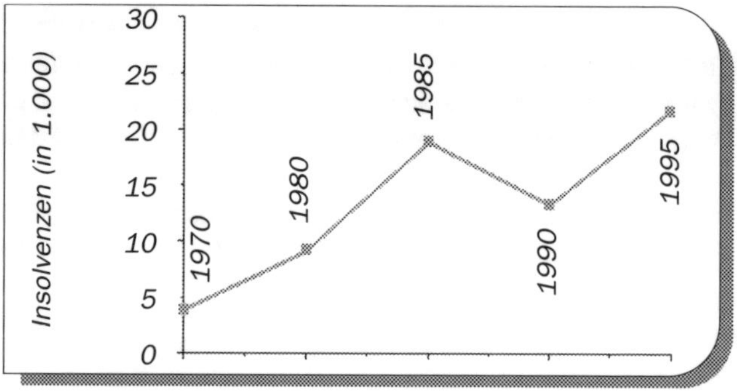

Bisher ist vor allem die Pleitewelle ungebrochen. Gründungsberater könnten dem entgegenwirken, indem sie unrealistische Projekte verhindern und falsch angelegte Strategien gewinnbringend ausrichten.

Voraussetzungen:

Hochstapler und Träumer von genialen Machern zu unterscheiden, erfordert ein hohes Maß an Menschenkenntnis und viel Feingefühl. Darüber hinaus muß der Berater in jeder Situation einen kühlen Kopf bewahren.

Schule: Realschule, Fachabitur, Abitur.

Ausbildung: Ein Studium an einer Fachhochschule oder Universität ist vorteilhaft.

Zusatzqualifikationen: Ein breites Wissen über Steuertricks, Förderprogramme, Buchhaltung und Finanzierung ist unentbehrlich.

Einstiegsmöglichkeiten: Regional tätige Rationalisierungskuratorien der Wirtschaft (RKW), Industrie- und Handelskammern sowie Banken mit Spezialabteilungen, wie etwa die Ausgleichsbank oder die IKB.

Anfangsgehalt: Circa 60.000 Mark.

Aufstieg:

Einem Angestellten bei einer Industrie- und Handelskammer oder einem Rationalisierungskuratorium stehen alle in solch halbstaatlichen Institutionen klassischen Karrierewege offen. Vor allem die Kammern reagieren auf die öffentliche Kritik wegen der teils zu hohen Mitgliedsbeiträge mit der Flucht nach vorne: Sie erweitern ihr Beratungsangebot. Bei Spezialbanken muß der übliche Weg durch die Instanzen angetreten werden.

Der selbständige Berater hat nicht nur den größten persönlichen Spielraum, sondern ihm steht auch finanziell der Himmel offen – abhängig vom Erfolg seiner Kunden und seiner Vertragsgestaltung (Erfolgsbeteiligung).

Trends:

Alle sind sich darüber einig – die vielen Millionen neuer Jobs, die Deutschland braucht, können nur von kleinen und mittelständischen Unternehmern geschaffen werden. Der Kanzler und der Deutsche Gewerkschaftsbund beschwören eindringlich eine Gründerwelle in Deutschland. Der Wille ist vorhanden, aber wie geht man vor, und welche der 230 Förderprogramme in der EU nutzt man? Zudem fehlt es nicht nur an Risikokapital; auch zu viele Vorschriften – von der Eintragung ins Handelsregister bis zur Patentanmeldung – halten unternehmungslustige Bundesbürger davon ab, den Schritt in die Selbständigkeit zu wagen. Auf dem Papier bieten sich zwar viele mit Rat und Tat an, unabhängige Gründungsberater gibt es aber viel zu wenige – bisher knapp 100 in ganz Deutschland.

Schäden schätzen und abwickeln

Blechschaden, Betriebsunfall, Haftpflicht- oder Gebäudeschaden: Schadensregulierer ergründen vor Ort mit viel Sachkenntnis die Ursachen und das Ausmaß der Schäden an Personen und Sachen.

Der Job:

Ebenso vielschichtig wie der Job selbst ist auch die Art und Weise der Beschäftigung. Neben der grundsätzlichen Unterteilung in Freiberufler und Angestellte einer Versicherungsgesellschaft unterscheidet die Branche noch zwischen Inhaltssachverständigen für Gebiete wie Haftpflicht oder Hausrat, die meist fest in die Versicherungsunternehmen eingegliedert sind, und Sachverständigen für Bereiche wie Gebäude, Transport, Kfz oder Medizin. Letztere können durchaus auch freiberuflich oder nebenberuflich für ein Versicherungsunternehmen arbeiten.

Die Kompetenzen sind unterschiedlich verteilt. So hat der Sachverständige für Gebäudeschäden in der Regel nicht nur die Aufgabe, das Malheur aufzunehmen und die Instandsetzungskosten zu schätzen, sondern den Schadensfall auch tatsächlich mit dem Versicherungsnehmer zu regulieren. Kfz-Gutachter beenden ihre Tätigkeit damit, den Gesamtschaden zu errechnen; die Abwicklung obliegt den Innenabteilungen der Versicherer. Medizingutachter verfahren ebenso.

In den größten privaten Versicherungsbereichen – Auto und Gebäude – sind die sachverständigen Einzelkämpfer fast immer auf Achse, kontaktieren die Kunden vor Ort, nehmen den Schaden gleich in ihrem Laptop auf und verständigen sich via Datenleitung mit den Versicherungsunternehmen.

Fakten:

Jede Menge Sachverstand ist gefragt ...

... bei fast zehn Millionen Kfz-Unfällen mit einer Schadenssumme von fast 40 Milliarden Mark.
... bei 30.000 unzufriedenen privaten Bauherren.
... bei alljährlich fast 100.000 Angestellten mit einer Berufskrankheit.

Voraussetzungen:

Gerechtigkeitssinn und ein wenig kriminalistisches Gespür sollten Gutachter auf jeden Fall mitbringen. Sie stehen zwischen dem Interesse der Versicherer, nicht mehr als nötig zu zahlen, und dem der Geschädigten, die soviel wie möglich bekommen wollen.

Schule: Abitur, Fachabitur.

Ausbildung: Lehre als Versicherungskaufmann und anschließend betriebsinterne Weiterbildung oder Fachhochschule. Für Baugutachter empfiehlt sich ein Architekturstudium, für Medizingutachter ein Medizinstudium und für Kfz-Gutachter eine Lehre mit IHK-Zusatz-Prüfung.

Zusatzqualifikationen: Fachfremde müssen einen Schnelldurchgang im Versicherungswesen absolvieren. Computerfertigkeiten sind für die Abwicklung unerläßlich.

Einstiegsmöglichkeiten: Versicherungen, Schaden- und Gutachterbüros, TÜV.

Anfangsgehalt: 50.000 bis 60.000 Mark.

Aufstieg:

Als Angestellte eines Versicherungsunternehmens können es fähige Mitarbeiter mit Führungsqualitäten bis zum Abteilungsleiter bringen. Allerdings bedarf es hierfür neben der Lehre eines Fachhochschulabschlusses.

Mediziner und Architekten ziehen es häufig vor, nur nebenberuflich für Versicherer tätig zu werden. Bei Spezialisierung auf ein Gebiet können sie aber satte Honorare in Rechnung stellen. Im Kfz-Bereich herrscht vielfach noch Wildwuchs. Dort hat auf Dauer nur gute Perspektiven, wer sich den Sachverstand testieren läßt.

Trends:

Sie sind etwas in Verruf gekommen – die oftmals selbsternannten Richter über Ursachen und Ausmaß bestimmter Schäden und Unfälle. Dazu hat nicht zuletzt eine fehlende Berufsordnung geführt, denn Sachverständiger kann sich jeder nennen, auch wenn er keinen Funken Sachverstand mitbringt. Durch die zunehmende Serviceorientierung der Versicherungsgesellschaften, die der internationale Konkurrenzkampf zwangsläufig mit sich bringt, findet indes eine automatische Selektion statt. Das Versicherungsvolumen hat in den vergangenen Jahrzehnten kontinuierlich zugenommen. Gleichzeitig wuchs die Beschäftigtenzahl in den Versicherungsunternehmen, aber auch die Zahl derer, die auf freier Basis den Unternehmen ihren Sachverstand leihen. Die Spezialisten sind bei zunehmend komplizierteren Verarbeitungen und Verfahren gefragter denn je.

Strickmuster fürs eigene Sicherheitsnetz

Teils verpflichtet, teils freiwillig sichern sich Unternehmen gegen möglichst viele Unwägbarkeiten des Geschäftslebens, wie Feuer, Überschwemmung oder Transportunfall, ab. Den besten Weg dabei weist ein Versicherungsmakler.

Der Job:

Gegen das Image vom Klinkenputzer kämpfen die Versicherungsmakler ebenso wie gegen die Vielzahl schwarzer Schafe, die sich mit gleicher Berufsbezeichnung, aber ohne Ausbildung, Kenntnisse und Berufsehre auf dem Versicherungsmarkt tummeln. Denn im Gegensatz zum Versicherungsvertreter, der möglichst viele Policen seiner Gesellschaft an den Mann bringen möchte, liegt die tägliche Arbeit des Maklers im Beratungsgeschäft. Ihre Kunden kommen meist aus Industrie- und Gewerbebetrieben. Nach den individuellen Bedürfnissen des Kunden und nach seiner Zahlungsbereitschaft suchen sie die bestmögliche Versicherungsgesellschaft mit den bestmöglichen Konditionen heraus.

Sehr gute Marktkenntnisse sind hierfür ebenso Voraussetzung wie die Fähigkeit, die Bedürfnisse des Kunden schnell und umfassend zu erkennen. Sprücheklopfer werden in dem harten Konkurrenzkampf wenig Überlebenschancen haben, denn das Geschäft setzt langjährige Stammkundschaft und beste Mundpropaganda voraus. Seriöse Anbieter operieren mit einer drei bis fünf Mann starken Bürogemeinschaft von verschiedenen Spezialisten. Obwohl auch sie sich letztlich über die Provisionen der Versicherungsunternehmen bei Vertragsabschluß finanzieren, unterscheiden sie sich dadurch, daß sie ihren Finanzier frei wählen können – den jeweiligen Bedürfnissen der Kunden entsprechend.

Fakten:

Sicherheit ist ein blühendes Geschäft, Versicherungsmakler sehen demnach rosigen Zeiten entgegen.

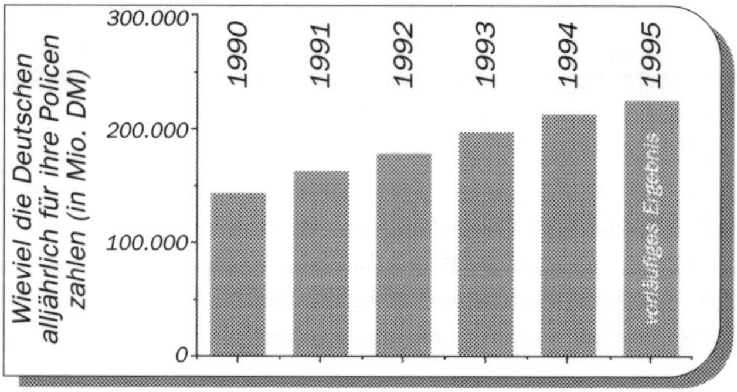

Voraussetzungen:

Vertrauenerweckend, verbindlich und geduldig müssen Makler sein, die im Gespräch mit dem Kunden zum Erfolg kommen wollen. Bei der Auswahl des optimalen Angebotes brauchen Makler vor allem analytisches Denkvermögen.

Schule: Realschule, Abitur oder Fachabitur.

Ausbildung: Lehre als Versicherungskaufmann bei einem Versicherer und interne Weiterbildung oder Ausbildung in einem unabhängigen Maklerbüro.

Zusatzqualifikationen: Computerkenntnisse und Spezialkenntnisse in einem bestimmten Gebiet, z. B. in der Transportversicherung, sind erstrebenswert.

Einstiegsmöglichkeiten: Versicherungsunternehmen, Maklerbüros.

Anfangsgehalt: 45.000 bis 50.000 Mark.

Aufstieg:

Erfahrenen Leuten steht erstens der Einstieg in ein bestehendes Maklerbüro mit eventueller Beteiligung offen. Wer sich einen eigenen Kundenstamm aufgebaut hat, kann auch den Schritt in die Selbständigkeit wagen, besonders wenn er sich auf ein Gebiet spezialisiert hat. Chancen bieten auch spezielle Versicherungsgebiete wie der internationale Schiffstransport oder Umweltversicherungen. Kenntnisse der komplizierten Versicherungsmaterie eröffnen indes auch andere Nebenverdienstmöglichkeiten – etwa als eigenständiger Autor oder Berater bei nutzwertorientierten Print- und Fernsehmagazinen.

Trends:

Die Dienste der Versicherungsmakler werden von gewerblicher Kundschaft nicht nur stets gebraucht werden, die Nachfrage danach wird sich sogar noch intensivieren. Die Öffnung des deutschen Versicherungsmarktes für internationale Anbieter hat den ohnehin schwer überschaubaren Markt noch unübersichtlicher gemacht. Um im internationalen Konkurrenzkampf bestehen zu können, weichen die Versicherer zudem immer häufiger von Standardpaketen ab und signalisieren ihre Bereitschaft zu individuellen Versicherungsformen. Folglich müssen Makler nicht nur eine immer größere Angebotspalette kennen, sondern auch aktiv bei der individuellen Vertragsgestaltung mitwirken.

Risikomanagement heißt ein weiteres, neues Aufgabengebiet der Makler. Denn an erster Stelle der Beratung haben sie erst einmal die Schadenspotentiale in einem Unternehmen auf ein Minimum zu reduzieren.

Rund um den Handel

Gute Verkäufer kennen keine Konjunktur

Gnadenloser Preiswettbewerb oder Erlebniskauf: Die Handelslandschaft spaltet sich zunehmend in zwei große Bereiche auf. Bei Discountern wie Aldi oder Schlekker decken die Bürger ihren Grundbedarf. Hier interessiert sie nur der Preis, bei der Qualität geben sie sich mit dem Standard zufrieden. Wichtig ist für sie beim Einkauf, daß sie ihr Auto direkt vor dem Laden parken können und an der Kasse nicht lange warten müssen. Gehen sie dagegen in die Stadt, wünschen sie sich ein komplettes Einkaufserlebnis. Dazu gehören perfekt dekorierte Schaufenster, qualifizierte Beratung und ein stimmiges Ambiente im Laden. Der Preis ist dann nicht mehr so wichtig.

In diesem hochspezialisierten Fachhandel sind vor allem perfekte Verkäufer gefragt. Karrierechancen eröffnen sich aber auch bei den Handelsriesen auf der grünen Wiese. Bis zum Geschäftsführer können ehemalige Lehrlinge hier aufsteigen. Zwei Jahre nach der Lehre erklimmen gute Leute bereits Führungspositionen, und in vielen Fällen disponiert der kaufmännische Nachwuchs über Millionen von Mark im Einkauf. Der Handel setzt auf eigene Leute – diese Chance muß man nur nutzen.

Attraktiv macht den Berufseinstieg vor allem aber die Möglichkeit, sich nach einigen Jahren auf eigene Füße zu stellen. Ein konventioneller Laden erfordert dabei einen größeren Kapitaleinsatz, da man den Warenbestand vorfinanzieren muß. Für Wagemutige mit wenig Bargeld bietet das Internet eine Alternative. Vom eigenen Computer aus können Online-Händler ihr Warenhaus steuern, ihr Angebot sehen die Kunden auf dem Bildschirm, und ausgeliefert wird nach Eingang der Bestellung durch einen Dritten.

Das Internet wird die Handelslandschaft bereichern, doch müssen sich die über drei Millionen Beschäftigten im traditionellen Verkaufsgeschäft keine Sorgen machen, daß es den klassischen Handel ganz ersetzen könnte: Dafür flanieren die Menschen viel zu gerne durch Einkaufsstraßen.

Weltweit im Geschäft

Do you speak English? Parlez-vous français? Im weltweiten Import- und Exportgeschäft sind Sprachtalente gefragt. Außenhändler kaufen und verkaufen alle Waren, die es rund um den Globus gibt.

Der Job:

Um eine neue Maschine aus Taiwan, Rohstoffe aus Brasilien oder Stoffe aus Italien zu erwerben, können Mittelständler entweder selbst Tausende von Kilometern reisen oder mit einem Import-/Export-Unternehmen telefonieren. Dort sitzen Außenhändler, die wissen, wo welche Qualität zu welchem Preis zu bekommen ist und wie die Liefertermine und Zahlungskonditionen aussehen.

Statt des Mittelständlers begeben sich Außenhändler auf Reisen rund um den Globus. Sie spüren neue Lieferanten auf und pflegen den Kontakt mit ihren Kunden. Den Großteil ihres Geschäftes erledigen sie aber per Telefon, E-mail, Fax oder Telex. So bleibt denn auch ihr Büro in Düsseldorf oder Hamburg, selbst wenn sie täglich mit Kapstadt, Hongkong oder Barcelona zu tun haben.

Egal, ob die Außenhändler mit Maschinen, Computerchips oder Bananen handeln, das Prinzip bleibt bei allen Produkten gleich: Kaufe so billig wie möglich, lagere es so kurz wie möglich und verkaufe meistbietend. Damit die Händler das schaffen, müssen sie einen immer umfangreicheren Service anbieten: Von der Finanzierung bis zur Abwicklung der Zollformalitäten reicht daher die Palette ihrer Dienstleistungen.

Fakten:

Das Volumen des Außenhandels nimmt zu – die Arbeit der Außenhändler ebenfalls. Die Schwankungen bei den Importen verursachen der instabile Dollar sowie fallende Rohstoffpreise.

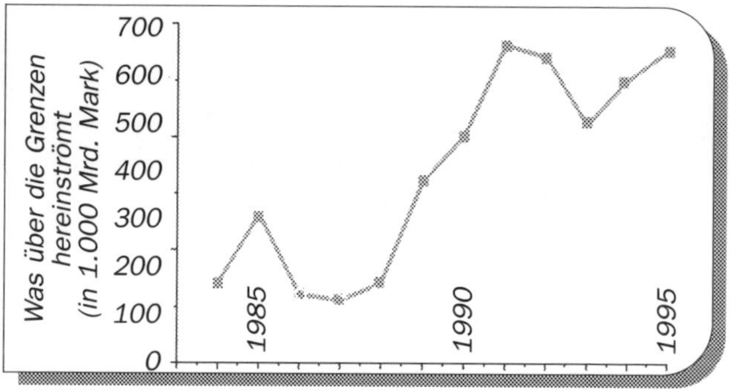

Voraussetzungen:

Geborene Händler sind gesuchte Leute. Sie müssen überzeugend argumentieren und auch komplexe Verhandlungen souverän führen können. Dabei ist menschliches Einfühlungsvermögen gefragt.

Schule: Hauptschule, Realschule, Abitur.

Ausbildung: Eine Lehre als Kaufmann im Groß- und Außenhandel bietet einen guten Einstieg.

Zusatzqualifikationen: Gute Englischkenntnisse sind selbstverständlich, weitere Sprachen dringend erwünscht. Dabei genügt nicht das Urlaubsspanisch; vielmehr sollte man einen fehlerfreien Brief zu Papier bringen können.

Einstiegsmöglichkeiten: Im- und Exportfirmen, Handel, Industrieunternehmen mit Handelsgeschäft.

Anfangsgehalt: Nach der Lehre ab 30.000 Mark.

Aufstieg:

Erfolgreichen Außenhändlern stehen bei Im- und Exporteuren alle Türen offen. Ehemalige Lehrlinge können bis zum Geschäftsführer aufsteigen. Das notwendige Rüstzeug vermitteln ihnen Kurse der Industrie- und Handelskammern oder anderer Anbieter über internationale Wirtschaftsbeziehungen, Logistik, Controlling und EDV-Management.

Dem Meister im Handwerk vergleichbar, gibt es länger dauernde Kurse, an deren Ende eine Prüfung zum Fachkaufmann für Außenwirtschaft, Osthandel oder eines anderen Gebiets steht.

Trends:

Weltweit wächst der Handel mit Gütern und Dienstleistungen jährlich um rund zehn Prozent. Den vorerst letzten großen Schub erhielt die Branche der Im- und Exporteure durch das Zusammenwachsen Europas zu einem einheitlichen Markt. Die nächsten Sprünge erhofft sie sich durch die Integration Osteuropas in die Europäische Union sowie durch den Abbau von Handelsschranken in den sich rasch industrialisierenden Ländern Ostasiens.

Neben ihrer klassischen Handelstätigkeit erschließen sich Außenhändler zunehmend ein neues Geschäftsfeld: Sie werten Informationen aus, die sie für ihr tägliches Geschäft sammeln, und verkaufen sie an Produzenten, Banken oder andere Handelsunternehmen.

Mehr als PS und Prozente

Qualifizierte Beratung rund um das liebste Spielzeug der Deutschen leisten Automobilkaufleute. Sie kennen sich mit den neuen Angeboten der VW-Bank genausogut aus wie mit der Leistung des VW-Motors.

Der Job:

Den Preis nennen, eine Probefahrt machen, sich um zehn Prozent hinunterhandeln lassen und den Schlüssel übergeben: so leicht wird heute kaum noch ein Händler seine Wagen los. Mit ihren Modellen verkaufen die großen Hersteller Leasingverträge, Versicherungen und Finanzierungen. Automobilkaufleute müssen daher nicht nur eine Menge von Vergasern, Hinterachsen oder ABS verstehen, sondern auch in finanztechnischen Fragen sattelfest sein. Die Käufer, die für ihren neuen Wagen 25.000 oder auch 60.000 Mark auf den Tisch legen, erwarten, daß ihnen der Verkäufer bis auf den Pfennig genau ihre Belastung mit Zins und Zinseszins ausrechnet.

Die Automobilkaufleute geben sich bei der Beratung durchaus viel Mühe, da sie für einen erfolgreichen Abschluß häufig eine Provision erhalten. Auf der Jagd nach dem Mehrverdienst verbringen sie nicht den ganzen Tag im schicken Verkaufsraum. Vielmehr arbeiten sie im Büro mit, kümmern sich um Nachschub, kaufen in Abstimmung mit dem Inhaber Modelle anderer Hersteller und Re-Importe hinzu oder bereiten Verkaufsaktionen vor.

Da sie ständig eng mit dem Chef des Autohauses zusammenarbeiten, muß die Chemie zwischen den beiden stimmen – nur so können sie sich im Verkauf gegenseitig unterstützen.

Fakten:

Das Geschäft der Kaufleute konzentriert sich auf wenige Marken. Der Spitzenreiter bei den Zulassungen, der VW Golf, macht allein 10 Prozent des Gesamtmarktes aus.

Die meistverkauften Modelle und Baureihen 1995:

1) VW Golf	342.135	5) Opel-Corsa	138.688
2) Opel-Astra	220.104	6) Mercedes 180 – 250	135.704
3) BMW 3/1-Baureihe	148.172	7) Ford-Escort/Orion	123.979
4) Audi 80, 90 und A 4	144.340	8) VW Polo	119.027

Voraussetzungen:

Verkaufstalent, gepaart mit Organisationsgeschick, zeichnet gute Automobilkaufleute aus.

Schule: Hauptschule, Realschule.

Ausbildung: Bislang müssen die Kaufleute noch Umwege gehen. Entweder lernen sie erst einmal in einer Kfz-Mechaniker-Lehre, wie ein Auto funktioniert, oder sie beginnen bei einem Autohaus eine Lehre im Büro. Ab 1996 oder 1997 soll es einen speziellen Lehrberuf Automobilkaufmann geben. Bis dahin müssen die Einsteiger ins Autogeschäft sich nach dem Ende der Lehre noch selbst für die Arbeit im Verkauf qualifizieren.

Einstiegsmöglichkeiten: Autohändler.

Anfangsgehalt: Ab 35.000 Mark plus Erfolgsbeteiligung.

Aufstieg:

Die Leistung der Automobilfachleute ist leicht meßbar: Die Verkaufszahlen lügen nicht. Wer hier Erfolge vorweisen kann, hat Chancen, in großen Autohäusern zum Abteilungs- oder Geschäftsstellenleiter aufzusteigen. Darüber hinaus eröffnen sich Wechselmöglichkeiten in die Vertriebszentren oder die Zentrale der Herstellerfirmen. Wer seiner Karriere noch einen Schubs geben will, kann sich auf der Bundesfachschule für Betriebswirtschaftslehre im Kfz-Gewerbe im Schwarzwald zum Betriebswirt fortbilden. Danach passieren einem garantiert keine Fehler mehr bei der Kalkulation von Leasingraten oder Zinssätzen.

Trends:

Um den Absatz zu fördern, denken sich die Pkw-Hersteller immer neue Marketinginstrumente aus. Mit einer Mobilitätsgarantie versichern sie ihren Käufern, ihnen an jedem Ort sofort weiterzuhelfen, wenn ihr frisch erworbener Neuwagen streikt. Die Automobilhändler müssen diesen Service erklären und, wenn sie über einen Werkstattbetrieb verfügen, auch durchführen.

Als nächsten Schritt überlegen die Hersteller, ob sie Käufern auch anbieten sollen, statt eines einzelnen Wagens den Zugriff auf die Fahrzeugflotte ihres Konzerns zu erwerben. Der Mercedes-Käufer kann sich in Nürnberg ein Auto nehmen, übers Wochenende damit zum Skilaufen in die Alpen fahren, das Auto am Münchner Flughafen abgeben und sich nach der Landung in Hamburg wieder einen Mercedes nehmen. Solche Innovationen lassen sich nur mit qualifizierter Beratung vor Ort verkaufen. Der neuen, umfassend unterrichteten Verkäuferspezies gehört denn auch nach Meinung der Branche ganz eindeutig die Zukunft.

Bildschirm statt Ladentheke

Mit einem virtuellen Warenhaus können auch Einzelkämpfer gegen Handelsriesen konkurrieren – das Internet macht es möglich.

Der Job:

Ein Laden ohne Lager, eine Kasse ohne Bargeld: wer sein Geschäft im weltweit boomenden Internet eröffnet, verabschiedet sich von der vertrauten Handelswelt. Seine Kunden können die Waren nicht mehr in die Hand nehmen und betasten. Dafür können sie aber stundenlang das Sortiment betrachten, ohne daß sie jemand zum Kauf drängt. Sie können jedes Produkt einzeln auf den Bildschirm rufen, in verschiedenen Farben oder Ausführungen.

Online-Händler müssen Technik-Freaks sein. Über das Wohl ihres Ladens entscheidet aber die optische Aufbereitung ihres Angebotes auf den Seiten des World Wide Web. Dahinter steckt ein großer Programmieraufwand und viel Liebe zum Detail. Ständig abrufbereit halten sie ein Bestellformular, mit dem man via E-mail seinen Auftrag an das virtuelle Warenhaus senden kann. Abgerechnet wird ganz konventionell per Kreditkarte oder Nachnahme.

Online-Händler halten kaum Waren auf Vorrat im Lager. Sie ordern selbst erst dann, wenn der Auftrag vom Kunden eintrifft. Doch dann muß es schnell gehen. Sie müssen daher eine ausgefeilte Logistik entwickeln, durch die Aufträge möglichst schnell beim Lieferanten einlangen und die Ware von dort per Lkw, Zug oder Schiff rasch zum wartenden Kunden daheim kommt.

Fakten:

40 Millionen Kunden warten derzeit bereits im Internet. Die Zahl der mit dem Netz verbundenen Rechner steigt sprunghaft an.

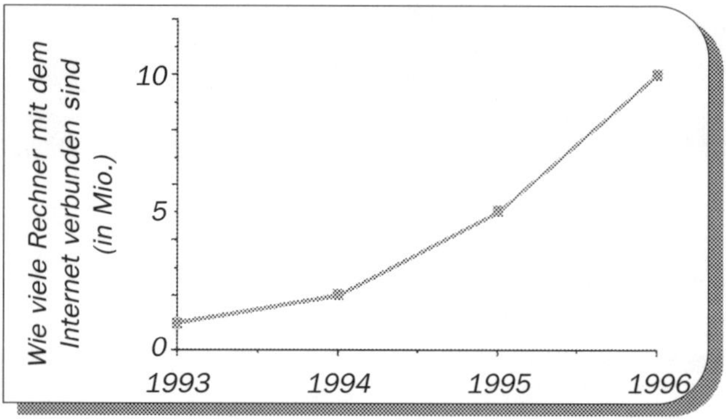

Voraussetzungen:

Technikbegeisterung, gepaart mit Organisationstalent und Krämerseele, macht den idealen Online-Händler aus.

Schule: Auch 15jährige können bereits ihren Online-Laden eröffnen. Was sie brauchen, sind gute Rechenkenntnisse. Denn der Profit im Handel liegt in der Kalkulation des richtigen Verkaufspreises.

Ausbildung: Alles ist möglich, niemand wird ausgeschlossen. Eine Lehre als Einzel- oder Großhandelskaufmann erlaubt aber einen Einblick ins Verkaufsgeschäft.

Zusatzqualifikationen: Ohne Begeisterung für die Möglichkeiten weltweiter Datennetze läuft hier nichts. Dabei hilft ständiges Surfen im Netz. Hier lernen angehende Händler, was die Konkurrenz anbietet und wo für einen selbst eine Einstiegschance besteht.

Einstiegsmöglichkeiten: Jeder ist sein eigener Herr.

Anfangsgehalt: Es gibt kein festes Salär, der Verdienst hängt vom eigenen Verkaufsgeschick ab.

Aufstieg:

Selbständig vom ersten Berufstag an: Online-Händler zahlen weder Ladenmiete noch teures Verkaufspersonal. Ihr Büro ist ihr Computer, als Sprachrohr dienen E-mail und Telefon.

Trends:

Alle Gurus sind sich einig: Dem Internet gehört die Zukunft. Anwender sollen hier in den nächsten Jahren einkaufen, Reisen buchen, Zeitungen lesen und kommunizieren. Das einzige, aber gravierende Problem bleibt auf absehbare Zeit: Wie läßt sich der Ansturm in diesem Netz bewältigen? Heute sind viele Anbieter stundenlang nicht zu erreichen, weil ihre Anschlüsse überlastet sind.

Für Händler bedeutet das Zeiten wie im Schlußverkauf: Die Kunden stürmen das »Geschäft«. Es kommt nur darauf an, daß sie es im uferlosen Netz auch finden und dort bleiben. Diesen Markt wollen sich natürlich Handelsriesen wie Otto, Karstadt oder Quelle nicht entgehen lassen. Doch auch sie experimentieren noch mit der neuen Verkaufsform. Wer als kleiner Selbständiger den Durchblick besitzt und sich mit den Raffinessen des Netzes auskennt, braucht vor den großen Namen keine Angst zu haben.

Der, der alles kann

Im Kundendienst sind Alleskönner gefragt. Sie erledigen Kleinreparaturen im Haushalt selbst und ersetzen Singles oder Rentnern den Hausmeister mit handwerklichem Geschick.

Der Job:

Ein Wackelkontakt beim Fernseher, eine kaputte Herdplatte, ein tropfender Wasserhahn: wo heute Bundesbürger drei verschiedene Betriebe rufen oder selbst zu Schraubenzieher und Zange greifen müssen, kommen Servicemänner und -frauen zum Einsatz. Sie bilden die schnelle Eingreiftruppe von Händlern und Herstellern vor Ort. Bei größeren Reparaturen ziehen sie ausgebildete Spezialisten zu Rate.

Die handwerklichen Alleskönner im Blaumann stehen auf Abruf bereit, im Kofferraum ihres Dienstwagens befinden sich ein umfangreiches Werkzeugsortiment und die gängigsten Ersatzteile. Zum Einsatz kommen sie vor allem in Haushalten älterer Leute oder Alleinstehender, die kleinere Reparaturen nicht durchführen können oder wollen.

Die Kundendienstler führen ein Leben auf der Straße. Mittags essen sie in Imbißbuden oder verzehren die mitgebrachte Stulle. Ihr Dienstwagen ist ihr Büro: Per Handy sind sie dort ständig erreichbar, ihre Aufträge erhalten sie per Mobilfax, ihre Quittungen druckt ihnen ein Laptop aus.

Fakten:

Für Serviceleute gibt es in Deutschlands Haushalten viel zu tun:

99,8% der Deutschen besitzen einen Staubsauger,
97,0% Fernseher und Waschmaschine,
73,0% einen Videorecorder,
68,7% eine Spülmaschine,
61,6% einen Mikrowellenherd

– und alle diese Geräte können einmal einen Defekt aufweisen.

Voraussetzungen:

Flexibilität und Improvisationskunst sind beim privaten Kundendienst gefragt. Serviceleute müssen mit Technik und Menschen umgehen können.

Schule: Realschule.

Ausbildung: Alleskönner bildet keiner aus. Die beste Grundlage bieten breit angelegte Mechaniker- und Installateur-Lehrberufe. So lernen etwa Elektroinstallateure, die vielen automatischen Helfer im Haushalt vor Ort zu reparieren oder Ersatzteile auszutauschen.

Zusatzqualifikationen: Möglichst frühzeitig in andere Bereiche hineinschnuppern und möglichst viele Arbeiten selbst einmal ausprobieren.

Einstiegsmöglichkeiten: Arbeitsplätze bieten vor allem die Kundendienstabteilungen im Handel und bei Herstellern.

Anfangsgehalt: 35.000 bis 45.000 Mark.

Aufstieg:

Die Serviceabteilungen von Herstellern und Händlern expandieren. Gute Fachleute erhalten die Chance, hier die Führung zu übernehmen. Voraussetzung dafür ist die Bereitschaft, sich nach Dienstschluß fortzubilden. Personalführung, Kostenrechnung, Controlling und EDV stehen dann auf dem Stundenplan.

Für Handwerker mit Unternehmungsgeist bietet der Servicebereich auch Chancen, sich selbständig zu machen. In regionalen Märkten spricht sich ein Kundendienst, der alle Arbeiten im Haushalt übernimmt, schnell herum und sichert ein gutes Auskommen.

Trends:

Dem Service gehört die Zukunft. Noch hemmt die restriktive deutsche Handwerksordnung den Tatendrang von Alleskönnern. Sie schreibt vor, daß man mit seinem Meisterbrief nur bestimmte Arbeiten ausführen darf. Doch bereits zu Beginn der neunziger Jahre wurden die starren Grenzen aufgeweicht, so daß heute ein Maler durchaus schon eine Steckdose anschrauben darf. Weitere Lockerungen werden folgen und damit den Serviceleuten endgültig freie Bahn schaffen.

Der unaufhaltsame Trend hin zu Einpersonenhaushalten sichert den Serviceleuten auf Jahre hinaus Arbeit. Jeder Dritte soll in Zukunft allein leben, viele davon haben keine Lust oder einfach nicht das nötige Talent, jede Reparatur selbst zu machen. Dankbar nehmen sie jede Dienstleistung an, die ihnen das Leben erleichtert.

Mit Lust beraten

Der Handel ist ständig auf der Suche nach Verkaufstalenten. Guten Leuten stehen hier alle Aufstiegsmöglichkeiten offen.

Der Job:

Ohne das geringste Anzeichen von Ungeduld zum dritten Mal erklären, wie das Bügeleisen funktioniert, trotz Fußgeruchs auch noch das zehnte Paar Schuhe anprobieren oder die zwanzigste Tischdecke mit einem Lächeln auf dem Ladentisch ausbreiten – in diesen Situationen erkennt man geborene Verkäufer. Sie stellen sich auf jeden Kunden ein und versuchen, ihm das optimale Produkt zu verkaufen.

Der Alltag im Laden ist hart. Stundenlanges Stehen, künstliche Beleuchtung und oft noch eine gleichförmige Musikberieselung machen vielen Berufsanfängern zu schaffen. Dafür kommen Verkäufer ständig mit Menschen zusammen und arbeiten in einer kollegialen Atmosphäre. Morgens, wenn der Kundenansturm noch nicht so groß ist, füllen sie die Regale auf, bestellen fehlende Waren nach, informieren sich über neue Produkte oder haben sogar kurz Zeit, mit ihren Kollegen zu tratschen.

An verkaufsoffenen Samstagen oder in den Wochen vor Weihnachten sind sie allerdings oft neun Stunden am Tag von Kunden umringt und kommen mit den Antworten kaum noch nach. Wer sich dann von der schlechten Laune vieler Käufer anstecken läßt, wird im Einzelhandel nie glücklich.

Fakten: Jede Menge Jobs für Händler

892 Milliarden Mark setzte der deutsche Einzelhandel 1995 um – mehr als ein Viertel der gesamten Wirtschaftskraft der Bundesrepublik.
480.000 Einzelhandelsunternehmen beschäftigen hier **3,2 Millionen Menschen** – fast zehn Prozent der Erwerbstätigen arbeiten im Handel.

Voraussetzungen:

Gute Menschenkenntnis und sicheres Auftreten helfen einem beim täglichen Umgang mit den Kunden.

Schule: Hauptschule, Realschule. Den Spaß am Umgang mit Menschen kann einem zwar keine Schule vermitteln, dafür aber die Fähigkeit, sich klar auszudrücken und gut rechnen zu können.

Ausbildung: Um im Beruf weiterzukommen, empfiehlt sich eine Lehre als Einzelhandelskauffrau/-mann. Für Abiturienten bieten große Handelsunternehmen darüber hinaus noch besondere Ausbildungsgänge an.

Einstiegsmöglichkeiten: Einzelhandel. Gute Chancen für Branchenwechsel, denn Verkäufer braucht jede Firma.

Anfangsgehalt: Ab 30.000 Mark aufwärts.

Aufstieg:

Der Handel setzt auf seine eigenen Leute. In kaum einem anderen Wirtschaftsbereich sind die Chancen für Lehrlinge so gut, bis an die Spitze vorzurücken. Mit Engagement verläuft die Karriere vom Verkäufer über den Substitut bis hin zum Filialleiter. Danach ist ein weiterer Aufstieg in den Zentralen der Handelsriesen möglich.

Von Stufe zu Stufe geht dabei der tägliche Kontakt zum Kunden immer mehr verloren, dafür bekommt der einzelne zunehmend Verantwortung über den Einkauf, die Lagerhaltung und über Einstellungen und Entlassungen übertragen.

Trends:

Gute Verkäufer kennen keine Konjunktur. Jährlich werden im Handel Hunderttausende von Stellen frei. Langsam erkennen die Arbeitgeber, daß sie ihr Personal pflegen müssen, denn von dessen Engagement hängt der Erfolg eines Ladens ab. Umsatzbeteiligungen motivieren die Mitarbeiter, den Absatz möglichst zu steigern.

Zukunft hat vor allem die Arbeit bei Fachhändlern. Nur diese können mit einem ausgefeilten Sortiment und guter Beratung gegen die Warenhausriesen auf der grünen Wiese sowie gegen Versandhäuser und Online-Händler bestehen.

Rund um die Beratung

Gesuchter Ratschlag vom Fachmann

Guter Rat ist teuer – und offenbar immer häufiger gefragt: Der Anteil der Erwerbstätigen, die in beratenden Berufen tätig sind, hat sich innerhalb der vergangenen zehn Jahre fast verdoppelt. Den Löwenanteil bestreiten neben den Gesundheitsberatern die Rechts- und Wirtschaftsberater, worunter etwa alle Arten von Anwälten und Rechtsbeiständen, Unternehmens- und Personalberater, Wirtschaftsprüfer, Steuerberater, vereidigte Buchprüfer, Consulter, Werbe- und PR-Fachleute zu verstehen sind.

Trotz unterschiedlichster Bezeichnungen und Tätigkeitsfelder haben all diese Berufe einen gemeinsamen Nenner: Sie helfen den Unternehmen, ihren ureigensten Zweck zu verwirklichen: Produkte zu verkaufen und dabei Gewinne zu erzielen. Zu diesem Zweck finden die Berater heraus, in welchen Bereichen eine Firma zu hohe Kosten hat oder welche Unternehmenszweige unwirtschaftlich sind. Sie kümmern sich um steuerliche Belange, suchen die besten Mitarbeiter, zeigen Marktnischen auf, entdecken neue Zielgruppen, helfen die Produkte zu verkaufen und den Bekanntheitsgrad des Unternehmens bzw. seines Produktes zu steigern. Sie gestalten die Verträge mit anderen Unternehmen oder Zulieferern und beraten den Mittelständler, wie der Fortbestand der Firma in der nächsten Generation zu sichern ist.

Eine immer komplexere Wirtschaftswelt mit internationalen Verflechtungen steigert den Bedarf der Unternehmen nach hochspezialisierten Beratungskräften immer weiter. Gleichzeitig wächst der Wunsch der Firmenbesitzer und -leiter, den Rat der Spezialisten nicht aus den verschiedensten Quellen, sondern möglichst aus einer Hand zu erhalten. Zusammenschlüsse zu großen Rechtsanwaltsfirmen, Koalitionen von Wirtschaftsprüfern, Steuerberatern und Wirtschaftsanwälten sind die Antwort auf die Forderungen der Unternehmen.

Berater sind selbst als Angestellte einer Beratungsfirma darauf angewiesen, Aufträge der Kunden zu bekommen. Neben ihren fachlichen Qualitäten müssen sie sich selbst und ihr Know-how verkaufen können, die Bedürfnisse des Kunden schnell erfassen und auf sie eingehen. Denn obwohl die Berater in einem ausgewiesenen Wachstumsmarkt tätig sind, wächst im selben Maße, wie es der Markt tut, auch die Konkurrenz unter den Beratern.

Analytischer Verstand in schwarzer Robe

Als Paragraphenreiter werden sie häufig betitelt, da sie unzählige Gesetze anwenden, interpretieren oder auch mal verbiegen müssen.

Der Job:

Den Sprung ins kalte Wasser der vollen Berufstätigkeit federt zwar die zweijährige Referendartätigkeit ab, wer als junger Anwalt dann aber zum ersten Termin vor Gericht steht, den packt das Lampenfieber trotzdem. Gerichtstermine mit wohltönenden Plädoyers in dunkler Robe sind allerdings eher Filmstoff als Anwaltsalltag. Wenn es dann doch dazu kommt, haben sie zumeist nichts Spektakuläres an sich, finden in eintönig möblierten Räumen statt und unterliegen einer strengen Ordnung.

Das Tagesgeschäft besteht eher darin, Aktenberge durchzuarbeiten und Schriftsätze zu diktieren. Obwohl Anwälte das Juristendeutsch schon während ihres gesamten Studiums ertragen müssen, tun sich Berufsstarter anfangs doch noch schwer mit manchen Formulierungen. Viel Zeit verbringen die Anwälte auch in Gesprächen mit Mandanten – Privatleuten und Firmen.

Besonders letzteren bieten größere Kanzleien immer häufiger ein Komplett-Beratungspaket rund ums Recht an. Danach ist der Leasingvertrag für den Dienstwagenpark ebenso zu überprüfen wie die Kündbarkeit eines Mitarbeiters. Zur Beantwortung dieser Fragen steht zwar das fachliche Know-how der gesamten Bürogemeinschaft zur Verfügung, doch der Mandant hat nur einen Ansprechpartner, an den er sich in allen Rechtsfragen direkt wendet.

Für den Mitarbeiter einer »Anwaltsfabrik« gilt genauso wie für den Einzelkämpfer: Sich niemals fachliche Unsicherheiten im Gespräch anmerken lassen. Wortgewandtheit und ein vertrauenerweckender Eindruck sind notwendig, um so dem Kunden das Gefühl zu geben, mit seinen Rechtsproblemen genau an der richtigen Adresse zu sein. Für ihren 50- bis 60-Stunden-Einsatz pro Woche müssen sich die Anwälte am Anfang mit einem bescheidenen Gehalt zufriedengeben.

Fakten:

Bislang können Fachanwaltschaften nur in 4 Bereichen erworben werden

Anwälte insgesamt	*1995: 78.810*	*+ gegen 1994: 6,08%*
davon Fachanwalt Steuerrecht	*2.415*	*2,70%*
davon Fachanwalt Verwaltungsrecht	*520*	*12,07%*
davon Fachanwalt Sozialrecht	*349*	*9,40%*
davon Fachanwalt Arbeitsrecht	*1.749*	*12,30%*

Voraussetzungen:

Anwälte sollten rhetorisch geschult und mit logischem Denkvermögen ausgestattet sein. Ein Spritzer Improvisationstalent schadet auch nicht. Darüber hinaus müssen sie die Diskretion und Zuverlässigkeit mitbringen, die das Vertrauensverhältnis der Mandanten zu ihnen rechtfertigt.

Schule: Abitur.

Ausbildung: Jura-Studium mit Abschluß des ersten Staatsexamens; nach circa zweijähriger Referendarzeit folgt das zweite Staatsexamen.

Zusatzqualifikationen: Wer ein eigenes Büro anstrebt, sollte sich beizeiten kaufmännische Kenntnisse aneignen.

Einstiegsmöglichkeiten: Als Angestellte oder freie Mitarbeiter in Kanzleien; in Rechtsabteilungen der Unternehmen oder in diesen Fällen auch in Vorstandsstäbe, Finanz- oder Steuerabteilungen.

Anfangsgehalt: Neueinsteiger zwischen 40.000 und 50.000 Mark.

Aufstieg:

Der Job in der Anwaltskanzlei bedeutet zunächst viel Schinderei und wenig Gehalt. Wer sich bewährt, Mandanten gewinnt und knifflige Rechtsfragen souverän löst, kann aber innerhalb der Kanzlei recht schnell aufsteigen und sein Gehalt steigt mit. Viele wagen nach wenigen Jahren den Sprung in die Selbständigkeit und eröffnen ihre eigene Praxis.

Die Karrierechancen in der freien Wirtschaft sind abseits des klassischen Einsatzgebietes der Rechtsabteilung recht gut. Dort setzen die Firmen nämlich zunehmend auf externen Sachverstand und bauen die Zahl der hauseigenen Anwälte ab.

Trends:

Ein immer größerer Teil der Anwaltschaft arbeitet für die oder in der Wirtschaft. Dort sind Spezialisten gefragt: Die weltweite Öffnung des Handelsmarktes braucht Juristen, die beispielsweise neben der heimischen auch mit der Rechtslandschaft eines zweiten Landes vertraut sind oder sich die Feinheiten osteuropäischen Patentrechts angeeignet haben.

Spezialisten sind gut, viele Spezialisten besser. Unternehmen als die zahlungsstärkste Klientel lieben den Beratungsservice aus einer Hand. Große Sozietäten und Partnerschaften zwischen Anwälten, Steuerberatern, Wirtschaftsprüfern und auch Unternehmensberatern sind die Antwort auf diesen Bedarf, der weiter steigen wird.

Die rechte Hand der Gerechtigkeit

Sie dürfen zwar weder Gerichtstermine wahrnehmen noch Gesetzestexte interpretieren, aber sonst können Anwaltsgehilfen jeden Service bieten, den ein Anwalt in der Praxis braucht.

Der Job:

Schon wenn der Anwalt am frühen Morgen einen Gerichtstermin hat, dankt er nach dem Aufstehen seiner fähigen rechten Hand. Weitsichtig hat ihm sein Mitarbeiter die Prozeßakten für den heutigen Morgen mit nach Hause gegeben, so daß er ohne Umweg übers Büro gleich zu Gericht fahren kann. Den Aktendeckel ziert ein Zettel, der Gebäude und Zimmer vermerkt.

Neben diesen Aufmerksamkeiten, einer freundlichen Telefonstimme und organisatorischem Geschick für Terminkoordination oder Aktenablage brauchen Anwaltsgehilfen mehr und mehr ausgezeichnete Datenverarbeitungskenntnisse. Auch wenn der Chef seine Schriftsätze noch immer ins Diktaphon hineinbetet, verlassen sich doch gerade die Juristen großer Kanzleien oder Anwaltsfirmen auf intelligente Datenverarbeitungssysteme, die ebenso intelligente Bediener brauchen. Immer wiederkehrende Formulierungen der eigentümlichen Juristensprache werden als Bausteine verwaltet und bei passender Gelegenheit eingesetzt. Die Flut der Gesetzestexte und Rechtsentscheidungen erreicht die Praxen zunehmend über die elektronischen Daten-Autobahnen. Die Gehilfen müssen sich bei den Online-Diensten selbständig zurechtzufinden.

Darüber hinaus setzt dieser Beruf überproportionale Präzision und Genauigkeit voraus, denn Juristensache ist häufig Fristsache, und die Gehilfen haben zuverlässig über die Einhaltung der Termine zu wachen.

Fakten: Die Aktenberge warten

Den **80.000** in Deutschland zugelassenen **Anwälten** stehen zur Zeit circa **176.000 Rechtsanwaltsgehilfen** zur Seite. Der Beschäftigungszuwachs von 30 Prozent innerhalb der letzten 15 Jahre wird sich weiter fortsetzen – zumal die Arbeitslosenquote bei ausgebildeten Gehilfen gegen Null geht.

Voraussetzungen:

Diskretion brauchen Anwaltsgehilfen ebenso wie die Fähigkeit, eigenständig zu arbeiten. Flexibilität ist ebenfalls gefragt, denn häufig müssen sie ihre Arbeitszeit der des Chefs anpassen.

Schule: Realschule, Fachabitur, Abitur.

Ausbildung: Lehre als Rechtsanwaltsfachangestellter. Sie dauert drei Jahre, in denen die Azubis abwechselnd in Berufsschulen kaufmännische sowie juristische Grundkenntnisse erlernen und in den Kanzleien praktisch arbeiten.

Zusatzqualifikationen: Ein perfekter Umgang mit modernen Kommunikationsmitteln und Computersystemen ist unerläßlich.

Einstiegsmöglichkeiten: Anwaltspraxen und -kanzleien.

Anfangsgehalt: 35.000 Mark.

Aufstieg:

Wie bei vielen unentbehrlichen rechten Händen sind die Aufstiegsmöglichkeiten über diverse Pöstchen beschränkt. Auch wenn die beruflichen Weiterbildungsveranstaltungen der Anwaltskammern vielfältige Möglichkeiten bieten, das Rechtswissen und büro-organisatorische Fähigkeiten aufzupeppen, werden Anwaltsgehilfen auf wohlklingende Titel vergeblich warten. Allerdings wissen die Rechtsberater ihre erfahrenen und engagierten Gehilfen in der Regel sehr zu schätzen und auch mit entsprechenden Gehältern zu belohnen. Berufsanfänger mit abgeschlossenem Studium staunen bisweilen nicht schlecht, wenn sie erfahren, wie weit ihr eigenes Gehalt unter dem der rechten Hand des Chefs liegt.

Trends:

Parallel zu den Entwicklungen innerhalb der Anwaltschaft ändert sich auch das Berufsbild ihrer Mitarbeiter: Die starke Spezialisierung der Anwälte müssen die Gehilfen mitvollziehen. Auch wenn sie sich natürlich nicht selbst etwa auf Wirtschaftsrecht konzentrieren müssen, sollten sie sich in diesem Fall aber zunehmend mit wirtschaftlichen Zusammenhängen und fachspezifischem Vokabular anfreunden.
Zunehmend grenzübergreifende Tätigkeiten der großen, international operierenden Anwaltsfirmen setzen zudem Fremdsprachenkenntnisse und Kenntnisse ausländischer Rechtssysteme und Rechtsbehörden voraus.

Gefragtes Spezialistenwissen

Auf den Rat von Unternehmensberatern hört nahezu jede größere Firma hierzulande. Sie sind geachtet als Marktanalysten und Strategen und gefürchtet als Jobkiller sowie Kostendrücker.

Der Job:

Morgens Teamsitzung, danach eine Analyse der jüngsten Daten des Kunden, statt eines Mittagessens die Fahrt zum Kunden, dort Besprechung bis 18 Uhr, mit neuen Unterlagen zurück ins Büro, arbeiten bis 23 Uhr. Termindruck bestimmt den Tagesrhythmus der Unternehmensberater. Es gilt Zeitvorgaben zu erfüllen und Erwartungen der Kunden zu befriedigen. Diese verlangen eine Analyse der Schwachstellen im Verkaufsgeschäft, den Aufbau eines modernen Rechnungswesens oder die Überprüfung überflüssiger Kostenblöcke in der Verwaltung.

Solche Aufgaben gehen Consulter im Team an. Trotz formellen Outfits – dunkler Anzug und dezentes Kostüm sind angesagt – ist der Ton hier locker, viele Mitarbeiter sind um die 30 Jahre alt.

Bei größeren Aufträgen arbeitet ein Teil des Teams die ganze Zeit über beim Kunden. Das bedeutet für die Consulter ein Leben aus dem Koffer. Viele Aufträge beschränken sich nicht auf ein Land. Wer das weltweite Vertriebssystem von Fuji verstehen oder neue Chancen in Osteuropa erkunden will, muß zum Teil vor Ort recherchieren. Doch der Reiz des ständigen Reisens verfliegt schnell, schließlich sehen die Glaspaläste moderner Unternehmen weltweit gleich aus. Dann stört nur noch, daß durch das Reisen so viel Zeit verloren wird.

Fakten: Immer mehr Ratsuchende

Die Expansion der Branche kennt keine Grenzen. Vergangenes Jahr wuchs der Umsatz der Beraterfirmen um 13 Prozent auf **14,1 Milliarden Mark**, dieses Jahr will die Branche wieder **um 13 Prozent wachsen**. Die **9.100 Gesellschaften** beschäftigten **40.000 Berater**.

Voraussetzungen:

Gefordert sind Teamarbeit und analytisches Denken. Vorsicht: Der Auswahlprozeß bei Beratern ist gnadenlos. Schließlich erheben sie den Anspruch, nur die Besten eines Jahrganges einzustellen.

Schule: Abitur.

Ausbildung: Der direkte Weg ins Beratergeschäft führt über ein zügiges Betriebswirtschaftslehre-Studium inklusive Auslandsaufenthalt. Die Firmen geben aber auch Ingenieuren, Ärzten, Juristen und Naturwissenschaftlern eine Chance, wenn sie Spitzenleistungen vorweisen können.

Zusatzqualifikationen: Unverzichtbar sind in jedem Fall perfekte Englischkenntnisse, ein gutes Computer-Know-how und ein exzellentes Ausdrucksvermögen.

Arbeitgeber: Unternehmensberater.

Anfangsgehalt: Zwischen 60.000 und 80.000 Mark.

Aufstieg:

Karriere ist Pflicht bei Unternehmensberatern. Sie können vom Junior Consulter bis zum Partner aufsteigen. Am Ende stehen dabei Gehälter, die häufig jene der Topleute in der Industrie übersteigen. Bei Mißerfolg droht ein harter Ausleseprozeß. Wer nicht aufsteigt, muß weichen.

Häufiger wechseln Berater die Seiten. Nach einem erfolgreichen Projekt oder längerer Zusammenarbeit bieten Kunden ihrem Berater einen Management-Job in ihrer Firma an. Für viele Consulter sind solche Offerte verlockend, können sie doch so erstmals ausprobieren, ob ihre oft empfohlenen Rezepte in der Praxis wirklich taugen.

Trends:

Den Beratern gehört die Zukunft. Bis zur Jahrtausendwende entstehen in den USA 50.000 neue Jobs für Consulter. Auch hierzulande wächst der Stellenmarkt unabhängig von der Konjunkturlage. Denn die Mehrheit der Manager vertraut auf den Rat von außen.

Dabei spezialisieren sich die Berater immer mehr. So gelingt es ihnen, sich ein immer größeres Betätigungsfeld zu erarbeiten. Sie erobern den osteuropäischen Markt und helfen dort ihren Kunden, sich zu etablieren. Auch in Staatsbetrieben ist der Rat dieser Experten gefragt. Derzeit konzentrieren sie sich stark auf den Telekommunikationsmarkt.

Strom muß nicht teuer sein

Gefragt ist das optimale Energiekonzept für jeden Kunden – vom Privathaushalt bis zum Industriekonzern. Der künftige Wettbewerb auf dem Strommarkt schafft neue Jobs.

Der Job:

Ein eigenes Mini-Kraftwerk im Keller, Solarzellen auf dem Dach und ein Nachtstromspeicher: Energieberater finden für jeden Kunden die optimale Versorgung mit Strom und Wärme und bemühen sich dabei, die Energierechnung ihrer Kunden so klein wie möglich zu halten. Spezialisten, die alle Wege durch den Tarifdschungel der Versorger kennen, helfen schon einem kleinen Mittelständler pro Jahr 10.000 Mark und mehr einzusparen.

Doch ihre Beratung erschöpft sich nicht darin, einen Blick auf die Öl- und Stromrechnung zu werfen. Vielmehr gehen sie die Gebäude ihrer Kunden vom Keller bis zum Dach auf mögliche Sparpotentiale durch. Oft spart eine bessere Abdämmung der Außenwände mehr ein als eine aufwendige Umstellung der Energiequelle. Bei Neubauten sitzen sie bereits mit an den Planungstischen.

Energieberater sind ständig auf Achse und beraten vor Ort ihre Kunden, wie die Beleuchtung möglichst stromsparend funktioniert oder die Heizenkosten gesenkt werden können. Noch müssen sie sich allerdings aktiv um neue Kundschaft bemühen, denn das Gros der Bundesbürger akzeptiert die Stromrechnung noch als unvermeidbares Übel.

Fakten: Kostspielige Energie

Ganz schön teuer ist die Energieversorgung den Deutschen. Im Schnitt gibt ein Vier-Personen-Haushalt jährlich **über 2.000 Mark** für Strom und Wärme aus.
Insgesamt flossen 1994 **80 Milliarden Mark** in die Taschen der Energieunternehmen.

Voraussetzungen:

Aufgeschlossenheit und die Fähigkeit, dem Kunden schwierige technische Zusammenhänge plausibel zu machen, zeichnen Energieberater aus.

Schule: Realschule, Fachabitur oder Abitur.

Ausbildung: Lehre oder Studium. Gleich in die Praxis steigen angehende Elektroinstallateure oder Elektriker ein. Abiturienten haben die Möglichkeit, Elektrotechnik zu studieren. Stromversorger und Gerätehersteller bieten ihren Angestellten eine eigene Forbildung zum Energieberater an.

Zusatzqualifikationen: Der lange erstarrte Energiemarkt entfaltet neue Dynamik. Die ständige Bereitschaft, sich weiterzubilden, hält Energieberater auf der Höhe der technischen Entwicklungen.

Einstiegsmöglichkeiten: Handwerksbetriebe, Ingenieurbüros, Stromversorger, Gerätehersteller.

Anfangsgehalt: Je nach Ausbildung 40.000 bis 60.000 Mark.

Aufstieg:

Einige Handwerkskammern reagieren auf den zunehmenden Bedarf nach qualifizierter Beratung. In 200 Stunden vermitteln sie angehenden Energieberatern alles über gesetzliche Grundlagen, technische Möglichkeiten und alternative Stromquellen wie Solar- oder Windenergie.

Hochschulabgänger finden ihre Arbeitsplätze in freien Ingenieurbüros oder Energieunternehmen. In den Büros sind die Hierarchien mit einem Chef und drei bis zehn angestellten Ingenieuren flach, und das Vorwärtskommen ist meist nur über ein eigenes Büro möglich. Geregelte Karrierechancen ergeben sich bei den Stromversorgern. Die Monopolisten stellen sich langsam auf den Wettbewerb ein und halten Ausschau nach kundenorientierten Führungskräften.

Trends:

Die Energiebranche steht vor einer Revolution: Bis zur Jahrtausendwende wird ihr Monopol fallen. Das Wirtschaftsministerium, das Kartellamt und die EU-Kommission in Brüssel greifen derzeit die bislang unangefochtene Stellung von Energieunternehmen an.

Die Stromversorger – egal, ob Stadtwerk oder Energiekonzern – werden dann um jeden Kunden konkurrieren. Entscheidend für die Wahl ihres Lieferanten wird für viele Nachfrager deren Beratungsqualität sein. Energiedienstleistung ist das Geschäft der Zukunft.

Strategen für erfolgreiche Neugründungen

Ideen oder Produkte eines Unternehmers in Lizenz an anderem Ort auf den Markt zu bringen, nennt sich Franchise. Existenzgründungen dieser Art sind zwar sehr gefragt und populär geworden, brauchen aber für gutes Gelingen intensive Beratung.

Der Job:

Meist sind es die Erfinder neuer Geschäftsideen selbst, die ihre Innovation über das ganze Land verteilen wollen und dafür an jedem Ort den geeigneten Partner brauchen. Dieser soll die gleiche Idee unter gleichem Namen als Franchise-Nehmer in die Praxis umsetzen. Trotz bester Marktvoraussetzungen klappt diese Art der Zusammenarbeit in der Regel nicht, wenn die neuernannten Existenzgründer keine Hilfe und Beratung bei ihren ersten Schritten ins Unternehmertum finden.

Hier springt eine neue Berufsgruppe ein – die Franchise-Berater als Experten für alles und alle Schwierigkeiten, die sich für frischgebackene Selbständige ergeben. Sie analysieren den geeigneten Standort, überprüfen den Mietvertrag für die Büro- oder Ladenräume auf eventuelle Fußangeln, lösen Probleme mit der Buchführung und Kostenrechnung und helfen bei der Personalauswahl.

Die Allroundtalente in Sachen Betriebswirtschaftslehre, Rechts-, Steuer- und Marketing-Beratung suchen ihre Schäfchen – in der Regel zwischen 15 und 30 Franchise-Nehmer – regelmäßig auf. Über eine Hotline können die Jungunternehmer bei akuten Problemen Hilfe anfordern. Dann müssen die Betreuer auch einmal nachts oder feiertags Erste Hilfe leisten.

Fakten:

Rund **500 Unternehmen und Handelsbetriebe** arbeiten hierzulande nach dem Franchise-System und verhalfen **22.000 Franchise-Nehmern** zur Existenzgründung.

Aufgabenschwerpunkte der Berater	
regelmäßiger persönlicher Kontakt	*60%*
betriebswirtschaftliche Kontrolle	*59%*
Marketing-Unterstützung	*50%*
Hilfe bei Kalkulation und Buchhaltung	*39%*
Informationsaustausch zwischen einzelnen Franchise-Nehmern untereinander und mit der Zentrale	*37%*
Suche nach neuen Franchise-Nehmern	*6%*

Voraussetzungen:

Da menschliche Betreuung ebenso wichtig wie die fachliche ist, brauchen die Berater eine gute Portion Einfühlungsvermögen. Arroganz sollten sie sich zwar schnellstens abgewöhnen, Durchsetzungsvermögen brauchen sie aber dringend.

Schule: Abitur oder Fachabitur.

Ausbildung: Studium der Betriebswirtschaftslehre an der Universität oder Fachhochschule.

Zusatzqualifikationen: Kenntnisse in Steuer- und Arbeitsrecht, Buchführung und Marketing, praktische Berufserfahrung.

Einstiegsmöglichkeiten: Direkt in Franchise-Ketten, Unternehmensberatungsfirmen, die einen derartigen Service anbieten, oder Unternehmen, die ein Franchise-System einführen wollen.

Anfangsgehalt: Zwischen 60.000 und 100.000 Mark brutto im Jahr.

Aufstieg:

Frisch von der Uni gleich auf die Kunden losgelassen werden die wenigsten. Branchenkenntnisse und soziale Kompetenz müssen die Helfer in allen Lebenslagen erst einmal über die Betreuung in einem Fachgebiet, durch die Beschäftigung in einem Unternehmen oder durch Mitbetreuung lernen.

Wer über eine schnelle Auffassungsgabe verfügt, kann bald eigenständig arbeiten und wird auch gleich mit Gehaltssprüngen belohnt. Nicht selten verdient ein 33jähriger 150.000 Mark im Jahr, häufig über Erfolgsbeteilung. Dem Erfolgreichen steht auch der Weg ins Franchise-Management offen. Hier werden ganz neue Vertriebsideen konzipiert.

Trends:

Die Zahl der Franchise-Systeme hat sich innerhalb der vergangenen zehn Jahre in Deutschland verzehnfacht – die Zahl der Berater und Manager kam bei dieser rasanten Entwicklung nicht mit. Vielfach begaben sich Franchise-Geber und -Nehmer in der Vergangenheit ohne fachmännische Vorbereitung und Betreuung auf dieses Feld, nach dem Motto: »Was McDonald's gelingt, kann ich auch«, und haben kräftig Schiffbruch erlitten.

In den neunziger Jahren gehen beide Seiten die Sache professioneller an. Neue Franchise-Systeme im Handwerk, bei Dienstleistern und Ladenketten beziehen von Anfang an Berater in den Aufbau ihrer Kette mit ein.

Mehr als nur ein moderner Hausmeister

Für Aufzug, Licht und Reinigung ist in modernen Bürogebäuden ein Dienstleister zuständig – der Besitzer selbst braucht sich um nichts mehr zu kümmern.

Der Job:

Beim Gebäudemanagement ist alles eine Frage der Organisation. Mit ihren Firmen übernehmen Gebäudemanager den Komplettservice für Hotels, Bürotürme und Ladenpassagen. Ihre Mitarbeiter vor Ort sorgen dafür, daß kaputte Klimaanlagen und Aufzüge repariert werden, sie stellen Gebäudereiniger und Wachdienste ein, übernehmen die Heizkosten- und Stromabrechnung und schlichten nebenbei auch noch eventuellen Streit mit Mietern. Der große Vorteil für den Immobilienbesitzer: Er ist wirklich alle Probleme mit seinem Haus los.

Die hat ja jetzt der Gebäudemanager am Hals. Um Ärger und unangenehme Überraschungen möglichst zu vermeiden, schaltet er sich am liebsten schon beim Bau des von ihm zu betreuenden Gebäudes ein. Dann achtet er auf ein vernünftig vernetztes Leitungssystem im Haus, mit dem sich von einer Stelle aus Licht, Klimaanlagen, Sicherheitseinrichtungen und Aufzüge steuern lassen. Er minimiert von Anfang an den Heizaufwand und sorgt bei der Auswahl der Fassade dafür, daß sie nicht alle 14 Tage aufwendig gereinigt werden muß.

Fakten: Hausmeister verzweifelt gesucht

Mehr als **100.000 Bürogebäude** stehen in Deutschland. Jährlich kommen rund 7 Millionen Quadratmeter Fläche hinzu. Bislang wird nur eine verschwindende Minderheit professionell gemanagt. Den Firmen entstehen dadurch Millionen an überflüssigen Kosten.

Voraussetzungen:

Hier sind Führungsqualitäten und Organisationstalent gefragt.

Schule: Realschule oder Abitur – je nach der Wahl der Ausbildung.

Ausbildung: Der eine Weg führt über die Lehre. Hier lernt man erst einmal alles über die Elektrik (Elektroinstallateur) oder Klimaanlagen (Heizungsbauer). Die Alternative heißt Hochschule, wo man als Ingenieur mehr über die theoretischen Grundlagen der Gebäudetechnik erfährt oder im Betriebswirtschaftslehre-Studium das Managen lernt.

Zusatzqualifikationen: Was die Ausbildung nicht vermittelt, kann über Seminare – z. B. Buchführung oder Kostenrechnung für den Ingenieur – ausgeglichen werden.

Einstiegsmöglichkeiten: Spezialisierte Gebäudemanagement-Firmen; große Gebäudetechnik-Hersteller wie ABB.

Anfangsgehalt: Je nach Ausbildung; nach einer Lehre ab 35.000 Mark, nach einem Studium ab 50.000 Mark.

Aufstieg:

Dem Gebäudemanagement gehört die Zukunft. Immobilienbesitzer erkennen, welche Einsparmöglichkeiten noch in ihren Bürohäusern stecken. Wer sich als Kostenkiller profiliert und die Gebäude vernünftig managt, erzeugt Aufmerksamkeit bei seinen Chefs und Kunden. Daraus ergeben sich Karrierechancen in der eigenen Firma oder auch im Management des Auftraggebers.

Trends:

Rund 30 Prozent der Gebäudebetriebskosten könnten Deutschlands Bauherren einsparen, wenn sie schon im Vorfeld vernünftig planen würden. Nach sieben bis acht Jahren haben sich die laufenden Kosten in ihrem Neubau so stark aufsummiert, daß sie die reinen Baukosten übersteigen. Einsichtige Unternehmen nehmen daher die Dienste von Gebäudemanagern zunehmend in Anspruch.

Ideal ist die Verbindung mit einem Hersteller für Gebäudetechnik (Energieverteilung, Wärme- und Kühltechnik), denn bei hochwertigen Neubauten machen die Kosten für das Innenleben bereits bis zu 50 Prozent der gesamten Bauausgaben aus. Wer hier vernünftig plant, spart seinem Auftraggeber schnell Millionen von Mark.

Die Helfer für beide Seiten

Sie müssen eigentlich unverkäufliche Gebäude an den Mann bringen, den Notartermin vorbereiten oder die andrängenden Mieter für eine leerstehende Wohnung selektieren. Ihr Geld erhalten sie meist vom Mieter oder Käufer und ihren Auftrag häufig vom Vermieter oder Verkäufer.

Der Job:

Als Vermittler, Interessenvertreter und Marktkenner sind Immobilienmakler ebenso gefragt wie als Rechtsberater und Verkaufstalent. Auch von der Menschenkenntnis, über die erfahrene Profis in diesem Gebiet verfügen, profitiert ihre Kundschaft gerne. Diese setzt sich entweder aus gewerblichen Anbietern, wie Wohnungsbaugesellschaften, oder aus Privatpersonen zusammen, die in ihrem Leben höchstens ein paarmal mit einem Hauskauf oder -verkauf, einer Mietung oder Vermietung zu tun haben und deshalb bei einem Profi Zuflucht suchen.

Als erstes besichtigt dieser das Objekt, das zur Vermietung oder zum Verkauf ansteht. Schon dort sollte seine Marktkenntnis zum Tragen kommen und den Vermieter/-käufer bei unrealistischen Preisvorstellungen korrigieren. Bei der anschließenden Interessentenauswahl gelingt es erfahrenen Profis meist schon am Telefon, die wirklich Interessierten herauszufiltern. Bei der Vereinbarung der Besichtigungstermine müssen die Makler bedenken, geringe Schönheitsmängel in der Dämmerung verschwinden zu lassen oder den Verkehrslärm der Stoßzeit elegant zu umgehen. Denn all ihre Professionalität, den passenden Kandidaten für das jeweilige Objekt auszusuchen, wird nur belohnt, wenn es zur Unterschrift unter den Miet- oder Kaufvertrag kommt.

Fakten: Wann Makler Gewinne machen

Jährlich packen rund **zwei Millionen Haushalte** in der Bundesrepublik ihre Umzugskisten und suchen eine neue Wohnung – häufig mit Hilfe eines Maklers. Für seine erfolgreichen Bemühungen zahlen sie im Schnitt eine **Maklerprovision in Höhe von zwei Kaltmieten**. 1995 wechselten Häuser, Wohnungen und Grundstücke im Wert von **290 Milliarden Mark** den Besitzer. Bei mindestens **30 Prozent** der Verkäufe waren Makler involviert, die für ihre Vermittlung meist **drei Prozent des Kaufpreises** einstreichen.

Voraussetzungen:

Neben Kontaktfreude und Sprachgewandtheit gehört ein seriöses Erscheinungsbild zur Grundvoraussetzung.

Schule: Hauptschule, Realschule, Abitur.

Ausbildung: Seit einiger Zeit gibt es die 3jährige Ausbildung für die kaufmännische Grundstücks- und Wohnungswirtschaft. Ansonsten tummeln sich in diesem Bereich oft Quereinsteiger oder ehemalige Angestellte von Immobiliengesellschaften.

Zusatzqualifikationen: Grundkenntnisse im Miet- und Eigentumsrecht sowie im Steuer- und Bauvertragsrecht können sich Makler in Seminaren des Rings deutscher Makler und in Wirtschafts- und Verwaltungsakademien aneignen.

Einstiegsmöglichkeiten: Maklerbüros, Immobiliengesellschaften, Immobilienabteilungen von Banken und Versicherungen.

Anfangsgehalt: Mindestens 35.000 Mark, stark erfolgsabhängig.

Aufstieg:

Als Angestellte größerer Immobiliengesellschaften werden Immobilienmakler nach den ersten Schritten ins Berufsleben zumindest teilweise erfogsabhängig bezahlt. Somit wächst der Anreiz, erfolgreich zu makeln, überproportional. Die meisten Makler lockt aber ohnehin die Selbständigkeit, und für seriöse Marktkenner und Vermittler bieten sich dort auch die besten Verdienstmöglichkeiten. Wer allerdings glaubt, mit wenig Know-how und Mühe flott satte Provisionen einheimsen zu können, den werden der Konkurrenzkampf auf dem Maklermarkt und die zahlreichen Fallstricke des Vermittlungsgeschäftes schnell eines Besseren belehren.

Trends:

Durchstöbert man die Immobilien- und Wohnungsanzeigen in den Wochenendbeilagen großer Tageszeitungen, findet man kaum noch ein Angebot, unter dem nicht ein Maklerbüro als Kontaktadresse angegeben ist. Vor allem im Privatkundenbereich haben sich die Makler fest eingenistet und werden dort ihren Markt auch weitgehend halten können. Die zunehmende Forderung nach Mobilität verlangt von immer mehr Erwerbstätigen häufige Umzugsbereitschaft.

Selbst den größten Schönheitsfehler der Makler – nämlich, zwei Parteien zu dienen oder sich von der einen für die Dienste am anderen bezahlen zu lassen – könnte die EU-Harmonisierung beheben. Schließlich arbeiten beispielsweise die englischen Makler-Kollegen nur für eine Seite – entweder Vermieter/-käufer oder Mieter/Käufer – die sie bei Erfolg entlohnt.

Durchblick in globalen Märkten

Knallharte weltweite Konkurrenz, widersprüchliche Wirtschaftsdaten, turbulente Finanzmärkte: Firmen brauchen immer häufiger den Expertenrat.

Der Job:

Wenn in Mexiko die Börse crasht, der Dollar fällt und die Bundesbank die Zinsen erhöht, fragen sich Unternehmensführer ratlos: Welche Auswirkungen hat das auf meine Firma? Wird das Exportgeschäft darunter leiden? Für die Beantwortung solcher Fragen beschäftigen sie selbst Ökonomen oder beauftragen spezialisierte Anbieter. Diese haben das weltweite Wirtschaftsgeschehen im Blick, analysieren ständig die neuen Daten und wagen vor diesem Hintergrund Prognosen.

Global denkend, aber lokal handelnd, verbringen Ökonomen die meiste Zeit am Schreibtisch und lesen. Tageszeitungen, Spezialzeitschriften, Informationsdienste von Firmen oder Banken und neue Statistiken staatlicher Behörden bieten eine Flut von Informationen. Mit Kollegen im eigenen Haus, aber via Internet auch mit Spezialisten aus aller Welt diskutieren sie über aktuelle Trends und deren Folgen. Nur selten lassen ihre Arbeitgeber sie am Ort des Geschehens recherchieren. Wenn sie reisen dürfen, dann meist zu einem Kongreß oder Seminar, wo sie in erster Linie Kollegen treffen.

Ihr geballtes Wissen müssen sie in verständlicher Form zu Papier bringen können – druckreif natürlich, denn viele Unternehmen bieten die Analysen ihrer weitblickenden Experten interessierten Kunden und der Presse als Informationsquelle an.

Fakten:

Die Zukunft gehört Ökonomen mit Überblick über die Weltwirtschaft. Insbesondere Volkswirte finden Jobs in der gesamten Wirtschaft.

Wo Volkswirte arbeiten	
im Finanz- und Rechnungswesen	*21%*
im Bildungssektor	*16%*
an Hochschulen und Instituten	*14%*
bei Banken und Versicherungen	*13%*
in der Wirtschaftsberatung	*13%*

Voraussetzungen:

Ein bißchen Mut zum Risiko gehört dazu, um die wirtschaftliche Zukunft zu deuten. Analytisches Geschick und die Gabe, komplizierte Sachverhalte schnell zu erkennen und erklären zu können, sind Grundvoraussetzungen.

Schule: Abitur.

Ausbildung: 10 bis 12 Semester dauert im Durchschnitt ein Studium der Volkswirtschaftslehre.

Zusatzqualifikationen: Perfektes Englisch und ein bis zwei weitere Sprachen fördern die Karriere. Schließlich reden Ökonomen ja weltweit mit.

Einstiegsmöglichkeiten: Banken, Industriefirmen, Unternehmensberater, wissenschaftliche Institute, Behörden. Nicht entmutigen lassen: Die meisten Arbeitgeber stellen auf einen Schlag nur ein oder zwei Nachwuchsökonomen ein.

Anfangsgehalt: 60.000 bis 70.000 Mark.

Aufstieg:

Die Zahl der Führungspositionen für Ökonomen ist begrenzt. Wo zehn hochspezialisierte Volkswirte Analysen ausarbeiten, braucht es nur einen Vorgesetzten.

Mit Flexibilität geht es aber häufig doch nach oben. Immerhin 40% der in Deutschland ausgebildeten Ökonomen arbeiten in Führungspositionen, die Konkurrenz von der Betriebswirtschaft kommt nur auf 33%. Dabei leiten Volkswirte auch Marketing-Ressorts, Einkaufsabteilungen und Controlling-Einheiten.

Trends:

Das weltweite Zusammenwachsen der Märkte zwingt Deutschlands Unternehmen dazu, sich mit Konkurrenten aus Chile oder China auseinanderzusetzen und vor Ort Niederlassungen und Fertigungen aufzubauen. Bevor sie für eine solche Investition Geld ausgeben, sammeln sie alle verfügbaren Daten über diese Regionen. Dabei leisten sich nur die großen Konzerne und Banken den Luxus, zu diesem Zweck eigene Ökonomen zu beschäftigen. Mittelständler greifen auf Institute und Berater zurück.

Volkswirte nehmen nicht nur Stellung zu Wirtschaftswachstum oder Inflationsrate. Mit ihren ausgefeilten Methoden sind sie in der Lage, auch Aussagen über Absatz, Produktionsmengen und Preisentwicklungen auf einzelnen Märkten zu treffen. Diese unverzichtbaren Informationen für die strategischen Planungen jeder Firma machen auch ihre eigenen Arbeitsplätze unverzichtbar.

Die Kopfjäger kommen

Bei der Suche nach Top-Leuten beauftragen viele Unternehmen Spezialisten; gefragt sind hier Menschenkenner mit dem untrüglichen Instinkt für den richtigen Kandidaten.

Der Job:

Headhunter, zu deutsch Kopfjäger: Diese Berufsbezeichnung kennzeichnet am besten die tägliche Arbeit der Personalberater. Sie jagen nach Kandidaten für offene Stellen sowie nach neuen Kunden. Zumeist spezialisieren sie sich dabei auf eine Branche und haben dort sämtliche Top-Leute im Blick: Wer ist unzufrieden, wer wurde bei der letzten Beförderungsrunde übergangen? Solche potentiellen Stellenwechsler gilt es gezielt anzusprechen und ihre Absichten zu erkunden.

Ihre Aufträge erhalten Personalberater von Unternehmen. Bevor sie sich auf die Suche begeben, klären sie dort ganz genau ab, was die Firma will und welche Aufgabe der Neue übernehmen soll. Danach durchforsten sie ihre eigenen Karteien und suchen gezielt neue Leute heraus. Dabei beschränken sich manche auf persönlichen Kontakt, größere Berater schalten aber auch Anzeigen in Fachblättern und überregionalen Tageszeitungen.

Die Personalberater prüfen die Bewerbungen und treffen dabei eine Vorauswahl. Ihrem Kunden präsentieren sie eine Handvoll Interessierter, die sich dann im Unternehmen selbst vorstellen. Häufig helfen sie bei der endgültigen Entscheidung. Ein oft langwieriges Geschäft, das aber mit zunehmender Wichtigkeit der Stelle von den Firmen teuer bezahlt wird. Knapp 90.000 Mark kostet sie die Vermittlung einer Top-Kraft.

Fakten:

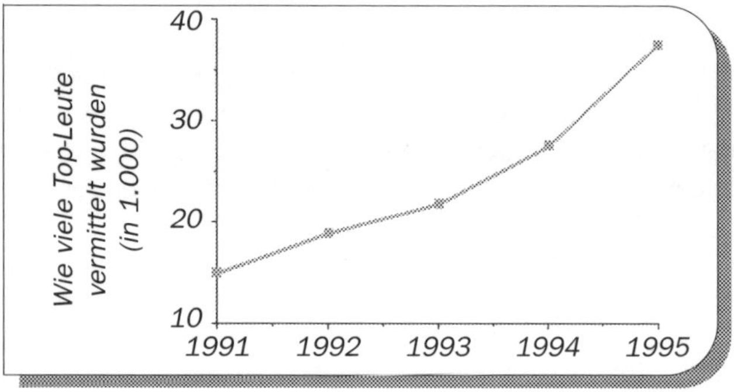

Unternehmen greifen bei der Suche nach Top-Leuten vermehrt auf professionelle Hilfe zurück. Das zeigen auch die Zahlen der staatlichen Zentralstelle für Arbeitsvermittlung. Bei der Tochter der Bundesanstalt für Arbeit ist es längst selbstverständlich, über Ländergrenzen hinweg zu vermitteln.

Voraussetzungen:

Personalberater sollten ein großes Maß an Menschenkenntnis sowie ein gutes Gespür für die Qualitäten von Bewerbern haben und diese den Auftraggebern in den Unternehmen souverän verkaufen können. Überzeugendes Auftreten hilft dabei.

Schule: Abitur.

Ausbildung: Betriebswirtschaftslehre-Studium. Aber auch Psychologen und Geisteswissenschaftler bekommen im Geschäft mit der Ware Mensch eine Chance.

Zusatzqualifikationen: Bei der weltweiten Suche nach Top-Leuten sind perfekte Fremdsprachenkenntnisse gefragt.

Einstiegsmöglichkeiten: Personalberater, Personalabteilungen.

Anfangsgehalt: 60.000 bis 70.000 Mark.

Aufstieg:

Schule, Uni, Personalberater: So gerade verläuft die Karriere in der Branche nicht. Nach dem Diplom müssen sich Interessenten erst einmal in der freien Wirtschaft bewähren. Ein Einstieg in die Personalabteilung eines Unternehmens vermittelt gute Kenntnisse über die Arbeitsweise der Personalberater. Nach zwei bis drei Jahren kann man bei den Beratern anklopfen. Dem Erfolgreichen stehen dann bald alle Türen offen: Vom Seniorberater bis zum Partner reichen die Möglichkeiten. Die Endstufe Partner eröffnet Aussichten auf einen außergewöhnlichen Verdienst, den Zugang zu den Top-Etagen deutscher Unternehmen – und eine 80-Stunden-Woche.

Trends:

Die richtige Person an der richtigen Stelle erspart den Unternehmen hohe Kosten. Jede fünfte Management-Stelle ist derzeit nach Meinung von Experten fehlbesetzt. Viele dieser Manager sind überfordert oder inkompetent, machen Fehler und mindern den Ertrag ihres Unternehmens. Um dies zu vermeiden, setzt die Wirtschaft auf qualifizierten Rat von außen. Eine wachsende Rolle spielt die internationale Suche nach Top-Leuten. Firmen, die mehr als die Hälfte ihres Umsatzes jenseits der Grenzen erzielen, wollen auch in ihren Führungsgremien Ausländern ein stärkeres Gewicht geben. Für Personalberater heißt das, ihr eigenes Büronetz auszudehnen oder aber Kooperationen mit Partnern einzugehen. Neben ihrem klassischen Vermittlungsgeschäft profilieren sich die Headhunter auch als Berater für alle Personalfragen. Das kann sowohl die Organisation des Personalressorts oder anderer Abteilungen im Unternehmen betreffen als auch den Qualifizierungsbedarf von Managern oder die Gehaltsstruktur für den Führungsnachwuchs.

Gut plaziert ist halb gewonnen

Einzelne Personen, ein Unternehmen, eine Branche oder einen Verband in der Öffentlichkeit richtig darzustellen – das ist die Aufgabe der PR-Fachleute.

Der Job:

Ihr unentbehrlichstes Arbeitsmittel ist das Telefon, denn ihr Job ist die Kommunikation, besser gesagt die Hilfestellung bei der Kommunikation zwischen Kunden und Öffentlichkeit, meist vertreten durch die Presse. Liest man beispielsweise morgens in der Zeitung, daß die Deutsche Bahn wieder Gepäckträger beschäftigt, die Fahrpreise senken will und überhaupt sehr kundenfreundlich wird, dafür aber leider in den nächsten zehn Jahren 50.000 Stellen abbauen muß, dann hat der PR-Fachmann seine Arbeit getan. Denn seine Aufgabe ist es, den Kunden, in diesem Fall die Bahn, in einem möglichst guten Licht erscheinen zu lassen.

Das Tagwerk der Öffentlichkeitsarbeiter besteht regelmäßig aus einem Eiertanz: Die schlechten Eigenschaften des Kunden sollen der Presse möglichst verschwiegen oder zumindest hübsch verpackt werden, Gutes will die Presse häufig nicht hören, da es wie ein Werbetext klingt. Im ständigen Spagat zwischen dem Wunsch der Kunden nach einem positiven Image und dem Wunsch wahrheitsliebender Presseleute brauchen PR-Leute vor allem eins: ein ausgezeichnetes Netzwerk. Je mehr Pressevertreter sie möglichst persönlich kennen und für eine erfolgreiche Zusammenarbeit gewinnen können, desto größere Dienste können sie ihren Kunden erweisen.

Fakten:

Die schwerste Rezession der Nachkriegsgeschichte 1993/94 bremste die Expansion der PR-Agenturen.

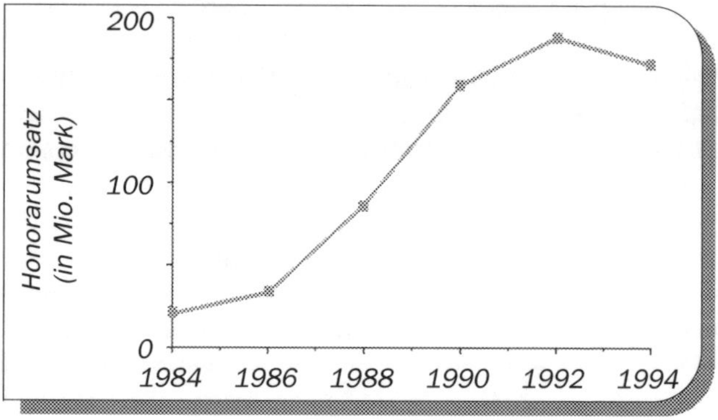

Voraussetzungen:

Überzeugungskraft und Durchhaltevermögen zeichnen gute PR-Fachleute aus. Mit gutem Sprachgefühl und rhetorischen Fähigkeiten überzeugen sie auch widerstrebende Journalisten.

Schule: Abitur oder Fachabitur.

Ausbildung: 1994 wurden die ersten Lehrstühle für Public Relations gegründet. Seminare der Deutschen Public-Relations-Gesellschaft vermitteln wochenweise Fachwissen.

Zusatzqualifikationen: Als Praktikant lassen sich häufig schon Kontakte für das spätere Berufsleben knüpfen. Computerkenntnisse sind in jedem Fall hilfreich.

Einstiegsmöglichkeiten: PR-Agenturen, PR-Abteilungen großer Unternehmen, Pressestellen bei Behörden und Verwaltungen.

Anfangsgehalt: 45.000 bis 55.000 Mark.

Aufstieg:

Öffentlichkeitsarbeit wird entweder von selbständigen Agenturen geleistet oder von eigenen Abteilungen innerhalb eines Unternehmens oder einer Institution. In den Firmen ist der berufliche Werdegang zumeist sehr geregelt. Die allgemeine Einarbeitungszeit mündet in der Verantwortlichkeit für ein bestimmtes Gebiet; erst nach Jahren sind leitende Funktionen möglich. Die Weihen eines Pressesprechers erhalten nur wenige. In einer Agentur kann es mit der Karriere schneller vorangehen. Wer sich bewährt, bekommt die Verantwortung für bestimmte Kunden oder einen Etat übertragen; mit der Verantwortung wächst das Gehalt und die Aussicht auf Selbständigkeit.

Trends:

Verfolgt man die sprunghafte Entwicklung des Informationszeitalters, die sich in unzähligen Publikationen, Rundfunk- und Fernsehsendern dokumentiert, wird klar, wie gefragt gute PR-Fachleute sind. In einer nahezu schrankenlosen Informationsgesellschaft wird es für Unternehmen, Politiker, Verbände und Interessengruppierungen immer wichtiger, sich in der Öffentlichkeit bestmöglich darzustellen. Bei der gewaltigen Informationsflut, die tagtäglich über uns hereinbricht, braucht es PR-Fachleute, die die Interessen ihrer Kunden, Arbeit- oder Auftraggeber eingängig, präzise und klar formulieren, um nicht gänzlich unterzugehen. Die erforderliche, solide Ausbildung für PR-Fachleute wird sich etablieren und die Branche somit professionalisieren.

Mit Köpfchen statt Kanone

Das Geschäft mit der Angst floriert. Gesucht sind deshalb seriöse Manager, die die Ware Sicherheit organisieren und verkaufen können.

Der Job:

Von wegen dunkle Ecken, Bodyguards und aufregende Verfolgungsjagden. Die Mehrzahl der 100.000 Sicherheitskräfte in Deutschland arbeitet als Pförtner oder im Werkschutz – völlig unspektakulär. Nur 500 Leute verdienen ihr Geld als Personenschützer.

Ihre Manager verbringen den ganzen Tag am Schreibtisch oder beim Kunden. Mit Telefon und PC planen und koordinieren sie den Einsatz ihrer Leute vor Ort in den Industriebetrieben, Bürogebäuden oder Bundeswehrkasernen. Sie stellen neue Leute ein, wobei sie genauestens darauf achten, daß keine schießwütigen Desperados in ihre Reihen gelangen. Der seriöse Ruf eines Anbieters ist für die zahlungskräftige Klientel aus der Wirtschaft unverzichtbar.

Mit ihren Kunden handeln sie Preise und genaue Auftragsbeschreibungen aus. Gemeinsam erarbeiten sie Sicherheitskonzepte, die entweder mehr auf menschliche Bewacher oder auf High-Tech setzen. Bei Neubauten sind auch während der Planung ihre Kenntnisse als Berater in Sachen Sicherheit gefragt.

Fakten:

100.000 Menschen arbeiten für private Sicherheitsunternehmen. Ihre größten Arbeitsgebiete sind:

Arbeitsgebiete im Sicherheitsdienst	
Pförtner	*33%*
Werkschutz	*20%*
Messe- und Veranstaltungsschutz	*11–12%*
Bewachung von Bundeswehrkasernen	*11–12%*
Geldtransporte	*3–4%*
Bodyguards	*0,5%*

Voraussetzungen:

Bei ihrer täglichen Arbeit müssen die Sicherheitsexperten gut mit Menschen umgehen können und gewissenhaft arbeiten. Als Manager benötigen sie viel Organisationsgeschick.

Schule: Hauptschule, Realschule.

Ausbildung: Eine geregelte Ausbildung gibt es bislang nicht. Ab 1997 soll ein neuer Lehrberuf direkte Einstiegschancen schaffen. Derzeit arbeiten Kaufleute, Juristen und Techniker genauso im Management der Sicherheitsdienste wie ehemalige Wachleute.

Arbeitgeber: Private Sicherheitsdienste.

Anfangsgehalt: Angelernte Kräfte ab 30.000 Mark; nach einem Studium ab 60.000 Mark.

Aufstieg:

Vom Wachmann zum Geschäftsführer – das ist keine Ausnahme. In dieser Branche ist eine Tellerwäscher-Karriere noch möglich. Für Leute, die als einfacher Wachmann einsteigen, gibt es seit mehr als zehn Jahren die Möglichkeit, sich zur Werkschutzfachkraft fortzubilden.

Trends:

Mit aller Macht will die Branche von ihrem »Gesetzlosen«-Image loskommen. Mit einem eigenen Ausbildungsberuf und geregelten Fortbildungen soll qualifizierter Nachwuchs geschaffen werden, mit dem die weitere Expansion bestritten werden kann. Seit 1980 hat sich die Zahl der Beschäftigten in der Sicherheitsbranche bereits verdreifacht.

Wachstumspotentiale gibt es derzeit vor allem bei staatlichen Einrichtungen: Private Sicherheitsdienste übernehmen die Bewachung von Bundeswehr- und Polizeikasernen, im nächsten Schritt könnten sie auch staatliche Aufgaben wie die Parkraumüberwachung oder Radarkontrollen übernehmen. Die leeren öffentlichen Kassen zwingen die Politik, verstärkt auf private Dienstleistungen zurückzugreifen.

Pfadfinder im Dickicht der Steuergesetze

Das Jahressteuergesetz 1996 sah 16 Änderungen im Steuergesetz vor. Noch bevor es in Kraft trat, wurde es schon wieder modifiziert. Ihren Mandanten in diesem Dschungel den Weg zu zeigen, der die meisten Steuern spart, ist Aufgabe der Berater.

Der Job:

Ihre Kunden wollen alle nur das eine – so wenig Steuern wie möglich zahlen. Der Weg dahin ist individuell unterschiedlich und ändert sich jährlich. Nicht selten muß der Steuerberater seinen Klienten auch Einhalt gebieten, wenn sie mit Schuhkartons voller Quittungen ins Büros stürmen und deren Inhalt voll absetzen wollen. Tatsächlich muß er seinen Mandanten mit jedem Jahr einen Zahn mehr ziehen, denn der Gesetzgeber macht Steuersparlücken systematisch dicht.

Steuerberater sind klassische Freiberufler. Sie arbeiten anfangs häufig als Angestellte in einer Praxis, später als Partner oder im eigenen Büro. Eine solide und zuverlässige Beratung, die ihnen die Kunden über viele Jahre erhält, muß ihnen wichtiger sein als das Traumergebnis für ein Steuerjahr. Ein gutes Verhältnis zu den zuständigen Finanzbehörden sollten sie ebenfalls aufbauen. Diese sind bei persönlichen Kontakten aufgeschlossener als bei Schriftverkehr.

Neben der Steuererklärung beschäftigen sie sich besonders bei Selbständigen und Unternehmen mit deren steuerlicher Belastung: Welche Erleichterung bringt die Anschaffung neuer Geräte in diesem Jahr? Soll das Grundstück besser im nächsten Jahr verkauft werden? Derartige Empfehlungen geben sie nicht nur im Hinblick auf die aktuelle Gesetzeslage, sondern möglichst vorausschauend auf eventuelle Gesetzesänderungen.

Fakten: Steuerdschungel und Gesetzesflut sorgen für jede Menge Beratungsbedarf

Von **1992 bis 1994** erließ die **Bundesregierung 27 neue Steuergesetze. 1996** erneuerte der Gesetzgeber in einem weiteren **16-Punkte-Programm** schon wieder die Gesetzestexte. Auch das **Verfassungsgericht** greift mit Entscheidungen zur **Freistellung des Existenzminimums** oder dem **Einheitswert-Entscheid** in das Steuersystem ein. Im **Bundesfinanzhof** warten zur Zeit noch über **3.000 Steuerfragen** auf Beantwortung.

Voraussetzungen:

Ein klares Urteilsvermögen, die Fähigkeit, eigene Sachkenntnis verständlich darzustellen, sowie Zuverlässigkeit zeichnen gute Berater aus.

Schule: Realschule, Abitur, Fachabitur.

Ausbildung: Fach- oder Hochschulstudium der Betriebswirtschaftslehre, Lehre als Buchprüfer oder Steuerfachgehilfe. Anschließend folgt bei jeder Vorbildung die ein- bis zweijährige Ausbildung zum Steuerberater, und zwar in Abendkursen, am Wochenende und zumeist auf eigene Kosten.

Zusatzqualifikationen: Computerkenntnisse sowie ständiges Lesen aktueller Steuergesetze und -urteile.

Einstiegsmöglichkeiten: Steuerberater- und Wirtschaftsprüfer-Kanzleien, Buchhaltungs- und Steuerabteilungen der Unternehmen.

Anfangsgehalt: Zwischen 50.000 und 55.000 Mark.

Aufstieg:

Wer seinen Mandanten Steuern spart, ist Gold wert, und wer seinem Unternehmen gute und zuverlässige Dienste erweist, wird gut bezahlt. Doch die meisten Berater kann nichts davon abhalten, nach einigen Jahren eine eigene Praxis oder Praxisgemeinschaft aufzumachen – höchstens das Angebot, Partner des bisherigen Arbeitgebers zu werden.

Mit dem Schritt in die Selbständigkeit können Berater beruflichen Erfolg und Verdienst selbst gestalten. Eine Spezialisierung auf ein Gebiet – Umsatzsteuer oder Immobilienbesteuerung – erfordert zwar viel Arbeit beim Aneignen des Fachwissens, eröffnet aber weitere Chancen, Renommee und Einkommen zu steigern.

Trends:

Gerade weil dieses Berufsbild ein wenig trocken wirkt, sind Steuerexperten gefragte Leute. Selbst wer sie nicht unbedingt braucht, nimmt zunehmend ihre Dienste in Anspruch, denn die immer komplexere Gesetzgebung, gepaart mit der hohen steuerlichen Belastung, vertreibt auch dem engagiertesten Bürger die Lust, sich in die eigene Steuererklärung einzuarbeiten. Deshalb haben auch die zahlreichen Computerprogramme, mit deren Hilfe die Steuererklärung auch für Normalbürger ein Kinderspiel werden sollte, den Steuerberater nicht überflüssig gemacht.

Internationales Steuerrecht gilt als der größte Wachstumsbereich innerhalb der Gilde.

Organisationsprofis für alle Eventualitäten

Messen, Kongresse, Tagungen, Seminare: wo Menschen aus allen Himmelsrichtungen zu geschäftlichen Zwecken zusammenkommen, gibt es Hunderte Dinge im Vorfeld zu berücksichtigen und zu planen.

Der Job:

Das Lächeln dürfen diese Dienstleister ebensowenig verlieren wie die Ruhe. Selbst wenn die Welt untergeht: sie müssen den Untergang organisieren. Von der Bestuhlung im Kongreßzentrum über den Messeaufbau, die Diskussion mit Elektrikern über spezielle Beleuchtung oder Sprechanlagen, Verpflegung, Transport und Unterbringung der Gäste bis hin zu einem attraktiven Rahmenprogramm für die begleitende Ehehälfte laufen alle Organisationsfäden einer Veranstaltung in den Händen der Tagungsprofis zusammen.

Hundertprozentige Genauigkeit, eine generalstabsmäßige Organisation und ein hervorragendes Improvisationstalent sind bei diesem anspruchsvollen Beruf natürlich absolute Voraussetzung. Zudem kann auch der Tausendfüßler unter den Veranstaltern nicht überall selbst Hand anlegen, sondern braucht eine Mannschaft, die er zu großer Leistungsbereitschaft bei oft widrigen Arbeitsbedingungen animieren muß. Diese besteht häufig auch noch aus diversen Subunternehmen, die allesamt zu lenken, koordinieren und überwachen sind.

Ein Leben aus dem Koffer sowie Tag- und Nachtarbeit, wenn die Zeit drängt, setzen Flexibilität und Belastbarkeit voraus.

Fakten: Seminarfieber in der Bundesrepublik

Mit jährlich mehr als **180.000 Tagungen** (ab 50 Teilnehmern), über **6 Millionen Kongressen und Seminaren** mit Übernachtung und fast **130 überregionalen Messen und Ausstellungen** gilt Deutschland als der Veranstaltungsort Nummer eins weltweit – ein Riesenmarkt für Veranstaltungstalente.

Voraussetzungen:

Tagungsveranstalter müssen belastbar sein und über Durchhaltevermögen sowie Organisationstalent verfügen.

Schule: Realschule, Abitur, Fachabitur.

Ausbildung: Kaufmännische Ausbildung, eventuell zusätzlich Fachwirt für Tagungs-, Kongreß- und Messewirtschaft oder dreijährige Ausbildung als Diplom-Betriebswirt mit Messeschwerpunkt an der Berufsakademie Ravensburg.

Einstiegsmöglichkeiten: Messegesellschaften, Subunternehmen für Veranstaltungen, Hotels mit Tagungsstätten.

Anfangsgehalt: Ab 40.000 Mark; nach Studium ab 50.000 Mark.

Aufstieg:

Wie immer in jungen Berufen sind die Karrierewege noch nicht vorgezeichnet, was allerdings nicht als Nachteil, sondern als Chance zu verstehen ist. Messegesellschaften, Tagungsveranstalter und auch die großen Hotels suchen händeringend Organisationstalente für das lukrative Geschäft mit Firmenkunden. Leute, die sich hier bewähren, haben bei diesen Arbeitgebern beste Karrierechancen.

Zudem steht ihnen später der Weg in die Selbständigkeit als Service-Anbieter mit zusätzlichen kaufmännischen Fähigkeiten offen. Schließlich haben sie bei den Veranstaltern den Markt umfassend kennengelernt.

Trends:

Grenzübergreifender Gedankenaustausch, die wachsende Bedeutung der Weiterbildung und der Trend zur Spezialisierung sind Hauptgründe für das Wachstum im Tagungs- und Seminargeschäft. Experten wollen auf einen regelmäßigen Kontakt von Angesicht zu Angesicht nicht verzichten und besuchen in Scharen die ihnen angebotenen Foren. Die erst kürzlich geschaffene, staatlich anerkannte Ausbildung zum Fachwirt für Tagungs-, Kongreß- und Messewirtschaft trägt diesem Wachstum Rechnung.

Zudem kristallisieren sich kleine, selbständige Einheiten heraus, die für Institutionen und Wirtschaftsunternehmen derartige Veranstaltungen aus einer Hand organisieren. Dabei arbeiten sie wiederum mit Tagungsstätten und diversen Subunternehmen zusammen und bauen so einen eng verzahnten neuen Servicebereich auf.

Mit flotten Sprüchen Ladenhüter verhökern

Die Texter, Gestalter oder Kundenkontakter in den Werbeagenturen vereint ein Ziel: Mit einer Idee, einem Konzept und jeder Menge Kleinarbeit im Auftrag eines Kunden dessen Produkte bestmöglich zu verkaufen.

Der Job:

Mit Werbern wird häufig das Bild von jungen, leicht exaltierten Menschen verbunden, die den ganzen Tag nichts anderes machen, als sich bei Kaffee und Zigaretten Slogans zu überlegen und dabei eine Menge Geld verdienen. Dank dieses Vorurteils gilt die Werbebranche immer noch als eine der attraktivsten für junge Leute, die sich selbst einfallsreich finden. Ideenreichtum und sprachliches Talent sind auch zweifelsohne erforderlich, um überhaupt einen Fuß in eine Agentur zu bekommen, doch handwerkliches Können und extreme Belastbarkeit sind mindestens ebenso unverzichtbar. Die Texter und Werbegestalter sitzen in der Regel im stillen Kämmerlein, konzipieren und arbeiten bis ins kleinste Detail die Kampagne für ein Produkt aus – unter Termindruck auch bis spät in die Nacht. Mit »fünf Prozent Inspiration und 95 Prozent Transpiration« umschreiben sie ihre Tätigkeit. Denn es geht darum, gezielt ein Absatzinstrument zu steuern. Welche Zielgruppe soll das Produkt kaufen, was ist an diesem Produkt anders, wie arbeitet man die Vorzüge am besten heraus – diese Fragen müssen erst mühsam beantwortet werden, um dem potentiellen Käufer das Ergebnis oft in Sekundenschnelle mitzuteilen. Der Kundenkontakter fungiert als Bindeglied zwischen Auftraggeber und Agentur und braucht neben Sachkenntnis noch eine gute Portion Fingerspitzengefühl für den Kunden.

Fakten:

Gerade bei rückläufiger Konjunktur geben die Unternehmen viel Geld für ihre Werbung aus.

Top-Ten-Werbeagenturen in Deutschland	*Werbevolumen in 1.000 DM*	*Mitarbeiter*
Publicis/FCB-Gruppe	*1,175.060*	*752*
Grey Gruppe Deutschland	*989.994*	*750*
Ogilvy & Mather Deutschl.	*765.275*	*422*
Ammirati Puris Lintas	*716.368*	*482*
Springer & Jacobi	*541.077*	*350*
McCann-Erickson Deutschl.	*533.246*	*374*
J. Walter Thompson	*526.930*	*365*
DMB Gruppe	*512.522*	*368*
Scholz & Friends	*508.760*	*350*
DDB Needham	*471.228*	*369*

Voraussetzungen:

Neben Ideenreichtum und sprachlicher Gewandtheit muß der Werber Teamfähigkeit mitbringen und ein hohes Maß an Fingerspitzengefühl aufweisen, wenn es darum geht, die eigenen Ideen mit den Vorstellungen des Kunden zu vereinen.

Schule: Realschule, Abitur oder Fachabitur.

Ausbildung: Kaufmännische Ausbildung, Werbefachliche Akademie, Studium der Betriebswirtschaftslehre mit Schwerpunkt Marketing und Verkauf.

Zusatzqualifikationen: Fremdsprachenkenntnisse, Auslandspraktika in einem Werbe-Mekka wie New York oder London, Computerkenntnisse.

Einstiegsmöglichkeiten: Als Texter oder Gestalter in einer Agentur oder in der Werbe- und Marketing-Abteilung eines Unternehmens.

Anfangsgehalt: 40.000 bis 45.000 Mark.

Aufstieg:

Jahrzehntelang galt die Werbebranche als Tummelplatz für bunte Vögel und Quereinsteiger. In den letzten Jahren wurde die Ausbildung akademisiert. Zwar gibt es immer noch exotische Werdegänge, doch zunehmend setzen sich regulierte Karrieren in den Agenturen durch – in Unternehmen ohnehin. Wer neben einer soliden Ausbildung auch Erfolge nachweisen kann, darf sich neben Gehaltssprüngen auch schnell über mehr Eigenverantwortung freuen. Häufig sind solche Karrieresprünge mit einem Job-Wechsel verbunden: Gerade in den Anfangsjahren jagen sich die Agenturen junge Talente gerne gegenseitig ab.

Trends:

Die Vorliebe der Unternehmen, lieber eigenständige Agenturen als die eigene Werbeabteilung zu beauftragen, ist ungebrochen. Die technologische Revolution hat darüber hinaus auch die Werbung ordentlich aufgerüttelt. Über die weltweite Datenautobahn entsteht ein neues Werbemedium, das in Deutschland gerade entdeckt wird und für das entsprechende Werbeformen erst noch gefunden werden müssen. Auch auf den klassischen Feldern der Print- und Fernsehwerbung eröffnet das Computerzeitalter neue Darstellungsformen, die noch weitgehend brachliegen. Hier wird sich für den Nachwuchs, der mit den neuen Technologien umgehen kann, ein breites Betätigungsfeld entwickeln.

Agenturen, die dem Kunden den Komplettservice – von Plakaten über Printwerbung, Rundfunk- und Fernsehspots bis zur Online-Werbung – anbieten können, werden sich weiter durchsetzen.

Mit Rechenschieber und spitzem Bleistift

Sie prüfen nicht die Wirtschaft, sondern die Wirtschaftlichkeit der Unternehmen. Den meisten Firmen müssen per Gesetz die Wirtschaftsprüfer attestieren, ob Jahresbilanz und Buchführung rechtmäßig sind und wohin das Unternehmen steuern sollte.

Der Job:

Die Ausbildung ist hart und anspruchsvoll, der Berufsbeginn dagegen nicht. Nach Studium, praktischer Berufserfahrung und Steuerberaterprüfung absolvieren die angehenden Prüfer neben ihrer Berufstätigkeit noch eine Zusatzausbildung zum Wirtschaftsprüfer. Trotz derartiger Qualifikation läßt eine abwechslungsreiche und spannende Berufstätigkeit meist noch Jahre auf sich warten.

Die ersten Jahre der Berufstätigkeit sind geprägt von Zahlenkolonnen, welche die Buchführungs- und Steuerabteilungen der Unternehmen aufgestellt haben, und die nun schlichtweg nachzurechnen sind. Auf ihre eigentliche Bestimmung, Unternehmen in puncto Wirtschaftlichkeit und Finanzgebaren verantwortungsvoll zu beraten, warten sie Jahre. Da Prüfung und Beratung immer vor Ort beim Kunden stattfinden, sind Wirtschaftsprüfer häufig unterwegs. Besonders in den Herbst- und Wintermonaten bleibt wenig Zeit für gemütliche Häuslichkeit. In dieser Zeit müssen sie den Firmen nämlich bei ihren Jahresabschlüssen zur Seite stehen. Gern gesehene Gäste sind sie auch nicht in jedem Unternehmen. Schließlich ist ihre Aufgabe die eines Kontrolleurs, und auf die Finger gucken lassen sich eben nur die wenigsten gerne. Haben sie allerdings alle Anfangshürden überwunden, erwartet sie nicht nur eine abwechslungsreiche und verantwortungsvolle Tätigkeit, sondern auch viel Renommee und ein guter Verdienst.

Fakten: Wirtschaftsprüfer im Prüfungsstreß

2.934 Aktiengesellschaften und **543.444 Gesellschaften mit beschränkter Haftung** bieten in Deutschland ein weites Betätigungsfeld für Wirtschaftsprüfer. Sie testierten dabei im vergangenen Jahr Vermögenswerte von **drei Billionen Mark**. Mit ihrer Unterschrift bestätigen sie auch einen Umsatz von **fünf Billionen Mark**.

Voraussetzungen:

Wirtschaftsprüfer können durchaus ein wenig eigenbrötlerisch sein, der Umgang mit der Kundschaft setzt aber auch ein verbindliches Wesen voraus.

Schule: Abitur, Fachabitur.

Ausbildung: Betriebswirtschaftslehre-Studium mit Schwerpunkt Steuerrecht und Wirtschaftsprüfung; anschließend folgen die Steuerberater- und die Wirtschaftsprüfer-Prüfung.

Zusatzqualifikationen: Computerprogramme wie Excel müssen sie im Schlaf beherrschen. Darüber hinaus sollten sie sich ständig über die aktuelle Steuergesetzgebung informieren.

Einstiegsmöglichkeiten: Wirtschaftsprüfungsgesellschaften.

Anfangsgehalt: 50.000 bis 55.000 Mark.

Aufstieg:

Für Angestellte in einem Wirtschaftsprüfungsunternehmen sind die Anfangsjahre fest vorgezeichnet. Auch die Gehaltsentwicklung birgt in den meisten etablierten Gesellschaften kaum angenehme Überraschungen. Fertige Wirtschaftsprüfer mit Berufserfahrung erhalten indes auch als Angestellte ein stattliches Gehalt, häufig mit Erfolgsbeteiligung. Zudem steht ihnen der Weg in die Selbständigkeit bzw. Partnerschaft offen. Neben der regulären Prüf- und Beratungstätigkeit können sie auch als Gutachter, Konkurs- oder Vergleichsverwalter tätig werden.

Trends:

Gleichgültig, ob die harte Ausbildung früh oder spät mit Lorbeeren gekrönt wird – Wirtschaftsprüfer haben einen angesehenen und einträglichen Beruf mit großem Zukunftspotential, auch wenn er momentan eine etwas negative Presse hat. (Schließlich sind die Testate der Wirtschaftsprüfer nur so genau wie die Prüfunterlagen, die die Firmen ihnen zur Verfügung stellen.) Zum anderen sind die Unternehmen zwar gezwungen, sich alljährlich einer Prüfung zu unterziehen, können diesen Auftrag aber auch frei vergeben. So unabhängig sind die Wirtschaftsprüfer also nicht, daß sie nicht auch um ihre Kunden werben müssen. Allerdings gibt es momentan bereits Überlegungen, den Wirtschaftsprüfern eine höhere Unabhängigkeit zu verschaffen.

Ein ganz neues Einsatzgebiet eröffnet sich durch die internationalen Verflechtungen deutscher Unternehmen. Die Großkonzerne gehen als erste dazu über, auf internationale Bilanzierung umzustellen.

Rund um die Produktion

Mit immer weniger Menschen stellen Firmen immer mehr Produkte her

Die Zahl der Erwerbstätigen in der Produktion sinkt ständig. Wo heute noch ein Drittel der Bundesbürger ihren Arbeitsplatz findet, werden in zehn Jahren nur noch 25% arbeiten. Zwei Millionen Stellen strich die Industrie seit 1990 bereits. Doch der Ausstoß hiesiger Fabriken leidet keinesfalls darunter: Die Wirtschaft wächst, das Warenangebot wird vielfältiger und die deutsche Industrie bleibt Exportweltmeister.

Was ist los in der Industrie? Zu teuer gewordene Arbeitsplätze werden durch Maschinen ersetzt. In erster Linie trifft der Rotstift Arbeitskräfte am Fließband, deren Tätigkeiten sich leicht durch Roboter ersetzen lassen. Ihre Arbeitskosten von 40 oder mehr Mark pro Stunde sind gegenüber dem Maschineneinsatz nicht mehr wettbewerbsfähig. Dazu kommt, daß der Staat für Beschäftigte von den Arbeitgebern noch Sozialabgaben einfordert, den Maschinenkauf aber durch großzügige Abschreibungssätze bezuschußt.

Die Technisierung in den Fabrikhallen schafft aber auch neue Jobs. Die Maschinen müssen entwickelt sowie programmiert und ihr Einsatz muß koordiniert werden. Abseits der eigentlichen Fertigung kümmert sich ein Heer von Ingenieuren und Kaufleuten um den reibungslosen Ablauf. Sie lösen Transportprobleme bei Rohstoffen oder Fertigwaren und überwachen die Kosten während des gesamten Produktionsprozesses. Auch wenn die Firmen Teile ihrer Fertigung ins Ausland verlagern, bleiben diese Aufgaben im Inland bestehen. Die Arbeit nimmt in diesen Fällen sogar zu, denn die Logistiker, Controller oder Produktionsmanager müssen dann einen weltweiten Fertigungsprozeß steuern. Auch den Verkauf ihrer Produkte koordinieren die meisten Firmen von ihrem Stammhaus aus.

Die Zahlenfuchser

Jeden Pfennig, den eine Firma zahlt oder einnimmt, erfassen und verarbeiten Buchhalter. Aus ihren Zahlen entstehen die Bilanzen weltweiter Konzerne, und mit ihrer Hilfe steuern Manager ihr Unternehmen.

Der Job:

Ärmelschoner übergestreift, Bleistift gespitzt und los: das alte Klischee vom langweiligen Job der Buchhalter ist überholt. Die Bücher wurden weitgehend durch Computer ersetzt, mit denen die Zahlenfuchser heute ihre gesamte Arbeit erledigen.

Sie machen aus jedem Ein- oder Verkauf ihrer Firma einen Buchungsvorgang. Damit legen sie fest, welchen Konten im Unternehmen die Einnahmen oder Ausgaben zugeschrieben werden. Jede Abteilung, jedes Material, jede große Maschine hat ihr Konto – insgesamt kommen da schnell 10.000 oder mehr zusammen.

Hier den Überblick zu behalten, verlangt exaktes und selbständiges Arbeiten. Vor der eigentlichen Buchführung stehen Abstimmungsprozesse mit anderen Abteilungen. Dabei wird etwa geklärt, wie eine 100 Millionen Mark teure Anlage so zu behandeln ist, daß die Steuerzahlungen in den nächsten zwei Jahren möglichst gering ausfallen.

Von einer Tradition lösen Buchhalter sich allerdings nicht: In ihren Kellern lagern nach wie vor Millionen von Belegen. Denn mindestens sechs Jahre müssen sie alles verwahren, was sie je verarbeitet haben, sei es auf Disketten, magnetischen Datenträgern oder in schlichter Papierform.

Fakten: Lernen lohnt sich

Rund **700.000 Buchhalter** arbeiten in Deutschland, jeder zehnte hat den Bilanzbuchhalterabschluß. Eine aktuelle Umfrage zeigt, daß sich diese Art der Fortbildung auszahlt: Über **80 Prozent der Absolventen** spüren den Prüfungserfolg direkt auf dem Konto. Knapp die Hälfte wurde darüber hinaus befördert. Ein Viertel arbeitet heute in der operativen oder strategischen Planung ihres Unternehmens, ein Drittel entscheidet bei Investitionen mit.

Voraussetzungen:

Für den täglichen Umgang mit Zahlen müssen Buchhalter eine Vorliebe für exaktes und konzentriertes Arbeiten mitbringen.

Schule: Realschule, Abitur.

Ausbildung: Kaufmännische Lehre. Für weite Teile der Wirtschaft bietet die Ausbildung zum Industriekaufmann einen guten Einstieg.

Zusatzqualifikation: Buchhalten ist heute Computerarbeit. Datenverarbeitungskenntnisse sind daher unverzichtbar.

Arbeitgeber: Jedes größere Unternehmen in Deutschland.

Anfangsgehalt: 35.000 bis 45.000 Mark.

Aufstieg:

Je weiter Buchhalter vorankommen, um so weniger haben sie mit ihrer eigentlichen Arbeit zu tun: Sie beschäftigen sich mehr und mehr mit Bilanzen, Finanzen und Steuerrecht. Um in diesen Gebieten sattelfest zu werden, hängt jeder 10. an die Lehre noch eine Ausbildung zum Bilanzbuchhalter an.

Im Rechnungswesen größerer Unternehmen haben sie damit Chancen, bis an die Spitze zu kommen. Sie müssen sich dort gegen Betriebswirte mit abgeschlossenem Studium durchsetzen, die zwar oft weniger von der Praxis verstehen, aber mit ihrem Titel Personalchefs leichter beeindrucken können.

Trends:

Buchhalter sind vor jeder Krise gefeit. Für die Unternehmen sind sie unverzichtbare Helfer, um bei Tausenden von Zahlungen und Rechnungen jeden Tag den Überblick zu bewahren. Immer häufiger beauftragen die Firmen dafür spezialisierte Dienstleister. Bei diesen Firmen liegen auch die großen Beschäftigungspotentiale für die nächsten Jahre.

Neue Chancen für selbständige Einmannbetriebe ergeben sich, wenn es endlich auch Buchhaltern erlaubt sein wird, Bilanzen von Firmen eigenständig zu erstellen. Bis heute braucht es dafür noch einen Steuerberater. Ein Widerspruch, denn als Angestellte dürfen Bilanzbuchhalter heute die Abschlüsse von Weltkonzernen erstellen – ohne Einschränkung.

Stets auf der Schwelle zum Chef

Gute Sekretäre können sich zur unverzichtbaren rechten Hand des Chefs entwickeln. Sie managen mit modernen Kommunikationsmitteln und Terminkalender das Büro und den Vorgesetzten, statt Stenoblöcke vollzuschreiben.

Der Job:

Ihr Schicksal ist fest mit dem des Chefs verflochten, ihr Tagesrhythmus ebenfalls. Ist er ein Nachtarbeiter, kann auch der Sekretär das Büro nicht um Punkt 17 Uhr verlassen; arbeitet der Chef gerne am Wochenende, muß auch sein Assistent gelegentlich einmal einen Feiertag opfern. Ist dieser dazu bereit und stimmt die Chemie zwischen Vor- und Chefzimmer, werden fähige Kräfte mit guten Gehältern, Anerkennung und viel eigenverantwortlicher Tätigkeit belohnt. Ein gutes Namensgedächtnis, eine angenehme Telefonstimme, ein verbindliches Wesen, Durchhaltevermögen und Entscheidungsfreude sowie Sensibilität und Loyalität sind die wichtigsten Qualitätsmerkmale des Sekretärs neuen Typs. Sachkenntnisse über die Aufgabengebiete des Chefs erwirbt er am besten auf dem Wege des Learning by doing. Eine fähige rechte Hand hat heute mehr Aufgaben zu erfüllen als Briefe zu tippen, Kaffee zu kochen, die Post zu sortieren und das Telefon zu bedienen. Vielmehr muß sie einordnen können, ob der Anrufer zum Chef durchgestellt werden soll oder nicht, und muß auch einmal flink eine Ausrede parat haben. Da die meisten Büros heute mit modernen Kommunikationsmitteln ausgestattet sind, sollte sich eine gute Bürokraft auch damit anfreunden.

Fakten:

Während reine Datatypisten immer weniger gefragt sind, steigt der Bedarf nach Allround-Talenten trotz schlanker Verwaltungen.

Wie sich die Nachfrage in Deutschland entwickelt

Jahr	*Fachkräfte, Chefsekretäre, Assistenten*	*Schreibkräfte*
1992	*3.273.357*	*54.765*
1993	*3.289.348*	*52.369*
1994	*3.309.759*	*49.243*

Voraussetzungen:

Starke Nerven, Einfühlungsvermögen, eine schnelle Auffassungsgabe und die Bereitschaft, Verantwortung zu übernehmen, zählen zu den Qualitätsmerkmalen eines Büromanagers.

Schule: Realschule, Fachabitur, Abitur.

Ausbildung: Lehre als Kaufmann für Bürokommunikation oder als Bürokaufmann. Moderne Unternehmen stellen auch Quereinsteiger ein, die sich in Kursen zum Sekretär oder Fremdsprachenkorrespondenten fortgebildet haben.

Zusatzqualifikationen: Englisch, je nach Unternehmen auch noch eine weitere Fremdsprache, Computerkenntnisse.

Einstiegsmöglichkeiten: Überall.

Anfangsgehalt: Ab 35.000 Mark, oft auch mehr.

Aufstieg:

Das ist der Haken an dem Beruf: die Karriere ist begrenzt. Zwar steigen gute Leute aus dem Sekretärspool bis in die Vorzimmer der Chefetagen auf, aber weiter geht es nicht. Die Karriere eines Büromangers vollzieht sich eher ideell – von der austauschbaren Hilfskraft bis zur unverzichtbaren rechten Hand, die das Unternehmen, die Mitarbeiter und den Chef wie die eigene Westentasche kennt. Mit zusätzlichen Pöstchen oder klangvollen Titeln wird ein Sekretär indes nicht belohnt, dafür kann sich das Gehalt eines erfahrenen Büromanagers – bis zu 8.000 Mark im Monat – sehen lassen.

Trends:

Gute Büromanager werden händeringend gesucht und sind rar. In einer kompliziert verflochtenen, internationalen Wirtschaftswelt sind die Anforderungen an sie hoch, doch das Sekretär-Image schreckt immer noch viele junge Menschen ab, diesen Beruf zu ergreifen.

Wer sich indes durchringen kann, im akademischen Bekanntenkreis zu diesem Beruf zu stehen, um den werden sich die Chefs reißen. Zudem winkt eine abwechslungsreiche Tätigkeit und ein gutes Einkommen. Geisteswissenschaftler und Dolmetscher haben bereits gute Erfahrungen mit dieser Berufswahl gemacht. Durch ihren Einsatz in den Vorzimmern wird auch das Negativimage von den grauen Mäusen ohne Kompetenz und Verantwortung endgültig verschwinden.

Die Herren der Zahlen

Kosten runter, Erträge rauf: Controller haben die Ausgaben ihres Arbeitgebers im Griff und helfen ihm beim Geldverdienen. Daneben profilieren sie sich als Planer für die Zukunft der Firma.

Der Job:

Planwirtschaft pur praktizieren die Unternehmen in ihren jährlichen Budgets: Vorab wird festgelegt, wofür wieviel Geld ausgegeben werden soll, und an diese Vorgaben haben sich alle Abteilungen zu halten. Wenn das nicht klappt, kommen die Controller ins Spiel.

Ihr Job ist es, diese Budgets mitzuplanen und danach ihre Einhaltung zu überwachen. Dazu beschaffen sie sich einen genauen Einblick in die Kostenstruktur. Sämtliche Zahlen aus der Buchhaltung können sie am PC auf ihrem Schreibtisch aufrufen. Außerdem erhalten sie automatisch Übersichten, welche Abteilungen sich nicht an ihre Vorgaben halten.

Die Herren der Zahlen sind indes nicht nur im Tagesgeschäft, sondern auch bei der Langzeitplanung gefragt. Sie entwickeln Konzepte und Strategien für ganze Dekaden und erkennen durch Analyse des Datenmaterials frühzeitig, wo die Schwachstellen von morgen liegen könnten. Über ihre Ergebnisse und Analysen berichten Controller regelmäßig der Unternehmensleitung. Wer auf diesen Etagen verkehrt, muß sich beizeiten an graue Anzüge oder Kostüme gewöhnen.

Fakten: Zwischen Millionen und Billionen

Angesichts gigantischer Summen haben Controller Mühe, den Überblick über die Unternehmen zu bewahren. Insgesamt stehen in den Bilanzen **Vermögenswerte** von über **3 Billionen Mark**. Diesen stehen **Kredite** im Wert von knapp **2 Billionen Mark** gegenüber. Am Jahresende 1994 meldeten sie lediglich einen **Überschuß** von **117 Milliarden Mark**. Dafür hatten sie mehr als **5 Billionen Mark** umgesetzt.

Voraussetzungen:

Analytisches Denkvermögen, Freude an Zahlen und Genauigkeit sind Grundvoraussetzungen. Sprachliches Geschick, um die Ergebnisse der Zahlenanalyse verständlich darlegen zu können, ist ebenfalls notwendig.

Schule: Fachabitur oder Abitur.

Ausbildung: Studium der Betriebswirtschaftslehre mit Schwerpunkt auf Unternehmensplanung und -rechnung.

Zusatzqualifikationen: Praktika verschaffen einen ersten Einblick, ob einem das Controlling wirklich liegt. Große Firmen setzen ihre Controller weltweit ein – perfekte Englischkenntnisse sind hier ein »must«.

Einstiegsmöglichkeiten: Die gesamte Wirtschaft steht einem offen. Auch der Staat stellt Controller ein.

Anfangsgehalt: 65.000 bis 75.000 Mark.

Aufstieg:

Controller erhalten einen Überblick über das gesamte Unternehmensgeschehen. Bei ihrer Planungs- und Analysearbeit kommen sie mit sämtlichen Abteilungen und Führungskräften in Kontakt. Beste Voraussetzungen also, um innerhalb der eigenen Firma aufzusteigen. Der Weg ins Management steht ihnen offen.

Mit einiger Berufserfahrung können sie aber den Job wechseln und somit schneller zu mehr Verantwortung, einem interessanteren Job und nicht zuletzt zu einem höheren Verdienst kommen. In mittelständischen Unternehmen ist ein Aufstieg bis zum Geschäftsführer möglich.

Trends:

Controller erobern sich in den Unternehmen immer neue Aufgabengebiete: Sie sind bei der Vorbereitung von Firmenkäufen beteiligt, bereiten Planungen über neue Werke und Niederlassungen im Ausland vor und entscheiden über den Einsatz neuer Rechnersysteme mit. Diese sollen ihnen schließlich jederzeit alle gewünschten Daten ausspucken.

Genau das erwartet die Firmenleitung von ihren Controllern. Deren funktionierendes Informationssystem hilft den Managern, rechtzeitig zu erfahren, wie es um ihre Firma steht. Denn während ihnen Mitarbeiter viel erzählen können, geben die Zahlen ein ungeschminktes Bild der Realität wieder. Dieses Wissen sichert auf Jahrzehnte die Jobs der Herren dieser Zahlen – der Controller.

Das Geschäft mit dem Dreck anderer

Das Wegwerf-Zeitalter ist vorüber. Entsorger suchen für jede Art von Abfall einen Beseitigungsweg, der den Müllerzeuger möglichst wenig kostet und die unzähligen Umweltgesetze beachtet.

Der Job:

Ob öltriefende alte Maschine, Lackreste, Asbestfasern oder Produktionsabfälle: Entsorger beseitigen jede Art von Müll. Sie entscheiden, was einfach zur Deponie gebracht werden darf, was zu recyceln und was erst nach aufwendiger Vorbehandlung in speziellen Sondermülldeponien zu lagern ist.

Dazu müssen sie umfassende Kenntnisse der technischen Möglichkeiten mitbringen, sich in der Gesetzesflut orientieren können und die Kosten möglicher Verfahren im Kopf behalten. Schließlich will kein Müllerzeuger mehr Geld für dessen Beseitigung ausgeben als unbedingt nötig. Am liebsten sieht er es, wenn dank des frühzeitigen Eingreifens der Entsorger überhaupt kein Müll mehr anfällt, sondern die Abfallstoffe aus der Produktion wiederverwendet werden können

Entsorger handeln eigenverantwortlich, und ihre Arbeitgeber trauen ihrem Urteil. Die Verantwortung ist groß, denn Fehler können dazu führen, daß Luft, Boden oder Wasser nachhaltig verunreinigt werden und nur mit hohen Kosten wieder zu säubern sind.

Fakten: Müll im Überfluß

337 Millionen Tonnen Abfall produzieren die Deutschen jährlich – das sind knapp 8.000 Kilogramm Müll pro Kopf. **Über 40 Prozent** davon stammen vom Bau, aus der Industrie kommen **über 20 Prozent**. Die **Recyclingquote** der Produktionsfirmen beträgt **61 Prozent**.

Voraussetzungen:

Verantwortungsbewußtsein, sorgfältiges Arbeiten und die Bereitschaft, ständig dazuzulernen, sind in diesem Beruf unerläßlich.

Schule: Hauptschule, Realschule oder Abitur.

Ausbildung: Lehre als Entsorger. In der Industrie übernehmen auch Ingenieure, Wirtschaftsingenieure oder Kaufleute das Geschäft mit dem Abfall.

Zusatzqualifikationen: Die Ausbildungsgänge konzentrieren sich auf Technik und rechtliche Fragen. Die Aneignung von kaufmännischem Wissen ist empfehlenswert.

Einstiegsmöglichkeiten: Industriebetriebe, Deponien, Betreiber von Verbrennungsanlagen, Recyclingfirmen.

Anfangsgehalt: Je nach Ausbildung 40.000 bis 60.000 Mark.

Aufstieg:

Entsorger können sich nach mindestens zwei Jahren Berufspraxis für einen Meisterkurs oder die Technikerschule anmelden. In der Abfallwirtschaft haben sie damit gute Chancen zum Aufstieg innerhalb eines Betriebes.

In der Industrie zieht sich die Arbeit der Entsorger durch das gesamte Unternehmen. Oberste Priorität haben hier die Müllvermeidung und das Aufspüren lukrativer Verwertungsmöglichkeiten für Produktionsabfälle. Mit einigen Jahren Berufserfahrung können Entsorger die Leitung von Umweltabteilungen übernehmen.

Trends:

Eine neue Studie geht davon aus, daß sich der Umsatz auf dem deutschen Abfallmarkt innerhalb der nächsten zehn Jahre verdoppeln wird. Die Verfahren zur Beseitigung werden aufwendiger und die Vorschriften zum Umweltschutz umfangreicher.

Ein Arbeitsbeschaffungsprogramm für Entsorger ist das Kreislaufwirtschaftsgesetz, das im Oktober 1996 in Kraft tritt. Müllvermeidung oder Wiederverwertung lautet dann das staatlich verordnete oberste Gebot. Bis zur letzten Minute ringt die Industrie mit den Beamten in den Umweltministerien, wie das zu bewerkstelligen sein wird. Immerhin haben sich die Autohersteller schon verpflichtet, die ausgedienten Wagen zurückzunehmen. Die Zeiten, in denen Betriebe ihren Müll im Hof verrotten ließen oder einfach am Nachbargrundstück vergruben, sind endgültig vorbei.

Der günstigste Weg ist das Ziel

Logistiker steuern den gesamten Materialfluß im Unternehmen – vom Rohstoffeinkauf bis zur Auslieferung der fertigen Produkte.

Der Job:

Ihre Arbeit taucht in keiner Bilanz auf: Sie kaufen nicht ein, produzieren nichts, und fürs Verkaufen sind sie auch nicht zuständig. Dennoch läuft ohne sie nichts, koordinieren doch Logistiker den gesamten Warenfluß eines Unternehmens. Sie legen fest, auf welchem Wege Rohstoffe und Vorprodukte das Werk erreichen, wie der Transport innerhalb der Firma vonstatten geht und wie das Unternehmen seine Kunden beliefert.

Vor allem der Transport zum Kunden stellt Logistiker vor eine Vielzahl von Problemen. Transportorganisatoren schaffen eine lückenlose Kette per Schiff, Eisenbahn und LKW. Sie klären vorab Zollfragen und verhandeln über die Preise der Spediteure. Im Käuferland kümmern sie sich um Lagerraum für die Waren und sorgen für einen reibungslosen Abtransport von dort . Ihr Ziel ist es, die eigenen Waren jederzeit weltweit vorrätig zu haben, und das zu möglichst geringen Kosten.

Dafür verbringen sie Tage in Sitzungen, um mit Händlern und Niederlassungen vor Ort optimale Lösungen zu erarbeiten. In ihrem Büro tüfteln sie gemeinsam mit Kollegen Transportkonzepte aus, die ihrem Arbeitgeber Geld sparen sollen. Bei der Vielzahl von Variablen, die in ihre Überlegungen eingehen – Transportpreise, Liefermengen, Fabrikausstöße –, sind sie auf die Mithilfe von Computern angewiesen.

Fakten:

Letztendlich dreht sich beim Logistik-Job alles um den Transport von Gütern. Das Gros der Waren landet dabei nach wie vor auf dem Lastwagen.

So werden Güter in Deutschland transportiert:

3.629,0 Millionen Tonnen per LKW
399,0 Millionen Tonnen per Schiff
329,0 Millionen Tonnen per Bahn
1,4 Millionen Tonnen per Flugzeug

Voraussetzungen:

Planungsgeschick und Nervenstärke können Logistiker für ihre Arbeit gut gebrauchen.

Schule: Fachabitur oder Abitur.

Ausbildung: Für die anspruchsvollen Planungsaufgaben ist ein Studium erforderlich, wie etwa Betriebswirtschaft oder Ingenieurwissenschaften. In beiden Studiengängen ist eine Spezialisierung auf Logistik- und Verkehrsprobleme möglich.

Zusatzqualifikationen: Gute Englischkenntnisse sind Pflicht, weitere Fremdsprachen von Vorteil. Zur Entwicklung großer Transportkonzepte sind zudem perfekte Computerkenntnisse erforderlich.

Einstiegsmöglichkeiten: Industriefirmen, Handelsunternehmen, auch große Speditionen.

Anfangsgehalt: 60.000 bis 70.000 Mark.

Aufstieg:

Logistik als eigenständiger Unternehmensbereich setzt sich erst seit Beginn der neunziger Jahre allmählich durch. Zuvor beschränkten sich die Firmen auf eine Abteilung, die die reine Transportabwicklung übernahm. Jetzt kommen Logistiker mit Kunden und Lieferanten zusammen und koordinieren den gesamten Materialfluß im Unternehmen. Für ihre Einarbeitung veranschlagen einzelne Firmen bis zu zwei Jahre.

Doch danach kann es aufwärtsgehen. Wer es schafft, daß Waren ohne Verzögerung zu den Kunden gelangen, und dabei auch noch Kosten einspart, zieht die Aufmerksamkeit der Firmenoberen auf sich. Er hat gute Chancen, mit einigen Jahren Berufserfahrung ins Management aufzusteigen.

Trends:

Industriefirmen, der Handel und die Transporteure selbst setzen auf immer ausgefeiltere Logistik-Konzepte. Die Just-in-Time-Produktion großer Hersteller verlangt, daß jeden Morgen die LKWs ihrer Lieferanten pünktlich durch das Werkstor rollen, sonst steht nach wenigen Stunden das Fließband still, und die Beschäftigten drehen Däumchen.

Neue Aufgaben ergeben sich für Logistiker durch das wachsende Umweltbewußtsein in der Industrie. Beim Transport achten sie auf einen ökologisch sinnvollen Weg: Binnenschiffe oder Güterzüge ersetzen Lastwagenladungen. Statt auf Plastikfolien setzen sie auf wiederverwertbare Transportverpackungen.

Verkaufen, was das Zeug hält

Marketing-Fachleute verhelfen ihrem Produkt mit allen Mitteln zum Erfolg: Sie beeinflussen Preise, Verpackung, Produktdesign und Lieferwege.

Der Job:

Damit Kunden aus dem Regal mit 30 Waschmitteln das »richtige« herausgreifen, betreiben Firmen Marketing. Ihre Spezialisten müssen sich dabei nicht nur einen Fernsehspot ausdenken, demzufolge dieses Mittel noch weißer wäscht. Es kommt vielmehr darauf an, das Pulver rundum attraktiv zu machen: Der Preis muß stimmen, die Verpackung hervorstechen und das Produkt einfach zu verwenden sein.

Eine gewaltige Koordinationsaufgabe für Marketing-Spezialisten: Sie hetzen von Sitzung zu Sitzung und sprechen mit Forschern, Ingenieuren, Kostenrechnern und Werbern. Ihr Ziel ist klar: Sie müssen ihr Produkt möglichst gut verkaufen. Wie, das ist ihre Aufgabe. Von der einmal gefundenen Strategie müssen sie dann alle Beteiligten überzeugen, denn den Kostenrechnern ist vielleicht der Verkaufspreis zu niedrig, während sich die Forscher gegen eine attraktive Farbe für das Produkt wehren. Da hilft nur stundenlange Überzeugungsarbeit.

Ihren Schreibtisch sehen die Spezialisten dabei nur selten, da sie ihr Produkt meist weltweit am Markt zu etablieren versuchen. Vor Ort gilt es Kollegen oder Händler von dessen Vorteilen zu überzeugen. Dazu kommt noch die Auswahl der Läden, wo das Produkt verkauft werden soll. Um all das bewältigen zu können, ist konsequente Teamarbeit notwendig.

Fakten:

Marketing ist zwar mehr als pure Werbung – der Werbeetat gibt jedoch einen guten Einblick, welche Marken mit geballter Marketing-Power verkauft werden.

Die Big-Spender in der Werbung	*Werbeetat 1995 in Mio. Mark*
C&A	*177,8*
Media-Markt	*133,8*
McDonald's	*117,7*
Aldi	*81,2*
Sparkasse	*80,6*
Persil Megaperls	*75,0*
Ikea	*71,1*
Mannesmann Mobilfunk	*66,3*
Sat 1	*64,4*
Lotto, Toto	*63,2*

Voraussetzungen:

Gute Kommunikationsfähigkeiten allein reichen nicht, sind aber unverzichtbar. Marketing-Leute müssen Kreativität mit Disziplin verbinden.

Schule: Realschule, Fachabitur, Abitur.

Ausbildung: Es bieten sich zwei Möglichkeiten an: Mit einer kaufmännischen Lehre kann der Beruf von der Pike auf erlernt werden. Etwas später, aber auch etwas weiter oben steigen Absolventen eines Betriebswirtschaftslehre-Studiums ein.

Zusatzqualifikationen: Learning by doing ist gefragt. Studenten sollten unbedingt mehrere Praktika in Firmen machen.

Einstiegsmöglichkeiten: Marketing-Spezialisten steht die gesamte Wirtschaft offen.

Anfangsgehalt: Für Hochschüler bei 60.000 bis 70.000 Mark, Lehrlinge starten früher ins Berufsleben und verdienen zu Beginn um die 40.000 Mark.

Aufstieg:

Die Hierarchien in den Unternehmen verflachen. Die alten Positionen – Gruppen- oder Abteilungsleiter – fallen weg, wodurch sich auch für jüngere Leuten Möglichkeiten eröffnen, relativ bald selbständig zu arbeiten. Der erste wichtige Schritt ist die eigene Verantwortung für ein Produkt. Als dessen Manager koordinieren Marketing-Experten alles, was den Absatz steigert. Mit wachsender Berufserfahrung übernehmen sie umsatzträchtigere Produkte oder ganze Produktgruppen. Durch einen Wechsel des Unternehmens können sie eventuell ihren Aufgabenbereich erweitern und ihr Gehalt erhöhen.

Nach oben sind keine Grenzen gesetzt: Marketing-Spezialisten können bis an die Unternehmensspitze vorrücken oder sich mit ihrem Know-how auf eigene Beine stellen. Marketing-Berater helfen vor allem mittelständischen Unternehmen, ihr Produkt ins rechte Licht zu setzen.

Trends:

Internationalität und Weitblick sind gefragt. Schließlich soll auf den wachsenden Märkten Chinas oder Rußlands das Produkt genauso zum Erfolg werden wie daheim. Auch Mittelständler beschränken sich beim Absatz schon lange nicht mehr auf den Inlandsmarkt. Sie suchen Marketing-Experten, die ihnen aktiv neue Märkte öffnen.

Dabei greifen die Spezialisten in immer mehr Unternehmensbereiche ein. Alle anderen Ressorts müssen sich dem Ziel, die Produkte möglichst optimal zu verkaufen, unterordnen. Am Ende ergibt das einen Betrieb, bei dem an der Spitze Marketing-Experten stehen, die das gesamte Unternehmen nach ihren Bedürfnissen umbauen.

Zwischen Flugzeug und Fabrikhalle

Weltweit koordinieren Produktionsmanager die Fertigungsstätten ihres Arbeitgebers. Ihr Ziel ist es, daß überall am Ende das gleiche Produkt herauskommt.

Der Job:

Montag morgens geht es um 7 Uhr nach Warschau und von dort mit dem Auto weiter bis zur Textilfabrik, in der die Kleider zusammengenäht werden. Dort steht eine Besprechung über Probleme bei der Fertigung mit schwerem Samt an. Dann geht es zurück nach Warschau und per Flugzeug weiter nach Paris, wo die Entwürfe hergestellt werden. Nach einer Besprechung über Probleme bei der Herstellung bestimmter Schnitte geht es um 18 Uhr zurück in die Firmenzentrale zu einer Konferenz über den Kauf einer neuen Fertigungsstätte in Thailand.

So oder ähnlich kann sich der Tagesablauf von Produktionsmanagern gestalten: Sie koordinieren den gesamten Fertigungsprozeß von der ersten Schraube bis zur Endmontage. Dazu treffen sie die Hersteller von zur Produktion benötigten Maschinen genauso wie Materialzulieferer oder die Werksingenieure der eigenen Firma in deren Fertigungsstätten in Asien oder den USA. Ihre Aufgabe besteht darin, daß am Ende ein immer gleichbleibendes, qualitativ hochwertiges Produkt herauskommt – bei so vielen Mitwirkenden eine gar nicht so einfache Aufgabe.

Fakten:

Obzwar viele Unternehmen ihre Fertigung teilweise oder zur Gänze ins Ausland verlagert haben, sind auch am Standort Deutschland nach wie vor große Produktionsbetriebe angesiedelt.

Produktionsbetriebe in Deutschland	
Maschinenbau	*967.000 Beschäftigte*
Elektrotechnik	*948.000 Beschäftigte*
Fahrzeugbau	*784.000 Beschäftigte*
Chemische Industrie	*570.000 Beschäftigte*
Nahrungsmittelindustrie	*532.000 Beschäftigte*

Voraussetzungen:

Organisationstalent und Nervenstärke können Produktionsmanager gut gebrauchen.

Schule: Fachabitur, Abitur.

Ausbildung: Eigentlich brauchen Produktionsmanager zwei Ausbildungen – eine technische und eine kaufmännische. Eine gute Kombination bietet das Studium zum Wirtschaftsingenieur. Ansonsten gilt: Es ist einfacher für einen Ingenieur, sich Buchhaltung einzupauken, als für einen Kaufmann, in die Tiefen des Textilmaschinenbaus vorzudringen.

Zusatzqualifikationen: Zwei Ausbildungen lasten die meisten völlig aus. Frühzeitig sollte man sich um Fremdsprachenkenntnisse bemühen.

Einstiegsmöglichkeiten: Industrieunternehmen.

Anfangsgehalt: 60.000 bis 70.000 Mark.

Aufstieg:

Produktionsmanager lernen bei der täglichen Arbeit noch eine Menge dazu. Neue Maschinen, Verfahren und Produkte verändern die Routine in ihren Fabriken. Wer sich eine Zeitlang als Koordinator bewährt hat, kann zum Werksleiter, zum Niederlassungsleiter oder zum Chef einer ausländischen Tochtergesellschaft aufsteigen. Dieses sind allesamt gute Sprungbretter, um von dort bis an die Unternehmensspitze vorzudringen.

Trends:

Allen Unkenrufen zum Trotz werden auch in Zukunft Waren produziert und nicht nur Dienstleistungen angeboten werden. Doch die Fertigungsverfahren verändern sich radikal. Roboter erobern die Fabrikhallen und krempeln altgewohnte Produktionsprozesse völlig um. Die Steuerung durch Computer fordert von allen Beteiligten, daß sie viel besser als früher den ganzen Ablauf der Fertigung im voraus planen. Die Bedeutung der Produktionsmanager als Koordinatoren wächst.

Auch die Tendenz, immer größere Teile des eigenen Produkts durch andere Unternehmen herstellen zu lassen, führt zu mehr Abstimmungsaufwand. Vorreiter ist die Computerindustrie, wo einzelne Hersteller nur noch das Know-how besitzen und die gesamte Fertigung – vom Chip bis zum Gehäuse – von Fremdfirmen ausführen lassen.

Die Denker am Band

Am Computer entwickeln Produktionstechniker die Fertigungsmethoden von morgen. Ohne sie startet kein Roboter seinen Einsatz am Fließband.

Der Job:

Bevor ein Roboter seine monotone Arbeit in einer Fabrikhalle aufnimmt, tüfteln Produktionstechniker monatelang den optimalen Fertigungsweg aus: Von welcher Seite soll der Rohstoff zum Roboter gebracht werden, wie erkennt die Maschine, daß ein neues Teil vor ihr liegt, und wie verhindern wir, daß der Rohstoff sich irgendwo verklemmt?

Alles Fragen, die Produktionstechniker mit Hilfe riesiger Rechner im Vorfeld zu beantworten suchen. Am Bildschirm simulieren sie komplette Fertigungsabläufe. In mühsamer Programmierarbeit berechnen sie den Ausstoß neuer Maschinen, deren Materialverlust in der Fertigung und mögliche menschliche Fehler bei der Produktion.

Dabei sind sie überaus flexibel: Zwei Monate lang erarbeiten sie etwa den optimalen Herstellprozeß einer neuen Tablette, danach legen sie per Computer fest, wie das Ausbeinen von Schweinen im Schlachthof zu rationalisieren ist. Sie arbeiten zumeist in Teams, denn durch Diskussionen in der Gruppe kommen sie schneller zum optimalen Ergebnis.

Fakten:

Der Vormarsch der Roboter in den Fabrikhallen ist unaufhaltsam. Weltweit stieg die Zahl in fünf Jahren um 200.000.

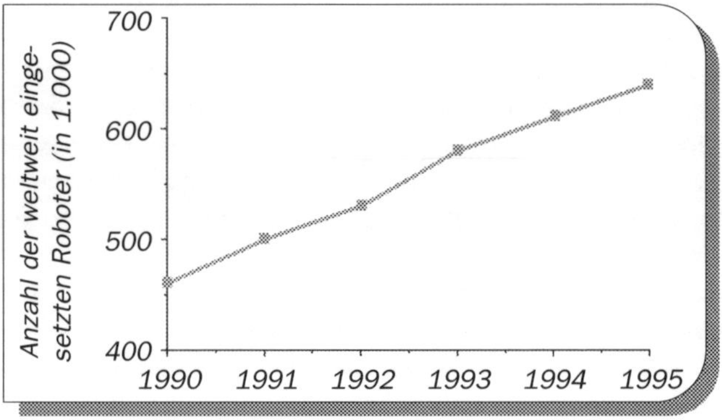

Voraussetzungen:

Bei diesem Job für Teamworker sind Anpassungsbereitschaft und die Fähigkeit, die eigenen Gedanken schnell und verständlich Kollegen darlegen zu können, gefragt.

Schule: Fachabitur oder Abitur. Ein Faible für Mathematik und Naturwissenschaften sollte man aus dem Gymnasium mitbringen.

Ausbildung: Der direkte Weg führt über ein Studium der Produktionstechnik an einer Fachhochschule oder Universität. In den Labors trifft man aber auch Ingenieure anderer Disziplinen sowie Mathematiker und Naturwissenschaftler.

Zusatzqualifikationen: Um einen Überblick über den Stand der Technik zu bekommen, sollte man Praktika in verschiedenen Firmen absolvieren.

Einstiegsmöglichkeiten: Produktionsunternehmen, wissenschaftliche Institute, Hochschulen.

Anfangsgehalt: Circa 60.000 Mark.

Aufstieg:

Wer an der Hochschule bleibt oder in ein Forschungsinstitut geht, hat den riesigen Vorteil, noch einige Jahre lang die ganze Bandbreite der Produktionstechnik kennenlernen und entwickeln zu können. Der große Nachteil dabei: Der Verdienst bleibt niedrig, und die Leitungsstellen besetzen Professoren.

Diese Konstellation macht den Wechsel in ein Industrieunternehmen attraktiv, wo der Aufstieg zum Werk- oder Produktionsleiter möglich ist.

Trends:

High-Tech-Produkte »Made in Germany« wird es garantiert auch nach der Jahrtausendwende noch geben. Zwar baut die Industrie am Standort Deutschland Stellen ab. Doch bedeutet das keineswegs, daß sie gleich ihre Produktionshallen schließt. Vielmehr ersetzt sie die zu teuer gewordene menschliche Arbeitskraft durch Maschinen.

Die Unternehmen brauchen eine Fülle von Produktionstechnikern, um diesen Umstellungsprozeß zu planen, zu organisieren und durchzuführen. Um im internationalen Wettbewerb mitzuhalten, baut die Industrie gleichzeitig neue Fabriken in den Zukunftsmärkten Amerikas und Asiens auf. Auch dort setzt sie Produktionstechniker zum Aufbau einer modernen Fertigung ein.

Der Feind jeder Schlamperei

Das ehrgeizige Ziel der Qualitätsmanager liegt in einer fehlerfreien Produktion und in einfachen Arbeitsabläufen. Ihre Arbeit stellt sicher, daß Firmen weiterhin weltweit im Geschäft bleiben können.

Der Job:

Qualität kommt von Qual. Diese alte Weisheit trifft für Qualitätsmanager selbst zwar nicht zu, den Rest des Unternehmens quälen sie aber ganz gehörig. Ihr Ziel ist die Null-Fehler-Produktion. Um diese zu erreichen, suchen sie in direkten Kontakten mit allen Abteilungen die Ursachen für Ausschuß und reparaturanfällige neue Produkte. Vielleicht ist ein Arbeitsschritt zu umständlich oder die Zeit für einen Schraubendreh zu kurz? Um das herauszufinden, listen sie in stundenlangen Gesprächen mit allen Beteiligten minutiös deren Tätigkeiten auf und analysieren, wo der Wurm steckt. Anschließend müssen sie die Verantwortlichen in den Abteilungen davon überzeugen, ihre Arbeit neu zu organisieren.

Lückenlos dokumentieren sie alle ihre Bemühungen. Ihre Unterlagen legen sie dann einem externen spezialisierten Prüfer vor, der das begehrte Qualitätssiegel ISO 9000 vergeben kann. Nur mehr bei Betrieben mit diesem Gütezeichen kaufen weltweit immer mehr Firmen und Behörden ein.

Doch auch intern können die Firmen von der Arbeit ihrer Fehlervermeidungsprofis profitieren. Bis zu 15 Prozent ihres Umsatzes kann es sie kosten, wenn ihre Produkte direkt vom Fließband in die Werkstatt müssen oder der Kunde die Lieferungen reklamiert. Bei ihren Rundgängen in den Abteilungen finden die Qualitätskontrolleure auch dort Rationalisierungspotentiale, wo Mitarbeiter unproduktive Tätigkeiten ausführen oder Arbeitsabläufe nicht effizient genug angelegt sind. Von ihren Ideen müssen sie aber jedes Mal die Verantwortlichen vor Ort begeistern.

Fakten: Der Run auf die Zertifikate

Inzwischen sind in **Deutschland mehr als 10.000 Unternehmen** qualitätsgeprüft, 1993 waren es erst knapp 2.000. Nach wie vor hinken die hiesigen Firmen aber ihren Konkurrenten aus den angelsächsischen Ländern hinterher. In **Großbritannien sind mehr als 30.000 Betriebe** ISO-9000-geprüft.

Voraussetzungen:

Lernbereitschaft, ein verbindliches Auftreten und gute Kommunikationsfähigkeiten sind Grundbedingungen für Manager, die im ganzen Betrieb ihr Verständnis von Qualität durchsetzen wollen.

Schule: Fachabitur, Abitur.

Ausbildung: Wirtschafts- oder Ingenieursstudium als Basis; die eigentliche Spezialisierung erfolgt erst nach einigen Berufsjahren.

Zusatzqualifikationen: Möglichst früh sollten Einblicke in den betrieblichen Alltag gewonnen werden, Praktika in den Semesterferien sind daher Pflicht; die Mitarbeit bei Qualitätsprüfern verschafft einen ersten Einblick ins Geschäft.

Einstiegsmöglichkeiten: Industrie, Dienstleister, Institute, die ISO-Siegel vergeben.

Anfangsgehalt: Universitätsabgänger 60.000 Mark.

Aufstieg:

Den Sprung vom Hörsaal direkt ins Qualitätsmanagement schafft keiner: Für die umfassende Analysearbeit verlangen die Arbeitgeber eine mehrjährige Berufserfahrung. Aufbaustudiengänge und langfristige Lehrgänge bereiten die Kaufleute und Ingenieure auf ihr neues Aufgabengebiet vor.

Qualitätsmanagement ist eine Querschnittsfunktion, bei der man die ganze Firma kennenlernt. Dadurch ergeben sich gute Chancen, von diesem Posten an die Spitze von Abteilungen oder Produktionswerken zu rücken.

Trends:

Ohne Qualitätsmanagement läuft in der Wirtschaft nichts mehr. Der Ludwigshafener Chemieriese BASF vergibt Bauaufträge nur an Firmen, die ein ISO-Zertifikat vorweisen können. Die Medizintechniksparte des Elektroriesen Siemens mußte 1993 in den USA Werke schließen, da eine staatliche Behörde Mängel im Qualitätssicherungssystem beanstandet hatte.

Den Managern geht die Arbeit auch dann nicht aus, wenn einmal alle Firmen das ISO-Siegel führen dürfen. Ständig müssen die Arbeitsprozesse überprüft werden – bei weltweit produzierenden Konzernen ein zeitraubendes und schwieriges Geschäft. Sonst droht bei Kundenprotesten die Aberkennung der Plakette und kurze Zeit später die Pleite der Firma.

Rund um die Information

Jede Menge Nachrichten, Daten und Unterhaltung in einer vernetzten Welt

Noch nie ist eine Branche so rasant gewachsen und hat in so kurzer Zeit für so viele Menschen Beschäftigung geschaffen wie der mediale Informations- und Unterhaltungsbereich. Heute kämpfen 25 deutsche Fernsehsender, zahllose Hörfunkanstalten, mehr als 1.500 Tageszeitungen, Zeitschriften und Fachmagazine sowie alljährlich drei Millionen Buchtitel um die Gunst der Leser, Seher und Hörer.

Die atemberaubende Geschwindigkeit der Entwicklung erklärt auch, warum es in dieser Branche eine Vielzahl von Jobs und Arbeitsmöglichkeiten gibt, zu denen noch keine allgemein verbindlichen Ausbildungswege führen. Die facettenreiche Berufswelt in der Medienbranche gestaltet sich immer noch zu einem Eldorado für Quereinsteiger, junge Talente und Autodidakten.

Nach Jahren ungehemmten Wildwuchses kristallisieren sich in der Medienbranche zwei Trends heraus. Der Konkurrenzkampf um die Gunst des Publikums führt dazu, dieses mit immer aufwendiger aufbereiteten Informationen, neuen Darstellungsformen und immer schnelleren Reaktionszeiten gewinnen zu müssen. Um diese Voraussetzungen zu erfüllen, braucht es eine generalstabsmäßige Aufgabenteilung zwischen einer Vielzahl von Spezialisten. Erschöpfte sich im Zeitalter des Schwarzweißdrucks die Gestaltung einer Zeitschriftenseite damit, inmitten endloser Textzeilen ein Foto zu plazieren, präsentiert sich den Lesern heute eine Geschichte, deren Inhalte in Bildern, Grafiken, Charts und Infocharts, Text- und Zahlenkästen, Zitaten und Zeichnungen umgesetzt werden.

Auch der Auftragsboom für Fernsehproduktionen führte zu einer stark untergliederten Arbeitsteilung. Was früher für die Herstellung eines Films von einem Produzenten erledigt wurde, ist heute auf den Schultern von Producern, Herstellungs-, Aufnahme- und Produktionsleitern verteilt. Daneben entwickeln sich immer neue Beschäftigungsfelder. So sind spezialisierte Heerscharen mit nichts anderem als der Suche nach den geeigneten Mit-Talkern beschäftigt.

Auf der anderen Seite führen dagegen technischer Fortschritt und Kostenzwang zu einem Abschied von der Arbeitsteilung. So haben Rundfunk- und Fernsehredakteure heute mehr zu tun, als ihre Ideen den wartenden Hilfstrupps und Teams zur Umsetzung mitzuteilen. Sie müssen selbst Hand anlegen und im Fernsehbereich gleichzeitig als Rechercheur, Kameramann, Tontechniker, Beleuchter, Cutter und Vertoner fungieren. Hörfunkmoderatoren erdenken und erarbeiten ihre Sendungen oft zur Gänze selbst und nehmen anschließend auch die Umsetzung in die Hand.

Mit Federkiel und geschulterter Kamera

Printmedien, Fernsehen und Hörfunk suchen den Journalisten neuen Typs: eine Allzweckwaffe in der medialen Auflagen- und Quotenjagd, die von der Idee über die Umsetzung und Produktion bis zum fertigen Beitrag überall selbst Hand anlegt.

Der Job:

In Hamburg streiken die Metallarbeiter – und die Arbeit des jungen Fernsehredakteurs vom ansässigen Lokalsender beginnt: Er informiert sich telefonisch bei den Tarifparteien über die Hintergründe des Streiks, schultert seine Kamera und eilt an den Ort des Geschehens.

Dort leuchtet er den »Tatort« aus, nimmt Bilder und Stimmen auf. Zurück im Sender, schneidet er das Material zu einem zweiminütigen Beitrag zusammen, textet, vertont und liefert aus einer Hand einen Beitrag ab, für den vor ein paar Jahren noch mindestens drei weitere Paar Hände notwendig waren. Der Radioredakteur arbeitet mit seinen Instrumenten auf die gleiche Art, die schreibende Zunft ebenso.

Der jungen Gilde der Redakteure werden somit nicht nur journalistisches Können, sondern ebenso technisches Verständnis und eine Menge Eigenverantwortung abverlangt. Die Ausreden eines Printredakteurs, der für seine inhaltlich wie optisch mittelmäßige Geschichte das lückenhafte Informationsmaterial der Rechercheure oder den schlechten Tag des Bildredakteurs verantwortlich macht, ziehen nicht mehr. Weder die gute Idee noch der Feinschliff am vorgefertigten Produkt reichen aus. Mit der Idee müssen sich die Journalisten neuen Typs gleichzeitig die optimale Umsetzung überlegen und diese Umsetzung zumindest überwachen – in jedem Fall aber verantworten.

Fakten:

Der Vormarsch der Privaten eröffnet einen großen Bedarf an Allroundern; die gestiegene Zahl an Sendeminuten verdeutlicht, wieviel zusätzliches Material notwendig ist.

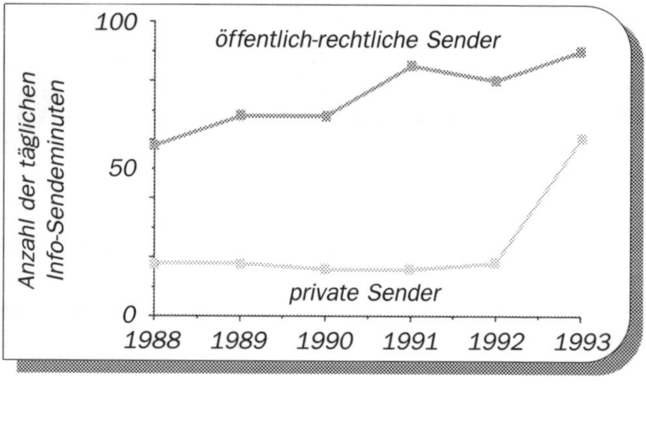

Voraussetzungen:

Ideenreichtum, Beharrlichkeit, ein aufgeschlossenes Wesen und eine schnelle Auffassungsgabe müssen die jungen Talente mitbringen.

Schule: Abitur.

Ausbildung: Fachstudium und/oder Journalistenschule; Praktika während des Studiums oder Jobs bei einer Zeitschrift oder einem Sender, Volontariate sind empfehlenswert.

Zusatzqualifikationen: Grundlegende Computerkenntnisse, Aufgeschlossenheit für die Technik und eine gute Kenntnis der Programm- oder Heftstruktur des künftigen Arbeitsgebers erleichtern nicht nur den Einstieg.

Einstiegsmöglichkeiten: Im Learning-by-doing-Verfahren nach Studium und Praktika bei kleineren Sendern und Verlagen oder über ein Volontariat bei größeren Häusern.

Anfangsgehalt: Zwischen 50.000 und 60.000 Mark.

Aufstieg:

Viele Hierachien gibt es im Redakteursdasein nicht. Die Printmedien vergeben kleinere Auszeichnungen wie den Titel des leitenden Redakteurs oder Reporters, danach kommt gleich die Ressortleitung und/oder die Chefredaktion. Hörfunk und Fernsehen haben noch Verantwortliche für Koordination und reibungslose Programmabläufe. Gerade bei neueren Sendern und Verlagen können fähige junge Leute aber schnell weiterkommen. Dort zählen nur Talent, Einsatzbereitschaft und Erfolg. Zudem stehen den neuen Redakteurstypen wegen ihres breiten Spektrums auch die Türen in verwandte Bereiche, wie den des Kameramanns, offen.

Trends:

Chronischer Geldmangel heißt der eine Grund für den wachsenden Bedarf an Allroundern, ein ganzheitliches Produkt der andere. Den rein aus Werbegeldern finanzierten Verlagen, Radiostationen und Sendern fehlt das Geld, eine Armada von Redakteuren, Tonmeistern, Aufnahmeleitern und Kameraleuten zu beschäftigen. Angesichts der riesigen Informationsflut, die tagtäglich rund um die Uhr über Leser, Zuschauer und Hörer hereinbricht, wird es zudem immer wichtiger, die Informationen so zu komprimieren und darzustellen, daß sie schnell und eingängig aufgenommen werden können. Der Informationsfluß wird auf unabsehbare Zeit weiter und schneller fließen und der neue Ganzheitsjournalist bis auf wenige Ausnahmen die Redaktionen erobern. Die bedienerfreundliche Vereinfachung der notwendigen technischen Hilfsmittel wird ebenfalls weiter fortschreiten – vielleicht bis zum Einmannsender?

Geschichtenschreiber als Fließbandarbeiter

Die deutsche Fernsehlandschaft hat eine neue Leidenschaft: Fortsetzungsgeschichten mit viel Herz und Schmerz, selbst gemacht, gespielt und produziert. Den Stoff, aus dem die Träume entstehen, weben Storyliner.

Der Job:

»Dallas für Arme« nannten Kritiker hämisch die erste deutsche Endlos-Seifenoper nach amerikanischem Vorbild – die »Lindenstraße«. Heute sind die Schicksale der Bewohner des bayerischen Mietshauses zeitlose Klassik, die unzählige Nachahmer findet. Der Puls derartiger Endlosserien, die im Tages- oder Wochenrhythmus in deutsche Haushalte strahlen, sind die Drehbuchautoren neuen Typs – auch Storyliner genannt.

Sie schreiben im Akkord und verweben Handlungsstränge und Darsteller in einer Art und Weise, die der Urlaubsplanung der Hauptfiguren ebenso Rechnung trägt wie dem Budget der Produktion, nach dem sich Drehort und Aufwand der einzelnen Folgen richten. Gemeinsam mit Dialogautoren formulieren sie die Drehbücher aus.

Drehbuchautoren sind Tag für Tag in die Produktion eingebunden; keine Rede mehr von genialen Geistesblitzen im stillen Kämmerlein. Nicht zu Unrecht werden die Drehbuchautoren neuen Typs Fließbandarbeiter genannt – auch wenn Geringschätzung unangebracht ist. Vielmehr verknüpfen sie erfolgreich die Bedürfnisse der Zuschauer, der werbetreibenden Wirtschaft und – vor allem – der rechnenden Sendeanstalten. Noch vor fünf Jahren konnte sich die ARD eigene Produktionen zu einem Minutenpreis von 10.000 Mark leisten. RTL senkte den Preis für eine Sendeminute von »Gute Zeiten, Schlechte Zeiten« auf 2.500 Mark.

Fakten: Seifenopern gefallen dem Publikum und dem Budget der Sendeanstalten

Die Lust des deutschen Publikums an Endlosserien wächst und mit ihr der Bedarf an Storylinern. Innerhalb eines Jahres – von 1993 auf 1994 – haben deutsche Privatsender ihre **Investitionen in eigene Produktionen** (meist Serien) auf **2,1 Milliarden Mark** verdoppelt. Zur Zeit flimmern über 100 Serien allwöchentlich über die Bildschirme.

Voraussetzungen:

Für ihre tägliche Arbeit an Seifenopern brauchen die Autoren Einfühlungsvermögen sowie Offenheit für neue Trends, Stimmungen und Modeerscheinungen.

Schule: Realschule, Abitur oder Fachabitur.

Ausbildung: Standards gibt es nicht. Storyliner gelangen über die Produktion (Kamerassistenz, Cutter), Regieassistenz oder Redaktion in diesen Job.

Zusatzqualifikationen: Kenntnisse der sich permanent entwickelnden neuen technologischen Möglichkeiten der elektronischen Medien.

Einstiegsmöglichkeiten: Hauptsächlich über private Produktionsgesellschaften. Auf dem deutschen Markt sind holländische und australische Firmen führend.

Anfangsgehalt: Je nach Können 45.000 bis 60.000 Mark.

Aufstieg:

In der Regel beginnen Storyliner ihre Karriere über eine Assistenz, über mühsame Kleinarbeiten beim Ausformulieren der Dialoge und kleine Änderungen in letzter Minute. Wer sich dort bewährt, kann relativ schnell verantwortliche Autorenschaft übernehmen, sofern er den Produktionsablauf einer solchen Arbeit begriffen hat und dem Rechnung trägt.

Dann steht auch der Weg zur Verwirklichung eigener Geschichten und Ideen offen. Verantwortliche Drehbuchautoren im Alter von Mitte 20 sind keine Ausnahme in diesem Metier.

Trends:

Drehbuchautoren sind Mangelware. Krankte die öffentlich-rechtliche Fernsehlandschaft schon an zu wenig Autoren, suchen Privatsender und Produktionsgesellschaften die Schreiber mit dem Verständnis für Produktionsabläufe und knappe Budgets wie die berühmten Stecknadeln im Heuhaufen. Inzwischen beugen sich auch die öffentlich-rechtlichen Sendeanstalten den Zuschauerbedürfnissen und geben dank chronischer Geldnöte mehr und mehr Produktionsaufträge an private Gesellschaften.

Der Kostendruck innerhalb der Fernsehlandschaft, der parallel zu den immer neuen Programmen und Sendern entsteht, wird den Storylinern auch die Türen zu anspruchsvolleren mehrteiligen Fernsehfilmen für das Hauptabendprogramm öffnen.

Verpackungskünstler für Informationen

Wenn im Fernsehen nach der Wahl die künftige Sitzverteilung im Bundestag bildhaft dargestellt wird oder wenn die Hauptinformation eines Zeitschriftenartikels schon auf den ersten Blick sichtbar wird, dann waren Grafiker am Werk.

Der Job:

In Krawatte und Anzug kleiden sie sich nie; ihr Stil ist eher lässig mit ein wenig künsterischem Flair. In lockerer Atmosphäre arbeiten Grafiker überall da, wo es auf gefälliges Aussehen ankommt: Der Gestaltung von Hochzeitskarten nehmen sie sich ebenso an wie einem auffälligen Werbeplakat, der Seiteneinteilung einer Zeitung oder dem Hintergrund des TV-Nachrichtenstudios.

Trotz vielfältiger Einsatzmöglichkeiten ist das Ziel immer dasselbe: Sie setzen Texte, Bilder, Überschriften und Charts so appetitlich zusammen, daß der Leser oder Seher hinsieht. Stundenlang können sie hingebungsvoll an einem einzigen Objekt herumpuzzeln. Mit geschultem Auge bestimmen sie den optimalen Platz für einen Produktnamen genauso wie die exakte Größe eines Fotos. Kreativität allein reicht für solche Kleinarbeit bei weitem nicht aus. Handwerkliches Können und unendliche Geduld sind gefragt, bis ihre Arbeit den letzten Schliff hat.

Zudem muß sie auch ihre Vorgesetzten zufriedenstellen – in der Regel Art-Directoren, die schon lange die Niederungen des Handwerks verlassen haben und zu großen künstlerischen Konzeptionen neigen. Für den Grafiker gilt es dann, Künstlertum und Pragmatismus zu verbinden, am Ende soll ihr Objekt ja gedruckt oder gesendet werden können.

Fakten: Die Entscheidung fällt schwer

Ein digitales Grafikprogramm bietet jede Menge Gestaltungsspielraum:

- 16,4 Millionen Farbschattierungen;
- Zahllose Schrifttypen, jeweils kursiv, schattiert, fett oder ganz normal;
- Die Abstände zwischen den Buchstaben können verdichtet oder erweitert, aber auch die Buchstaben selbst können größer oder kleiner werden.
- Jedes Foto ist beliebig manipulierbar: Der graue Hintergrund wird blau, die glänzende Glatze wird matt, Pickel werden genauso wegretuschiert wie die störenden weißen Socken zum schwarzen Anzug.

Voraussetzungen:

Hektik bestimmt den Berufsalltag. Starke Nerven und Belastbarkeit sind Voraussetzung, damit man diverse Nachtschichten problemlos übersteht.

Schule: Alles ist möglich, es kommt auf die Wahl des Ausbildungsweges an.

Ausbildung: Viele Wege führen zum Ziel: der Besuch einer Grafikerschule genauso wie das Studium von Kommunikations-Design an einer Hochschule; doch auch gelernte Drucker und Werber bekommen eine Chance.

Zusatzqualifikationen: Optik ist alles. Ein Gefühl für Farben, Formen und Schrifttypen ist unerläßlich und kann zum Teil durch viel Übung geschult werden.

Einstiegsmöglichkeiten: Verlage, Fernsehstationen, Agenturen, Druckereien.

Anfangsgehalt: 40.000 bis 45.000 Mark.

Aufstieg:

Nach der Ausbildung fängt die Ausbildung eigentlich erst an. Erfahrene Kollegen zeigen, welche Schrifttypen und Linien ankommen und welche Farben beim Druck verwischen. Ohne diese Tücken des Alltags zu kennen, sind selbst die kreativsten Designer auf verlorenem Posten. Mit der Zeit erarbeiten sich gute Leute aber immer mehr Freiraum. Sie bekommen größere Projekte zur freien Gestaltung, sie übernehmen das Anlernen junger Kollegen und kümmern sich mehr und mehr um große Ideen statt kleiner Details. Nur wenigen aber gelingt am Ende der Sprung auf eine der begehrten Art-Directoren-Stellen.

Trends:

Die Zukunft gehört dem Computer. Immer seltener werden im Print-Bereich die Grafiker alten Schlages zu finden sein, die noch höchstpersönlich per Hand mit Pritt-Stift und Schere Fotos eingeklebt und Texte ausgeschnitten haben. Jetzt klikken sie nur noch zweimal auf ein Bild, verschieben es am Schirm, ziehen den Rand etwas größer und fügen mehr Blau hinein. Das klingt einfach und ist doch unendlich kompliziert. Denn die digitale Seitengestaltung hat einen Haken: Es gibt zu viele verschiedene Systeme, und wer sich als Meister in einem Verlag etabliert, startet bei einem Wechsel wieder als Lehrling.

Die Learning-by-doing-Methode bleibt deshalb auf Jahre hinaus trotz vieler Schulen und Studiengänge noch eine praktikable Möglichkeit, in den Beruf einzusteigen.

Handeln mit Wissen

Die Recherche in Datenbanken, die Adressensuche im Internet oder Statistikabfragen bei Online-Anbietern – für Informationsbroker stellt das alles kein Problem dar.

Der Job:

Mit wenigen Quadratmetern Raum sind Informationsbroker schon zufrieden. Hauptsache, dort stehen ein Schreibtisch, ein Telefon und ein leistungsfähiger PC. Der Telefonanschluß sichert ihnen den Zugang zu allen elektronisch erreichbaren Informationsquellen dieser Welt. Über Modem zapfen sie Datenbanken in den USA an, lesen die neuesten Tickermeldungen der chinesischen Nachrichtenagentur Xinhua oder beteiligen sich an einem Diskussionsforum über ein neues Biotechnologie-Experiment in England.

Informationsbroker handeln mit der Ware Wissen. Dieses holen sie sich aus dem weltumspannenden Internet oder von Datenbankanbietern rund um den Globus. Letztere wählen sie allerdings nur ungern an, kostet sie doch jedes Dokument zwei oder drei Dollar, und die Minute Einschaltzeit wird extra berechnet. Da loben sie sich das Internet, wo sie kostenlos Geschäftsberichte abrufen oder Tageszeitungen auswerten können.

Ihre Kunden sind Firmen, Forschungsinstitute, staatliche Stellen – kurz alle, die etwas wissen wollen, es sich auf Anhieb aber nicht beschaffen können. Bevor die kostenträchtige Suche in den Datenbanken beginnt, entwickeln Informationsbroker erst einmal mit Papier und Bleistift eine Suchstrategie. Um unter den Milliarden von Daten und Tausenden von Datenbank-Anbietern vernünftig suchen zu können, müssen sie genau wissen, wie diese strukturiert sind und welche Schlüsselworte Aussicht auf eine überschaubare Trefferzahl bieten.

Fakten: Informationsflut ohne Ende

Das **Wissen** dieser Erde **verdoppelt sich** in einem Zeitraum von fünf Jahren, Ende der 90er Jahre soll das nur noch zwei Jahre dauern. **3.000 Bücher** werden täglich publiziert, über **200.000 wissenschaftliche Journale** verbreiten weltweit Informationen.

Voraussetzungen:

Geduld und gutes analytisches Denkvermögen sind gefragt bei der Suche in den endlosen Datenmengen.

Schule: Fachabitur, Abitur. Für die Recherchen in unterschiedlichen Bereichen ist eine gute Allgemeinbildung unverzichtbar.

Ausbildung: Studiengang Dokumentation; alternativ kann man sich auch ein fundierteres Fachwissen in Wirtschafts-, Ingenieur- oder Naturwissenschaften zulegen und sich dann auf das Geschäft mit Informationen aus diesem Gebiet spezialisieren.

Zusatzqualifikationen: Selbst recherchieren, soviel es geht. Häufig bieten die Universitäten den kostenlosen Zugang zu Informationsquellen an.

Einstiegsmöglichkeiten: Forschungsinstitute, Universitäten, Unternehmen.

Anfangsgehalt: 50.000 bis 60.000 Mark.

Aufstieg:

Angestellte Informationsbroker übernehmen eine Spezialfunktion, die ihnen keine großen Karrierechancen läßt. Sie eignen sich im Beruf aber ein Wissen an, das sie nach einigen Jahren für einen Sprung in die Selbständigkeit nutzen können.

Als Einmannfirma oder im kleinen Team handeln sie auf eigene Rechnung mit der Ware Information. Ihre Erfolgschance liegt in der Spezialisierung. Ansonsten laufen Broker Gefahr, im sich rasant entwickelnden Informationsgeschäft den Anschluß zu verlieren und mit ihrem Gemischtwarenladen keine Kunden zu finden. Auch so ist die Suche nach zahlungswilligen Käufern hart genug. Broker, die bereits heute im Geschäft sind, gehen von mindestens einem halben Jahr Durststrecke aus, bevor sich erste Erfolge einstellen.

Trends:

Jederzeit ist in Zukunft jede Information weltweit verfügbar, man muß nur wissen, wo. Industrieunternehmen, Dienstleister und Behörden kapitulieren vor dieser Vielfalt und verlassen sich auf externe Informationsbeschaffer.

Diese führen Aufträge aus, bündeln aber auch von sich aus Informationen und verkaufen sie an Interessierte. Online oder per Fax erhalten diese kurze Zusammenfassungen über alles Wissenswerte der vergangenen Woche oder des vergangenen Monats – zusammengestellt aus weltweiten Informationsquellen. Selbst große Unternehmen sind mit solchen Serviceleistungen im eigenen Haus überfordert.

Pfadfinder für die Trends von morgen

Marktforscher lesen aus trockenen Statistiken die für die nächsten fünf Jahre entscheidenden Fakten heraus. Ihre Prognosen beeinflussen in hohem Maß die Strategie großer Konzerne.

Der Job:

Marktforscher profitieren von der Unwissenheit ihrer Auftraggeber: Wie hat sich unser Marktanteil entwickelt, mögen die Konsumenten unser neues Produkt, wie entwickelt sich unser Absatzmarkt weltweit in den nächsten zehn Jahren? Für ihre Planungen und Investitionen brauchen Top-Manager die Antworten auf diese Fragen – Marktforscher liefern sie ihnen.

Hinter den simplen Antworten steckt Knochenarbeit. Für eine Meinungsumfrage feilen Marktforscherteams tagelang am Fragenkatalog. Je nachdem, wie gefragt wird, treffen sie haargenau oder verfehlen sie meilenweit die Erwartungen ihres Kunden. Entscheidenden Einfluß auf das Ergebnis hat bereits, ob die Leute am Telefon oder auf der Straße befragt werden. Alle möglichen Reaktionen sollten die Forscher im vorhinein durchspielen und jeweils entsprechende Anschlußfragen in petto haben.

Die Kunst der Marktforschung liegt darin, aus den riesigen Datenmengen, die bei solchen Befragungen oder auch bei anderen Untersuchungsmethoden entstehen, die wichtigsten Faktoren herauszufiltern. In einer dünnen Studie zusammengefaßt und in einem kurzen Vortrag präsentieren sie diese dann ihren Auftraggebern.

Fakten: Millionen von Fragen

Rund **1,4 Milliarden Mark** setzt die Branche jährlich mit Studien und Befragungen um. Dabei ist sie auf die Mithilfe der Bundesbürger angewiesen. **5,5 Millionen Interviews** führen Marktforscher pro Jahr. In der Mehrzahl der Fälle sprechen sie die Leute direkt an, lediglich ein Drittel wird am Telefon befragt.

Voraussetzungen:

Ohne Detailversessenheit und Akribie gehen Nachwuchsleute im Datenwust unter. Sie müssen aber auch in der Lage sein, die staubtrockenen Zahlen bei Präsentationen zum Leben zu erwecken.

Schule: Abitur. Für Mathematik sollte man sich in den 13 Jahren Schule schon begeistern.

Ausbildung: Ihr Basiswissen erwerben Marktforscher an der Universität. Soziologie, Psychologie, Volkswirtschaftslehre oder Betriebswirtschaftslehre bieten einen guten Einstieg.

Zusatzqualifikationen: Erfahrung im Umgang mit Computern erleichtert die tägliche Arbeit. Für internationale Marktforschungsarbeit sind perfekte Englischkenntnisse unerläßlich.

Einstiegsmöglichkeiten: Marktforschungsinstitute. Viele Industriefirmen, Banken, Versicherungen, Verlage und Handelsunternehmen unterhalten auch eigene Marktforschungsabteilungen. Auch in Werbeagenturen und Verbänden finden sich Jobs.

Anfangsgehalt: 55.000 bis 65.000 Mark.

Aufstieg:

Zu Beginn der Berufslaufbahn kommt es darauf an, möglichst verschiedene Facetten der Marktforschung in der Praxis kennenzulernen. Dazu zählen Industriemarktforschung und Auftragsforschung für Politik und Verbände, aber auch die unterschiedlichsten Methoden, von der repräsentativen Befragung Tausender von Bundesbürgern bis zur Auswertung vorhandener Quellen. Mit genügend Praxiserfahrung können Marktforscher dann entweder innerhalb ihrer Abteilung aufsteigen oder in Marketing-Abteilungen der Industrie wechseln.

Trends:

Seit Beginn des modernen Managements beschäftigt Unternehmen die Frage, was ihre Käufer eigentlich wollen. Solange die endgültige Antwort nicht gefunden ist – und das wird wohl noch lange der Fall sein – bleibt für Marktforscher unendlich viel Arbeit übrig.

Angesichts weltweiter Konkurrenz von Produkten wird die Marktforschung über Ländergrenzen hinweg an Bedeutung gewinnen. Neidvoll schauen Marketing-Experten auf Unternehmen wie McDonald's und Coca-Cola, deren Namen weltweit für Umsatz sorgen, und bitten ihre Marktforscher, herauszufinden, was ihre Firma machen kann, um sich in den Köpfen der Verbraucher festzusetzen.

Zum Erfolg verdammt

Ihr Job ist die geschickte Präsentation ihres Medienproduktes im Kampf um Leser, Zuhörer oder Zuschauer sowie um die Werbegelder der Industrie.

Der Job:

Spätaufsteher fühlen sich in dieser Branche wohl: Vor neun Uhr sitzt hier kaum einer an seinem Schreibtisch. Dafür sind aber auch Sitzungen zwischen 19 und 21 Uhr selbstverständlich. Der 12-Stunden-Tag ist für Medienmanager die Norm. Einen großen Teil ihrer Arbeitszeit verbringen sie in Meetings und Zweiergesprächen. Dabei drehen sich alle Diskussionen um den einen Punkt: die optimale Ausrichtung des eigenen Produkts.

Beim Fernsehen besteht das Ziel darin, ein möglichst junges Publikum für Stunden im eigenen Kanal zu halten. Das bringt die Wirtschaft dazu, hier ihre Werbung laufen zu lassen. Über den Erfolg beim Zuschauer erhalten Medienmanager täglich anhand der Quoten Aufschluß. Ausreden gelten nicht, bei Mißerfolg ist der schöne Job bald weg. Eine nervenaufreibende Arbeit, denn schließlich kann man ja nicht die ganzen Sendungen alleine machen. Medienmanager müssen also auch die richtigen Moderatoren, Regisseure und Programmplaner finden, die ihren Sender zum Erfolg führen können.

Auch bei Zeitungen und Zeitschriften gilt es, das Produkt so zu gestalten, daß die Unternehmen darin gerne werben. Zwar nützt das unternehmensfreundlichste Umfeld nichts, wenn es keine Käufer findet, aber große Gewinne macht man durch hohe Auflagen nicht. Geld verdienen die Verlage mit Anzeigen. Deren Preis hängt aber von der Auflage ab. In Zusammenarbeit mit den Chefredaktionen müssen Medienmanager diesen Knoten auflösen, um so ihrem Produkt zum Erfolg zu verhelfen.

Fakten:

Noch ist Europa beim interaktiven Fernsehen Entwicklungsland: Nur 1,6 Prozent der Haushalte sind daran angeschlossen.

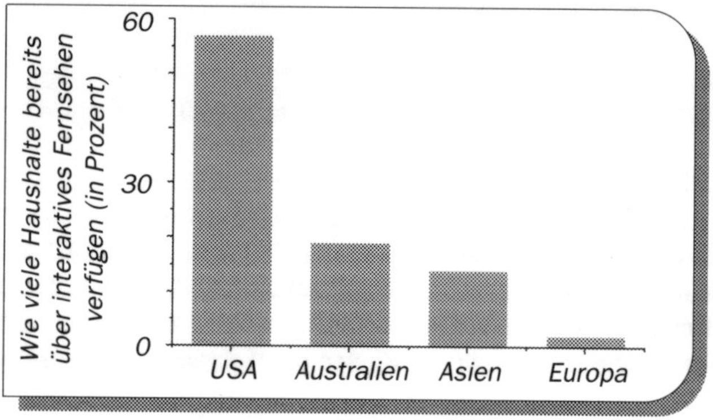

Voraussetzungen:

In der sich rasant entwickelnden Branche ist ständige Lernbereitschaft und die Fähigkeit, im Team zu arbeiten, gefragt.

Schule: Abitur, Fachabitur.

Ausbildung: Die Fachhochschule Wiesbaden bietet einen Studiengang Medienwirtschaft an. Aber auch ein wirtschafts- oder geisteswissenschaftliches Studium eröffnet Chancen.

Zusatzqualifikationen: Jugend ist Trumpf! Also möglichst früh in den Beruf einsteigen und schon während des Studiums in Sendern oder Verlagen mitarbeiten. Überlebenswichtig ist, von Beginn an Leute kennenzulernen, denn in der Branche spielen persönliche Beziehungen beim Aufstieg eine entscheidende Rolle.

Einstiegsmöglichkeiten: Medien.

Anfangsgehalt: Zwischen 60.000 und 70.000 Mark.

Aufstieg:

Den besten Einstieg direkt nach dem Studium bietet der Vertrieb. Hier verdienen die Sender und Verlage ihr Geld. Wer beim Verkauf der Werbung und dem Erdenken neuer Konzepte außerordentliche Leistungen bringt und diese dann auch geschickt zu präsentieren weiß, kann schnell in Führungspositionen aufsteigen.

Das Durchschnittsalter im Medienmanagement liegt unter 40 Jahren. Das Wechseln des Arbeitgebers schadet der Karriere nicht. Unverhohlen werben Headhunter und die Sender selbst die Top-Leute mit Traumgehältern von ihrer alten Firma ab.

Trends:

Interaktives Fernsehen, Pay-TV, Home-Shopping: Für Medienmanager nehmen die Aufgaben in Zukunft rapide zu. 400 oder mehr Fernsehsender sollen in Zukunft über Kabel oder Satellit ihr Programm anbieten können. Jeder braucht eine professionelle Führungsspitze, die sich vor allem auf das Verkaufen ihres Senders versteht.

Schon in diesem Jahr will eine internationale Allianz unter Führung des Mediengiganten Bertelsmann 15 neue Kanäle in Deutschland etablieren. Von morgens bis abends stehen dort Kindersendungen, Kinoklassiker oder Sportübertragungen auf dem Programm. Die Zuschauer zahlen pro Monat, möglich sind in Zukunft auch Abrechnungssysteme, bei denen sie nur dann zahlen, wenn sie den Sender wirklich nützen.

Geschichten per Knopfdruck

Keine Lust, sich beim Lesen der Tageszeitungen die Finger schmutzig zu machen? Oder wollen Sie die Telefonnummmer des Experten erfragen, der gestern abend im Bayerischen Rundfunk interviewt wurde? Kein Problem. Online-Redakteure liefern die Informationen papierlos ins Haus.

Der Job:

Spiegel-Online, Zeit-Online, FAZ-Online, WISO-Online, WDR-Online: Immer mehr Produkte aus der Print- und Fernsehlandschaft bieten via Datenleitung zusätzliche Informationen zu ihren ursprünglichen Produkten an.

In den Büros der neuen Redakteursgilde herrscht noch das Chaos der Improvisationsarbeit. Zumeist befinden sich ihre Räumlichkeiten in rasch angemieteten Etagen nahe den etablierten Redaktionszimmern ihrer Kollegen bei Print, Radio und TV.

Die Zusammenarbeit mit ihnen erfolgt zwangsläufig, denn die Online-Redakteure richten sich bei ihrer Arbeit noch vorwiegend nach den Inhalten der Hauptprodukte. Diese aufzubereiten, zusammenzufassen, mit Hintergrundinformationen zu versehen oder ihnen einen Serviceteil hinzuzufügen, ist die tägliche Arbeit der Internet-Journalisten.

Neben journalistischem und fachlichem Know-how haben sie dabei die Eigenheiten des neuen Mediums zu beachten. Seitenlange Texte wollen die Online-Nutzer in der Regel nicht auf den häuslichen Bildschirm bekommen. Weder reicht es also, die Zeilen der Titelgeschichte wortgetreu wiederzugeben, noch ist ein Gesprächsprotokoll der letzten Talk-Show gefragt. Vielmehr müssen die Hauptinhalte beider Produkte in Grafiken, Tabellen und Bildern schnell und anschaulich wiedergegeben und mit serviceorientierten Zusatzinformationen versehen werden.

Dabei ist ständig an den unbedarften Benutzer in seinen eigenen vier Wänden zu denken und daran, wie dieser schnell und zuverlässig die Informationen bekommt, die ihn interessieren, ohne sich stundenlang durch unübersichtliche Bildschirmseiten quälen zu müssen.

Fakten: Wer auf sich hält, geht online

In Deutschland hat sich die Zahl der Netz-Knotenpunkte, der sogenannten Server, allein von Januar bis Dezember 1995 von 1.700 auf 16.000 erhöht. Über diese Knoten speisen zahlreiche Zeitschriften und Info-Sendungen speziell aufbereitete Nachrichten ein. Auch Unternehmen machen mit – Anfang 1996 waren bereits 4.000 Firmen mit Selbstdarstellung und Produktinformation im Netz vertreten.

Voraussetzungen:

Pioniergeist, einen Hang zur Selbstausbeutung und starke Nerven beim Umgang mit der noch störanfälligen Technik sollten die neuartigen Redakteure auf jeden Fall mitbringen.

Schule: Abitur.

Ausbildung: Es gibt noch keine. Die meisten, die bislang in dem jungen Bereich arbeiten, sind quer aus den Redaktionen und Dokumentationsabteilungen der Hauptprodukte eingestiegen. Hierfür ist in der Regel entweder ein journalistisches oder ein Fachstudium Voraussetzung.

Zusatzqualifikationen: Technisches Geschick versteht sich von selbst. Auch sollten die Onliner bereits im Internet gesurft haben. Ein Amerika-Aufenthalt wäre hilfreich. Dort ist die Entwicklung schon um Jahre weiter.

Einstiegsmöglichkeiten: In schon aufgebaute Online-Redaktionen oder bei Verlagen und Sendern, die noch in der Entwicklungsphase sind.

Anfangsgehalt: Zwischen 50.000 und 60.000 Mark.

Aufstieg:

Völlig neu erschlossene Bereiche haben einen Vorteil und einen Nachteil: Vorgezeichnete Karrierewege gibt es nicht, daher ist auch für Berufseinsteiger nicht abzusehen, wohin sie dieser Beruf führen könnte. Gleichzeitig eröffnet gerade die fehlende festgelegte Karriereleiter Möglichkeiten, in kürzester Zeit in leitende und verantwortungsvolle Positionen aufzusteigen. Ausschließlich Fähigkeit und Engagement sind hierfür ausschlaggebend.

Trends:

Natürlich gibt es Zweifler, aber sie werden leiser und leiser. Die bis in jeden privaten Haushalt hineinreichende Datenbautobahn wird in einigen Jahren Realität sein. Auf welche Art und Weise die Informationen dann in die Wohnzimmmer gelangen, haben maßgeblich die Online-Redakteure zu bestimmen.

Jetzt noch zumeist gestandenen Redaktionen angegliedert, werden sich zunehmend freie Bürogemeinschaften formieren, die für Unternehmen, Versicherungen oder Banken deren Kundeninformationen für den Online-Gebrauch aufbereiten. Übersichten, wie etwa, welche Versicherung welche Leistungen anbietet, die der Privatnutzer dann nach den persönlichen Daten und Bedürfnissen reihen kann, werden dicke Kataloge und Broschüren ablösen.

Der kühle Kopf bei heißen Nummern

Ob Game-Show, Endlosserie, Mehrteiler oder Dokumentation: von der Idee über die Verteilung der Aufgaben bis zur Umsetzung und Enddabnahme hält der Producer alle Fäden einer Sendung in der Hand.

Der Job:

Sie suchen und finden die Programmideen, die Produktionsmannschaften und die Schauspieler, sie kalkulieren die Kosten, koordinieren die Abläufe, bestimmen den täglichen Zeitplan und verantworten die Realisierung sowie das fertige Produkt vor den Auftraggebern der privaten und öffentlichen Sender. Ihr Arbeitstag ist häufig auch nach zwölf Stunden noch nicht zu Ende. Wenn der Kameramann den Stecker herausgezogen hat, macht sich der Producer bereits Gedanken über mögliche Komplikationen des kommenden Drehtages und fungiert nicht selten als Kummerkasten für die Problemchen seiner Darsteller und Mitarbeiter.

Neben diesem Mammutprogramm braucht er noch Fingerspitzengefühl für die Zuschauerstruktur der verschiedenen Sender sowie die richtige Nase, ob ein Stoff auch ankommt, und einen ausgezeichneten Überblick über alle Programmangebote und Sendeplätze.

Auch wirtschaftlich muß er beschlagen sein. Die Entscheidung, ob der finanzielle Aufwand für einen technischen Gag und das Ergebnis in vertretbarer Relation stehen, hat er vor Ort und schnell zu treffen.

In dem geordneten Chaos von Film- und Fernsehproduktionen ist ein Producer der Dreh- und Angelpunkt mit kühlem Kopf.

Fakten:

Die rasante Expansion von privaten Produktionsgesellschaften in Deutschland hat auch zu einem stark steigenden Bedarf an fähigen Produktionsleitern geführt.

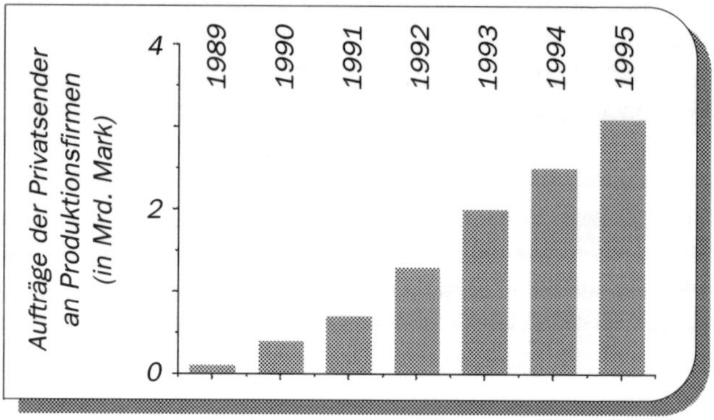

Voraussetzungen:

Die Allroundtalente im Fernsehgeschäft brauchen Nervenstärke, Belastbarkeit, soziale Kompetenz, Autorität und Entscheidungsfreude.

Schule: Abitur oder Fachabitur.

Ausbildung: Standards gibt es kaum. Filmhochschulabsolventen sind ebenso gefragt wie kreative Redakteure mit wirtschaftlichem Know-how. Auch Ausbildungsberufe wie Aufnahmeleiter oder Mediengestalter führen in diesen Beruf.

Zusatzqualifikationen: Kenntnis aller technischen Möglichkeiten der elektronischen Medien.

Einstiegsmöglichkeiten: In den Produktionsmannschaften privater Sender und in freien Produktionsgesellschaften.

Anfangsgehalt: 45.000 bis 60.000 Mark.

Aufstieg:

In der Regel beginnen Producer ihre Karriere als Teammitglied in einer Produktionsmannschaft, sei es als Aufnahme- oder Herstellungsleiter oder über eine Regieassistenz. Auch ein Schreibtischjob, wie der einer Disponentin, die Kamerateams bucht und koordiniert, kann eine gute Ausgangsposition sein. Wer eine kleine Portion Talent und eine große Portion Lernfähigkeit und Belastbarkeit mitbringt, den fragt keiner nach der Ausbildung. Erfahrene Leute haben später gute Chancen, sich mit einer eigenen Firma selbständig zu machen.

Trends:

Die 40 Absolventen, die alljährlich die Filmhochschulen in München, Ludwigsburg und Potsdam mit diesem Berufsziel verlassen, haben vor ihrem Diplom schon den Arbeitsvertrag in der Tasche. Es gibt eine riesige Ausbildungs- und Angebotslücke. Der Bedarf nach engagierten jungen Leuten wächst täglich, der Nachwuchs hält aber bis jetzt nicht mit. Aus dieser Nachfrage-/Angebotsschere resultieren auch die stattlichen Gehälter, die Producer fordern können.

Einen gesättigten Markt sehen Experten noch lange nicht. Die Arbeitsbedingungen sind relativ hart, ein Privatleben ist praktisch unmöglich. Damit ist auch die hohe Fluktuation in diesem Job zu erklären, die permanent Nachwuchs erforderlich macht.

Künstler, die nie im Rampenlicht stehen

Politiker beschäftigen sie schon lange: Künstler, die stets die richtigen Worte finden. Zunehmend setzen aber auch Firmenchefs auf die sorgsamen Satzkonstrukteure, und selbst Vorstands- und Aufsichtsratsmitglieder lassen gerne einmal für sich schreiben.

Der Job:

Bis jetzt stolpern Redenschreiber in Industrie und Handel noch mehr zufällig in ihre Profession. Doch wer es schafft, seinem Chef und Vorstandsvorsitzenden in der Aktionärsversammlung den donnernden Applaus der Zuhörer zu verschaffen, wird für den Rest seines Lebens wohl nichts anderes mehr tun, denn gute Redenschreiber sind schwer zu finden.

Ghostwriter brauchen neben dem reinem Fachwissen über den Stoff, der Inhalt der Rede sein soll, ein ausgeprägtes Sprachgefühl sowie eine gute Portion Intuition und Liebe zum Detail. Sie dürfen sich nicht zu früh zufriedengeben, müssen immer wieder die Zeilen »anfassen« und an Formulierungen feilen.

Vor allem müssen sie den Redner gut kennen und richtig einschätzen, wie er in den Vordergrund zu stellen ist.

Rede und Redner müssen zueinander passen: Ein staubtrockener Typ kann nicht massenweise Witzchen einbauen, bei einem typischen »Zupacker« hingegen wirkt die Gefühlsmasche aufgesetzt. Innerhalb des Kollegenkreises nehmen die Redenschreiber eine Sonderstellung ein. Sie sitzen etwas abgesondert, viele arbeiten auch von zu Hause aus. Abkapseln können sie sich dennoch nicht, denn sie brauchen stets sachliche Informationen. Wegen der zwangsläufigen Nähe zum Vorgesetzten oder Chef ziehen sie nicht selten den Neid ihrer Kollegen auf sich.

Fakten: Geistreiche Federn dringend gesucht

Spätestens auf Ministerebene hat jeder Politiker mindestens einen Redenschreiber; Bundesminister beschäftigen in der Regel zwei, Kanzler gar drei.

In der privaten Wirtschaft sind schätzungsweise **55.000 Mitarbeiter** überwiegend mit Redenschreiben beschäftigt. Der tatsächliche Bedarf dürfte doppelt so hoch sein.

Voraussetzungen:

Einfühlungsvermögen und ein perfektes Sprachgefühl helfen Reden zu schreiben, welche die Zuhörer begeistern.

Schule: Abitur oder Fachabitur.

Ausbildung: Standards gibt es nicht. Ein Studium der Germanistik, der politischen Wissenschaften, der Betriebswirtschafts- oder der Volkswirtschaftslehre sind sicher kein Fehler. Einzig in Siegen gibt es einen modellhaften Diplom-Studiengang.

Zusatzqualifikationen: Reden lesen und anhören, Seminare besuchen; eventuell ein Auslandssemester in Großbritannien einlegen, wo Ghostwriting als Studium an Universitäten angeboten wird.

Einstiegsmöglichkeiten: Presse- und Öffentlichkeitsabteilungen oder in der privaten Wirtschaft direkt als Redenschreiber bewerben.

Anfangsgehalt: Zwischen 50.000 und 60.000 Mark.

Aufstieg:

In diesem noch weitgehend unbeackerten Feld stehen Talenten alle Wege offen – wenn sie bescheiden genug sind, sich stets mit der Rolle im Hintergrund zufriedenzugeben. Redenschreiber, denen ein Satz einfällt wie der legendäre Ausspruch Kennedys: »Ich bin ein Berliner«, sind Gold wert und werden entsprechend bezahlt. Freiberufliche Tätigkeit bietet sich für die Meister des Wortes geradezu an, ihre Auftraggeber wollen indes die guten Leute gerne exklusiv an sich binden. Einlassen müssen sie sich darauf nicht, denn die Nachfrage ist groß und das Angebot dünn. Ein Betätigungsfeld in der Selbständigkeit eröffnet sich als Ausbilder, Trainer oder Seminarleiter.

Trends:

Die Politik hat schon lange erkannt, daß gute Reden ein probates Führungsinstrument sind. In der Privatwirtschaft steht diese Entwicklung noch am Anfang. Häufig genug langweilen Manager und Chefs ihre Zuhörerschaft mit Statistiken und Firmengeschichten der Vorläufergenerationen.

Unternehmensführer mit modernen Management-Methoden folgen – wie so oft – amerikanischen Beispielen und scheuen sich nicht mehr, publikumswirksame Reden von fremder Feder verfassen zu lassen. Diese Entwicklung wird sich durchsetzten, denn das »Verkaufen« der eigenen Person, der eigenen Vision und des eigenen Unternehmens wird in der Wirtschaft immer wichtiger werden.

Kompliziertes einfach darstellen

Ist die frischerworbene Stereoanlage flott zusammengebastelt oder die neue Software beim ersten Anlauf fehlerfrei installiert, dann wurden die Gebrauchsanweisungen von fähiger Hand verfaßt – von technischen Redakteuren.

Der Job:

Sie sind die Verfasser von Gebrauchsanweisungen, Betriebs- und Bedienungsanleitungen, Handbüchern oder Packungsbeilagen und müssen die Fähigkeit mitbringen, komplizierte Inhalte in einfache Worte zu kleiden. Eine seltene Kunst, wie fast jeder einmal erfahren konnte, der sich durch eine schlecht formulierte und unübersichtlich aufgebaute Betriebsanleitung durchkämpfen mußte.

In eigenen Abteilungen großer Elektronik-Konzerne oder Computer- und Softwarehäuser oder in eigenständigen, spezialisierten Redaktionsbüros sinnen die technisch versierten Schreiber darüber nach, wie sie dem Verbraucher helfen können. Geregelte Arbeitszeiten sind eher die Ausnahme. Ist ein Produkt fertig und muß auf den Markt, legen sie Nachtschichten ein.

Nicht selten beginnen sie mit der Antwort analog zur Aussage des berühmten Physiklehrers aus der »Feuerzangenbowle«, der seine Schüler in die Funktion einer Dampfmaschine mit den Worten »Jetzt stellen wir uns erstmal ganz dumm« einführte. Didaktische und pädagogische Fähigkeiten sind für die Gebrauchs-schreiber wichtiger als technisches Know-how. Ganzheitliches und problemlösendes Denken sind Grundvoraussetzungen. Daneben müssen sie in der Lage sein, sich die notwendigen Informationen selbst bei Fachleuten zu beschaffen.

Fakten:

Derzeit umfaßt die Berufsgruppe etwa 40.000 Personen. Gesucht werden jährlich 3.000 neue Redakteure. Sie verfassen:

- Handbücher
- Bedienungsanleitungen
- Kundendienstunterlagen
- Ersatzteilkataloge
- Montageanleitungen
- Projektbeschreibungen
- Technische Dokumentationen bei Neuentwicklungen

Voraussetzungen:

Technische Redakteure müssen mit einer raschen Auffassungsgabe und mit Einfühlungsvermögen ausgestattet sein. Schließlich gilt es, anderen etwas zu vermitteln, das sie selbst erst lernen müssen. Teamfähigkeit und Kollegialität sind unerläßlich.

Schule: Abitur, Fachabitur.

Ausbildung: Studenten, insbesondere Ingenieurwissenschaftler, Informatiker oder Generalstudenten (Studium mehrerer Fächer) haben bessere Chancen. Fachwissen ist weniger gefragt als umfassende Allgemeinbildung und problemlösendes Denken.

Zusatzqualifikationen: Technisches Verständnis, didaktische Fähigkeiten, Fremdsprachenkenntnisse.

Einstiegsmöglichkeiten: Bei allen Anbietern technischer Produkte oder bei spezialisierten Redaktionsgemeinschaften.

Anfangsgehalt: Zwischen 55.000 und 65.000 Mark.

Aufstieg:

Die Verfasser von Gebrauchsanweisungen oder Betriebsanleitungen übernehmen eine Spezialfunktion, die ihnen keine große Chancen eröffnet, ins Management aufzusteigen. Früher oder später entschließen sich daher viele, in ein freies Redaktionsbüro einzusteigen oder ein eigenes Büro aufzumachen. Hier können sie neben technischen Anleitungen auch Beiträge für Fachmagazine verfassen.

Trends:

Zwei Faktoren begründen die Zukunftschancen dieses Redakteur-Typs: Der Vormarsch der Technik in alle Haushalte wird weitergehen. Neben Haushaltsgeräten und Unterhaltungselektronik setzen Computer und elektronische Kommunikationsgeräte auf einem zunehmend freien und internationalen Wettbewerbsmarkt zum Siegeszug an. Man bedenke nur, wie viele verschiedene Arten und Typen mobiler Telefone in den letzten zwei Jahren auf den Markt kamen – und jedes weist andere Zusatzfunktionen und Handhabungsmöglichkeiten auf.

Der harte Konkurrenzkampf weltweiter Anbieter macht denn auch den Dienst an der internationalen Kundschaft immer wichtiger. Selbst das gutgemachte Programmhandbuch eines amerikanischen Software-Herstellers kann nicht einfach ins Französische übersetzt werden, sondern muß nationalen Eigenheiten Rechnung tragen.

Rund um die Familie

Kleine Haushalte mit speziellen Wünschen

Als ein Volk von Einzelgängern könnte man die westliche Industriegesellschaft auf der Schwelle zum 21. Jahrhundert bezeichnen. Zwar mißt das statistische Bundesamt immerhin noch durchschnittliche Familiengrößen von 2,23 Personen pro Haushalt, doch schon diese krumme Zahl macht die Tendenz deutlich. Denn statistisch gesehen muß auf eine klassische vierköpfige Familie schon fast ein Single kommen. Die Wahrheit liegt wie immer dazwischen, denn es gibt Ehepaare ohne Kinder, mit fünf Kindern, Familien mit einer Schwiegermutter im Haus und Ehepaare, die keine mehr sind. Fest steht einzig: Die alte Großfamilie ist tot.

Verschiedene gesellschaftliche Entwicklungen führen zu einer wachsenden Joblandschaft rund um die Familie – oder was davon übriggeblieben ist.

- Die kontinuierlich steigende Zahl erwerbstätiger Frauen, die auch als Ehefrauen oder Mütter ihren Beruf weiter ausüben wollen, verlangt nach dienstbaren Geistern, die die berufstätigen besseren Hälften zumindest teilweise ersetzen.
- Mit der unleugbaren Tatsache, daß hierzulande bereits jede dritte Ehe nicht erst durch den Tod, sondern durch den Richter geschieden wird, ist nicht nur die gesellschaftliche Akzeptanz Geschiedener beträchtlich gewachsen, sondern auch der Beratungsbedarf und die fachmännische Betreuung Scheidungswilliger.
- Ob nun die hohe Scheidungsrate abschreckend wirkt oder nicht – die Singles werden mehr und gründen zahlreiche Einpersonenhaushalte mit bestimmtem Service-Bedarf.
- Zerbricht schon jede dritte Kleinstfamilie, sind funktionierende Großfamilien – einschließlich Großeltern unter einem Dach – mit der Lupe zu suchen. Da Opa und Oma sich aber einer immer höheren Lebenserwartung erfreuen und auch den Rest ihrer Tage nicht unbedingt in einem Altersheim verbringen möchten, blühen die Jobs rund um die heimische Altenpflege und Betreuung. Das gilt besonders jetzt, da Vater Staat für einen Gutteil der Kosten aufkommt.

Die hilfsbereite Hand für Senioren

Sie verpflegen, versorgen, unterhalten und betreuen ältere Menschen medizinisch in deren eigenen vier Wänden. Da immer mehr von ihnen gebraucht werden, findet der Beruf des Altenpflegers zunehmend gesellschaftliche Anerkennung.

Der Job:

Das Spritzenset, die Nachfüllung für den Tropf, Waschlotion und Mullbinden führen die mobilen Pfleger ebenso mit wie auf Wunsch eine besondere Zeitschrift oder ein bestimmtes Essen. Beim Kauf medizinischer oder orthopädischer Hilfsmittel stehen sie ihren Pfleglingen ebenso zur Seite wie beim Einkaufsbummel. Nicht selten sind sie die einzige Bezugsperson, die ihre Pflegebedürftigen für Tage zu Gesicht bekommen. Altenpfleger sollten daher mit einer guten Portion Einfühlungsvermögen und Psychologie an ihre tägliche Arbeit gehen, denn sie haben häufig auch viele seelischen Pflästerchen zu verteilen.

Die Festsetzung der gesetzlichen Pflegeversicherung löste einen wahren Gründerboom privater Pflegedienste aus, die Pflegern angestellt oder selbständig eine echte Alternative zu den gängigen Einsatzbereichen in Krankenhäusern, Pflege- oder Altenheimen bieten. Den Wechsel vom Schwesternzimmer zur mobilen Pflegestation nehmen viele gerne in Kauf, weil ihnen die selbständige Tätigkeit Freiräume bei der Arbeits- und Zeiteinteilung bietet, welche die starre Dienstzeit und -ordnung ihnen bisher versagte.

Fakten:

Die Zahl der häuslichen Pfleger wächst rasant, und der Bedarf an qualifizierten Kräften wird auch in den kommenden Jahren groß sein.

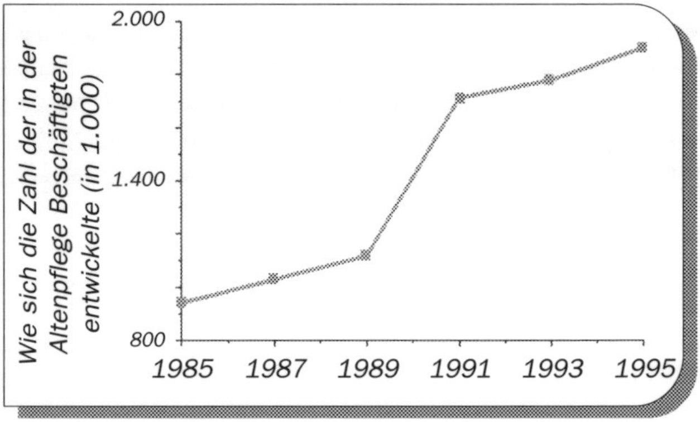

Voraussetzungen:

Ein bißchen Nächstenliebe setzt der Pflegeberuf zweifelsohne voraus. Trotz hoher Professionalität müssen die Pfleger auch dem Bedürfnis alleinstehender älterer Menschen nach sozialen Kontakten Rechnung tragen.

Schule: Hauptschule, Realschule.

Ausbildung: Das Berufsbild des Altenpflegers steht noch nicht fest und wird derzeit meist drei Jahre auf speziellen Schulen gelehrt. Häufig sind hier Krankenschwestern und -pfleger mit dreijähriger Ausbildung tätig.

Zusatzqualifikationen: Neben Spezialkenntnissen im Bereich der Altenpflege müssen sie sich auch mit den Feinheiten und Tücken der Pflegeversicherung auskennen.

Einstiegsmöglichkeiten: Private und ambulante Pflegedienste.

Anfangsgehalt: Ab 40.000 Mark.

Aufstieg:

Erfahrene Kräfte werden zwar besser bezahlt als Berufsanfänger, der große Durchbruch dürfte aber vergeblich auf sich warten lassen. Gute Chancen haben erfahrene und engagierte Pfleger, die sich zusätzlich kaufmännisches Know-how aneignen und mit einer Spezialisierung, wie etwa geronto-psychiatrischer Behandlung (= Hilfe bei altersbedingten Defiziten) oder in künstlicher Ernährung, in die Selbständigkeit wechseln.

Trends:

Mit der Verabschiedung des Gesetzes zur Pflegeversicherung, die Pflegebedürftigen Zuschüsse zur häuslichen Pflege gewährt, ist in Deutschland ein Damm gebrochen. 1,3 Millionen anerkannt Pflegebedürftige öffnen ihre Haus- und Wohnungstüren den dienstbaren Geistern in Weiß. Mit dem staatlichen Kostenzuschuß ist der Nachfrageboom aber nur unzureichend erklärt. Immer mehr alte Menschen leben immer länger, ohne wirklich krankenhausreif, dafür aber um so hilfsbedürftiger zu sein. Die Familie als über Jahrhunderte bewährte Auffangstation übernimmt diese Rolle immer seltener. Die Zahl der Einpersonenhaushalte und Kinderlosen hat zudem dramatisch zugenommen. Die einzige Alternative, die einsamen Pflegebedürftigen bislang blieb – die Aufnahme in ein Alten- oder Pflegeheim –, lehnen dank des neuen Angebots heute mehr als 80 Prozent kategorisch ab.

Komplett-Service ersetzt Hausfrauenhände

Die Tätigkeit von Haushaltshilfen beschränkt sich bei weitem nicht darauf, Wohnungen auf Hochglanz zu bringen. Vielmehr übernehmen sie verantwortungsvoll die gesamte Organisation des Haushaltes.

Der Job:

Natürlich greifen sie auch zu Schrubber und Staubsauger, aber wo die Arbeit purer Reinigungskräfte aufhört, beginnt die der Haushaltshelfer erst richtig. Sie beackern ein vielfältiges Aufgabengebiet. Eine funktionierende Haushaltsführung braucht Weitblick und Improvisationstalent ebenso wie organisatorisches Geschick und Flexibilität.

Die Perlen alten Schlages sind nahezu ausgestorben. Wo früher Köchin, Dienstmädchen und Gärtner zu Diensten waren, müssen moderne Haushaltshelfer alles allein machen. Ihnen steht aber eine Vielzahl von Geräten zur Verfügung – vom Bügelautomat bis zur Waschmaschine.

Noch tummeln sich nur wenige in den Haushalten Privater. Dabei scheitert es nicht nur an deren mangelnder Ausgabefreude. Sie beschäftigen professionelle Fensterputzer, Gärtner, Babysitter oder Bügler, aber zwei vollberufliche Hände, die die Dame oder den Herrn des Hauses ersetzen, sind nicht oder selten im Angebot.

Es gehört auch eine große Portion Anpassungsfähigkeit, Zurückhaltung und Souveränität dazu, diese Rolle auszufüllen. Auch kämpft der Haushaltshelfer immer noch um Anerkennung. Bezahlung stellt weniger das Problem dar, als der Mangel an sozialem Umfeld oder das geringe Maß an Erfolgserlebnissen.

Fakten:

Wird die Hausfrau berufstätig, muß jemand gefunden werden, der die bisher von ihr geleistete Hausarbeit und -organisation übernimmt.

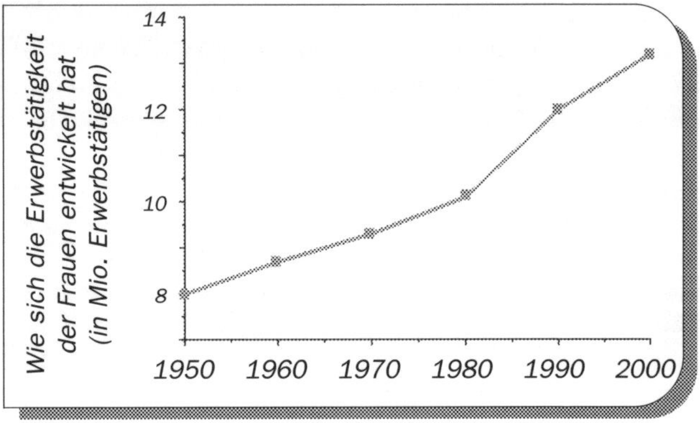

Voraussetzungen:

Selbstsicherheit, menschliche Wärme, Zuverlässigkeit und Ehrlichkeit müssen die guten Geister ebenso mitbringen, wie die Fähigkeit zu eigenverantwortlichem Handeln und – trotz aller professioneller Distanz – zur Identifizierung mit dem Arbeitgeber.

Schule: Hauptschule, Realschule.

Ausbildung: Hauswirtschaftsschule oder Erfahrung in Haushaltsführung.

Zusatzqualifikationen: Für Beschäftigung in Haushalten mit Kindern empfiehlt sich eine Zusatzausbildung für Kinderbetreuung.

Arbeitgeber: Private Haushalte.

Anfangsgehalt: Zwischen 35.000 und 40.000 Mark.

Aufstieg:

Da Haushaltshelfer ohnehin als Einmannunternehmen agieren, sind die Karrieremöglichkeiten ausgesprochen beschränkt. Fähige Kräfte, die diese Marktlücke entdecken, können sich aber auch als Vermittler betätigen und zu diesem Zweck eine Agentur eröffnen.

Trends:

Drei Umstände haben die Nachfrage nach Haushaltshilfen bislang behindert:

- Es gab dieses Berufsbild nicht bzw. war es veraltet, sodaß keine fähigen Leute einsteigen wollten. Angesichts gleichbleibend hoher Arbeitslosigkeit erwägen Arbeitswillige mittlerweile wieder, sich in diesem Berufsfeld zu versuchen. Die Wiederentdeckung bürgt gleichzeitig für steigende Qualität.
- Die Arbeitgeber müssen ihren helfenden Händen vor allem eines entgegenbringen – Vertrauen. Die Auswahl der richtigen Vertrauensperson für den eigenen Haushalt erscheint vielen möglichen Arbeitgebern als fast unerfüllbare Aufgabe. Hier springen spezialisierte Vermittlungsagenturen ein.
- Bislang gelten dienstbare Geister im eigenen Haus noch als Ausnahmeerscheinungen und Privileg der Superreichen – aus einfachem Grund: Sie sind – offiziell als Angestellte geführt – für viele Haushalte zu teuer. Um die Haushaltshilfen aus ihrer Illegalität zu befreien und sie sozial abzusichern, steht in Deutschland das sogenannte Dienstmädchen-Gesetz vor der Verabschiedung. Demnach können die Kosten für eine Haushaltshilfe steuerlich geltend gemacht werden, wenn der private Arbeitgeber oder das Arbeitgeberehepaar voll berufstätig ist.

Schiedsrichter im Rosenkrieg

Dieser Beruf kommt – wie manch anderer – aus den USA. Die juristisch und psychologisch geschulten Mediatoren verhelfen den Partnern einer zerrütteten Ehe zu einer sanften Trennung und übernehmen dabei die Rolle des Moderators und Beraters.

Der Job:

»Keine Parteilichkeit« heißt das oberste Gebot der Mediatoren – das ist zugleich das Neue für die Zunft der Rechtsanwälte, die sich per Definition immer als Interessenvertreter einer Partei verstehen.

Mediatoren hierzulande sind Volljuristen, die bestenfalls ein paar psychologische Kurse besucht haben, ansonsten aber in einer herkömmlichen Praxis arbeiten. Auch die Berufsbezeichnung »Mediator« dürfen sie offiziell noch nicht führen, wenngleich sie in der Praxis bereits die Rolle des Mittlers übernehmen können. Ihre Klienten sind scheidungswillige Ehepaare, die neben der psychischen Belastung einer gescheiterten Beziehung nicht noch einen Rosenkrieg im Scheidungsverfahren initiieren wollen.

Wichtigste Aufgabe des Mediators ist es, das Vertrauen beider Ehepartner zu gewinnen. Sie sollten sich nicht als Richter verstehen, sondern ihre Mandanten vielmehr fachlich ausführlich beraten, sie dabei aber auch selbst auf Lösungen kommen lassen. Fundierte Kenntnisse im Familienrecht sind hierfür ebenso Voraussetzung wie die Kunst, sich selbst zurückzunehmen und Verständnis für die Gefühlslage der Paare aufzubringen. Mehrere Sitzungen sind meist notwendig, um die Formalitäten eines Scheidungsverfahrens in einer Scheidungsfolgenvereinbarung festzulegen. Daß anschließend alle Beteiligten einander gratulieren, kann auch der beste Mediator nicht verlangen, aber zumindest kann er ein schlimmes Ende vermeiden helfen.

Fakten:

Mediatoren werden nicht über mangelnden Zulauf klagen müssen: Die Zahl der Scheidungen pendelt sich auf hohem Niveau ein.

Wie viele Ehen geschieden wurden:

1970:	103.927	1990:	154.786
1980:	141.016	1992:	135.010
1989:	176.691	1994:	156.425

Voraussetzungen:

Für den Umgang mit streitenden Paaren brauchen die Anwälte Einfühlungsvermögen und starke Nerven, aber auch Aufgeschlossenheit für deren persönliche Sorgen.

Schule: Abitur.

Ausbildung: Jurastudium mit zweitem Staatsexamen und dem Schwerpunkt (Fachanwaltschaft) Familienrecht, Anwaltszulassung.

Zusatzqualifikationen: Psychologie, Kenntnisse im Renten- und Betriebsrentenrecht.

Einstiegsmöglichkeiten: Kanzleien oder Sozietäten, die in Familienrecht versiert sind.

Anfangsgehalt: Zwischen 40.000 und 50.000 Mark.

Aufstieg:

Eine klassische Hierarchieleiter gibt es für Anwälte nicht. Spezialisierung auf der einen, Selbständigkeit mit einer eigenen Praxis auf der anderen Seite heißen die Herausforderungen und Erfolgserlebnisse der Juristen.

Bestenfalls erwirbt man einen derartig guten Ruf, daß man eine große Kanzlei mit diesem Spezialgebiet betreiben kann.

Trends:

Die Berufsbezeichnung dürfen sie zwar noch nicht führen, eine gesonderte Ausbildung gibt es für sie auch noch nicht; dennoch haben Mediatoren die besten Zukunftsaussichten. Schon heute trennt sich ein Drittel aller scheidungswilligen Paare weitgehend einvernehmlich – mit steigender Tendenz. Neben der psychischen Belastung einer strittigen Scheidung sind es auch Kostenaspekte, die Scheidungswillige zu einem gemeinsamen Anwalt führen. Schließlich reicht bei einer erfolgreichen Scheidungsvereinbarung die Vertretung durch einen einzigen Anwalt vor Gericht.

Ein Signal, daß der manchmal verstaubte Berufsstand der Anwälte den Zug der Zeit erkannt hat, ist die jüngst verabschiedete Fachanwaltschaft für Familienrecht. Es ist gut möglich, daß sich aus diesem Expertenkreis ein eigener Berufsstand für Mediatoren herauskristallisiert.

Pfadfinder im Dschungel des Rentenrechts

Was passiert mit der Betriebsrente, wenn ich meinen Job wechsle, welche Rente steht der geschiedenen Ehefrau zu, und was steht mir im Alter zu? Nur wenige fachkundige Rentenberater können diese Fragen bislang beantworten.

Der Job:

Die Terminkalender der rund 500 privaten Rentenberater hierzulande sind über Monate zum Bersten gefüllt. Sie verhelfen den Aussiedlern zu ihren Rechten bei den deutschen Rententrägern, beraten die Hausfrau und Mutter, ob sich für sie eine freiwillige Beitragszahlung in der gesetzlichen Versicherung lohnt, weisen Unternehmen, die zusätzlich eine Altersversorgung für ihre Mitarbeiter anstreben, den optimalen Weg und setzen sich bei den Sozialgerichten ein, wenn ein Rentner weniger Geld bekommt, als ihm eigentlich zusteht.

All das vollziehen sie als Einzelkämpfer, manchmal im Nebenberuf und auch nach Feierabend oder am Wochenende. Ihren Wissensstand müssen sie – der Gesetzesflut in diesem Bereich entsprechend – permanent erweitern, und das macht sie zu begehrten Ratgebern selbst für die gesetzgebenden Organe.

Neben fachlicher Fähigkeit gehören Objektivität und Unbestechlichkeit zu den Grundvoraussetzungen der Rentenrechtler. Darüber hinaus müssen sie auch die Fähigkeit mitbringen, den Ratsuchenden unverständliches Kauderwelsch und Fachbegriffe wie Anrechnungs- oder Ersatzzeiten, BU-EU- oder Knappschaftsrenten zu erläutern. Doch nehmen bei ihnen nicht nur angehende Rentner Platz: auch Richter, Anwälte und Unternehmen suchen ihren Rat.

Fakten:

Nur jeder dritte Arbeitnehmer tritt die Rente zum normalen Zeitpunkt an. Alle anderen brauchen meist Beratung.

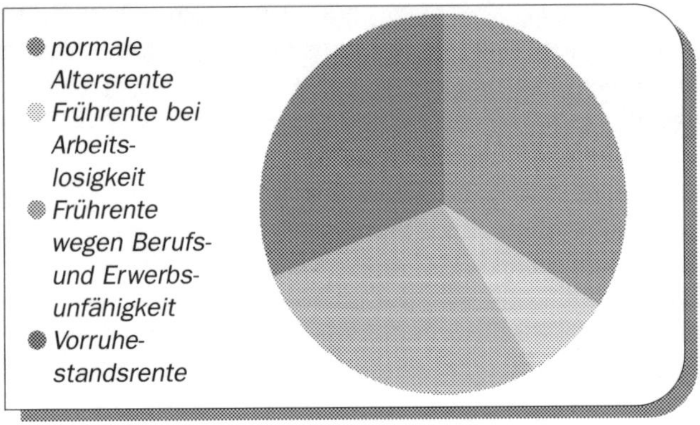

Voraussetzungen:

Neben der Eigenschaft, sich schnell in individuelle Lebensverhältnisse hineindenken zu können, ist auch Geschick im Umgang mit Behörden gefragt.

Schule: Realschule, Abitur.

Ausbildung: Die Erlaubnis, als Rentenberater tätig zu werden, erteilt das Amts- oder Landgericht, in dessen Zuständigkeitsbereich ein Berater tätig werden will. Neben der persönlichen Eignung (keine Vorstrafen usw.) weist der Antragsteller entweder langjährige Berufserfahrung in diesem Bereich auf, oder muß die Sachkenntnis mit einer Prüfung vor den Landessozialgerichten beweisen.

Zusatzqualifikationen: Permanente Weiterbildung im komplizierten Rentenrecht.

Einstiegsmöglichkeiten: Als Mitarbeiter bei einem Rentenberater oder anfangs im Nebenberuf.

Anfangsgehalt: Das Gehalt als Selbständiger hängt vom eigenen Geschick ab, zahlungskräftige Firmenkunden bei der Stange zu halten.

Aufstieg:

Als fast ausschließlich freiberuflich Tätige haben Rentenberater die Gestaltung ihrer Karriere selbst in der Hand. In einem noch kleinen und überschaubaren Kreis zählt nicht nur Mund-zu-Mund-Propaganda, sondern meist schon der Eintrag in den gelben Seiten oder die Mitgliedschaft im Verband der Rentenberater. Darüber hinaus dienen Spezialisierungen nicht nur als Garant dafür, daß die Arbeit nicht ausgeht, sondern sind auch wichtig, um in dieser umfassenden und komplizierten Materie optimal beraten zu können.

Trends:

Waren es in der Vergangenheit überwiegend Rentenempfänger oder Problemgruppen, die sich an die Rentenberater wandten, hat die öffentlich geführte Diskussion über leere Rentenkassen, verheerende Aussichten für die Renten von morgen und die Angst vor einem Alter in Armut auch jüngere Bevölkerungsgruppen für dieses Thema sensibilisiert. Wer weiß, daß er beizeiten zusätzlich privat vorsorgen muß, will auch wissen, was ihm denn an Einkommen aus der gesetzlichen Rente zusteht. Laien können diese Frage ohne fachmännischen Rat in der Regel nicht mehr beantworten. Auch mit Beratung für die individuelle private Vorsorge steht Rentenberatern ein weites Betätigungsfeld offen. Denn neben einem guten Marktüberblick verfügen sie im Gegensatz zu den anderen Anbietern in diesem Bereich über testierte Objektivität.

Rund um die Forschung

Deutschland bleibt das Entwicklungslabor Europas

Über 90 Milliarden Mark stecken die deutsche Wirtschaft und der Staat jährlich in die Erforschung neuer Produkte. Mehr Geld geben nur die wesentlich größeren Volkswirtschaften der USA und Japans aus. Gemessen an der Wirtschaftskraft der drei Länder, hinkt Deutschland derzeit etwas hinterher. Während die Konkurrenten jeweils rund zwei Prozent ihres gesamten Bruttosozialproduktes für die Forschung ausgeben, sind es hierzulande nur 1,6 Prozent.

Alle Beteiligten in der Forschung haben aber inzwischen erkannt, daß dieser Abstand bedrohlich sein kann. Denn von der Innovationskraft der Forscher hängt der zukünftige Wohlstand aller Bundesbürger ab. 30 Prozent ihres Umsatzes erzielt die Industrie mit neuentwickelten Produkten; High-Tech-Branchen wie die Elektrotechnik machen damit fast 40 Prozent ihres Umsatzes.

Die Kenntnis dieser Zahlen stellt sicher, daß Forscher auch in Zukunft einen Job finden. Die überwältigende Mehrheit arbeitet direkt in der Industrie. Die großen Branchen wie der Fahrzeugbau, die Chemieindustrie und die Elektrotechnik beschäftigen jeweils mehr als 50.000 Forscher. Siemens, Bayer und BASF gehören zu jenen Firmen, die weltweit die meisten Patente anmelden.

In diesem Kapitel stehen Forschungsgebiete im Mittelpunkt, denen eine besonders große Zukunft vorausgesagt wird. Sie alle sind in der Delphi-Studie berücksichtigt – dem geballten Know-how deutscher Spitzenforscher. In dieser Untersuchung geben die Experten Einschätzungen über bahnbrechende technische Entwicklungen der nächsten 25 Jahre ab. Die letzte große Studie aus dem Jahr 1995 konzentrierte sich auf die Gentechnik sowie auf die Mikro- und Nanotechnik. Auch der Erforschung der Supraleiter war ein eigenes Kapitel gewidmet.

Forschen am lebenden Objekt

Biotechnologen greifen in die Natur ein, um den Menschen zu helfen. Skeptisch beobachten Bevölkerung und Politiker das ihnen unheimliche Forschen an der Erbsubstanz.

Der Job:

Ihr Forschungsobjekt sind Bakterien, Tomaten oder Kühe. Ihr Ziel ist es, Basisprodukte der menschlichen Ernährung so zu verändern, daß sie einen höheren Ertrag bringen oder besser gegen Naturschäden gewappnet sind. Mit Bakterien oder Enzymen wollen sie umweltbelastende Stoffe ersetzen oder verunreinigte Böden und Gewässer reinigen.

Biotechnologen arbeiten den größten Teil des Tages im Labor. Sie zerlegen das Erbgut ihres Forschungsobjekts, fügen bestimmte Gene hinzu oder züchten ganz neue Arten. In aufwendigen Versuchsreihen beobachten sie, welche Wirkungen ihre Eingriffe haben. Wie verhält sich die Bakterie im Schmutzwasser? Gedeiht der behandelte Weizen besser als der herkömmliche? Setzen die mutierten Fische mehr Fleisch an?

Bei ihrer Arbeit stehen die Biotechnologen häufig großem Widerstand der Öffentlichkeit gegenüber. Nur 41 Prozent der Bundesbürger befürworten die Forschung am lebenden Objekt. Staatliche Auflagen zwingen die Forscher, ihre Versuchslabors gegen äußere Einflüsse hermetisch abzuschirmen. Viel Zeit kostet sie dabei der Papierkrieg mit den Behörden, denn jedes Experiment muß erst von staatlicher Seite genehmigt werden.

Fakten: Nachholbedarf im Inland

Die Biotechnologie gilt als eine der entscheidenden Technologien im kommenden Jahrtausend. **170 Milliarden Mark** werden Firmen in diesem Sektor in fünf Jahren bereits umsetzen. Bislang dominieren hier US-Firmen: **1.300** in diesem Bereich tätige **Betriebe** beschäftigen bereits **110.000 Mitarbeiter**. In Deutschland gibt es erst knapp **100 Biotech-Firmen**. Traurig auch die Patentbilanz: Während die Amerikaner **1.172 neue Produkte** schützen ließen und die Japaner sogar knapp 2.000, meldeten sich hierzulande im selben Zeitraum gerade **177 findige Forscher**.

Voraussetzungen:

Teamworker sind in diesem Forschungsjob gefragt.

Schule: Abitur mit Schwergewicht Naturwissenschaften.

Ausbildung: Biologie-Studium, andere Naturwissenschaften. Viele Arbeitgeber bevorzugen Bewerber mit Promotion.

Zusatzqualifikationen: Möglichst frühzeitig praktische Berufserfahrung in Forschungslabors sammeln. Nur dort lernt man den Umgang mit dem neuesten Stand der Technik. Ein USA-Aufenthalt bietet Einblicke in das weltweit führende Biotech-Land.

Einstiegsmöglichkeiten: Hochschulen, Institute, Chemie- und Lebensmittelhersteller.

Anfangsgehalt: Zwischen 65.000 und 70.000 Mark.

Aufstieg:

In Instituten gibt es nur wenige Karrierestufen. An der Spitze steht ein Professor, darunter agieren wenige Leiter und ein Heer von wissenschaftlichen Mitarbeitern. Interessante Perspektiven bietet die Möglichkeit, bei Forschungseinrichtungen in den USA oder in England mitzuarbeiten.

Große Hoffnungen setzen derzeit staatliche und private Geldgeber auf Unternehmensgründer in diesem Bereich. Junge Selbständige sollen in den kommenden Jahren verstärkt Kapital und Beratung erhalten.

Trends:

Trotz des Mißtrauens vieler Menschen wird der Biotechnologie-Markt weiter wachsen. Nachdem sich bereits genmanipulierte Mikroben und Gentechnik-Enzyme in der Lebensmittelindustrie durchsetzen, beginnt jetzt die Verbreitung genmanipulierter Tiere und Pflanzen. Jung-Lachse werden auf die 50fache Größe ihrer normalen Altersgenossen gebracht, Schafembryonen werden geklont und ausgetragen. Ziel der Forscher ist ein reichhaltigerer Nahrungsertrag. Noch stecken viele Experimente in den Kinderschuhen.

Die Arbeit der Biotechnologen gleicht jener der Genforscher. Beide arbeiten an der Erbsubstanz von Lebewesen. Ihr Wissen können sie von Pflanzen auf Menschen oder umgekehrt übertragen. Auf dem sich so eröffnenden riesigen Arbeitsgebiet bleibt für die Hochschulabgänger von morgen noch auf Jahrzehnte genügend Arbeit.

Zwischen Labor und Ladentheke

Halb Technikfreak, halb kühl rechnender Kaufmann: Forschungsmanager müssen die Ergebnisse aus den Labors nach draußen verkaufen.

Der Job:

Diplomaten sind gefragt bei diesem Job zwischen Forschungslabors und Marketing-Abteilungen. Es gilt den Erfindern klarzumachen, daß es nur dann Sinn macht, etwas zu entwickeln, wenn man es auch verkaufen kann. Das wäre an sich schon schwierig genug. Forschungsmanager sollen die Tüftler aber auch dazu bringen, möglichst rasch jene Produkte zu kreieren, die der Markt gerade verlangt.

Beides kratzt an der Erfinderehre und erschüttert deren Glauben an die zweckfreie Wissenschaft. Für sich gewinnen können die Forschungsmanager ihre schwierigen Partner nur, wenn sie es auch schaffen, den Marketing-Leuten gänzlich neue Produkte aus dem Labor zu verkaufen.

Für ihren Job brauchen sie eigentlich gar keinen Schreibtisch, da sie ständig zwischen Sitzungen, Labors und Marketing-Ressorts hin- und herhasten. Dabei diskutieren sie über die Etats der Forscher, über deren Projekte und über aktuelle Probleme von Kunden oder Produktionsabteilungen.

Forschen ist heute eine weltumspannende Tätigkeit: Die Entwicklungslabors großer Industriefirmen sind über die ganze Welt verteilt. Um sich vor Ort zu informieren, müssen daher auch die Forschungsmanager ständig reisen. Auf den Langstreckenflügen finden sie dann ein wenig Zeit, um sich auf den neuesten Stand in der Forschung zu bringen. Schließlich müssen sie auch etwas von den Dingen verstehen, die sie nach draußen verkaufen.

Fakten:

Die USA, Japan und Deutschland sind die Länder mit den höchsten Forschungsausgaben weltweit.

Aus welchen Ländern die internationalen Patente stammen	
USA	*32,7%*
Japan	*22,4%*
Deutschland	*16,4%*
andere EU-Staaten	*17,8%*
andere Staaten	*10,7%*

Voraussetzungen:

Lernbereitschaft, Menschenkenntnis und die Fähigkeit, sich klar und präzise auszudrücken, sind in diesem nervenaufreibenden Job unabdingbar.

Schule: Fachabitur oder Abitur.

Ausbildung: Entweder startet man mit einem Ingenieurs- oder Naturwissenschaftsstudium und arbeitet sich selbst in kaufmännische Themen ein. Oder man lernt das Managen in einem Betriebswirtschaftslehre-Studium und steigt über eine Stabsstelle ins Forschungsgeschäft ein.

Zusatzqualifikationen: Möglichst schon während des Studiums sollten Praktika an der Schnittstelle zwischen Forschung und Verkauf absolviert werden. Für die weltweite Arbeit sind perfekte Englischkenntnisse notwendig.

Arbeitgeber: Große Industrieunternehmen mit Forschungsabteilungen, wissenschaftliche Institute, Technologietransferstellen.

Anfangsgehalt: 65.000 bis 70.000 Mark.

Aufstieg:

Die Hierarchien in der Forschung sind flach. Das Managen hochbezahlter Techniker und Naturwissenschaftler wird gut honoriert und ist äußerst anspruchsvoll. Bis an die Spitze der gesamten Forschungsabteilung schafften es bislang nur wenige. In der chemischen Industrie wurden diese Stellen in den 80er Jahren meist noch mit Professoren besetzt.

Trends:

Den Forschungsmanagern gehört die Zukunft. Seit Jahren beklagen staatliche und private Geldgeber, daß deutsche Forscher zwar weltweit in der ersten Liga mitspielen, daß es aber bei der Umsetzung ihrer Ergebnisse in marktreife Produkte noch gewaltig hapert. Sie weisen auf das Faxgerät, auf CDs und Mikroprozessoren hin, die hierzulande entwickelt wurden, mit denen aber japanische und amerikanische Firmen Milliardenumsätze erzielen.

Die Koordinatoren zwischen Labors und Ladentheken sollen diesen Mißstand beheben. Große Erfinderkonzerne wie der Frankfurter Chemieriese Hoechst organisieren ihre Forschungsabteilungen komplett neu und schaffen dabei Stellen für solche Mittler.

Die Suche nach dem heilenden Gen

Das menschliche Erbgut ist das entscheidende Forschungsobjekt der kommenden Jahre. Im Mittelpunkt steht dabei das Heilen lebensbedrohender Krankheiten.

Der Job:

Zehn, zwölf, 14 Stunden verbringen Gentechniker jeden Tag im Labor. Ständig bemühen sie sich, mehr von den rund 100.000 menschlichen Genen zu verstehen und hinter die Geheimnisse bestimmter Genveränderungen oder fehlender Gene zu kommen. Um Auslöser lebensbedrohender Krankheiten zu entdecken, analysieren sie die menschliche Erbsubstanz, die DNS.

Stückweise extrahieren Gentechniker diese so weit, daß sie sie als Striche sichtbar machen können. Ist ihnen das gelungen, können sie durch Vergleiche krankhafte Abweichungen erkennen und im nächsten Schritt gezielt dieses Gen verändern.

Ihr wichtigstes Hilfsmittel sind Bakterien. In deren DNS schleusen sie veränderte Gene ein, die sich dann bei der Zellteilung vermehren. Die so veränderten Bakterien können zu Medikamenten für Menschen weiterverarbeitet werden. Denn die Zusammensetzung jeder DNA ist gleich. Das Gen für das blutzuckerregulierende Insulin etwa findet sich nicht nur im menschlichen Körper, sondern auch in Hefe-, Pflanzen- oder eben Bakterienzellen.

Genforschung heißt Teamarbeit. Von jedem Mitglied wird erwartet, daß es sich in oder außerhalb seiner Arbeitszeit über die weltweit erzielten Fortschritte bei der Forschung auf dem laufenden hält.

Fakten:

Die Gentechnik ist längst aus dem Laborstadium heraus. Mit ihren Produkten erzielen vor allem US-Firmen bereits Milliardenumsätze.

Was Pharmafirmen schon heute mit Genprodukten umsetzen	
Amgen (USA)	*3,3 Mrd. Mark*
Genentech (USA/CH)	*2,7 Mrd. Mark*
Biogen (USA)	*2,0 Mrd. Mark*
Novo Nordisk (DK)	*1,5 Mrd. Mark*
Eli Lilly (USA)	*1,3 Mrd. Mark*

Voraussetzungen:

Kooperationsbereitschaft und die Fähigkeit, seine eigenen Ergebnisse den Kollegen präzise weiterzuvermitteln, befähigen Genforscher zur Arbeit im Team.

Schule: Abitur mit Schwergewicht auf den naturwissenschaftlichen Fächern.

Ausbildung: Hochschulstudium der Biologie oder Biochemie; Spezialisierung auf Mikrobiologie und Gentechnik. Viele Arbeitgeber bevorzugen Universitätsabsolventen mit Doktortitel.

Zusatzqualifikationen: Um einen Einblick in den Forschungsalltag zu bekommen, sollte man sich frühzeitig um Praktika bei führenden Firmen oder Instituten bemühen.

Einstiegsmöglichkeiten: Institute, Hochschulen, Pharma-Industrie.

Anfangsgehalt: Nach der Promotion 65.000 bis 70.000 Mark.

Aufstieg:

Die forschenden Pharmafirmen setzen große Hoffnungen in diesen Zukunftsmarkt. Bereits heute erzielen vor allem US-Firmen mit gentechnischen Präparaten Milliarden-Umsätze. Nachwuchskräfte, die auf diesem Gebiet Erfolge nachweisen, können sich damit für Führungsaufgaben in ihrem Unternehmen empfehlen.

Chancen haben Forscher, die nach einigen Jahren an der Hochschule oder an einem Institut den Sprung in die Selbständigkeit wagen. In ihrer Garagenfirma treiben sie die Entwicklung eines gentechnischen Produktes so weit voran, bis es für die Massenfertigung geeignet ist. In diesem Stadium sind internationale Pharmakonzerne bereit, etliche Millionen Dollar für eine Lizenz auf den Tisch zu legen. Unternehmer, die solche Entwicklungsarbeit leisten, werden von Bund und Ländern in den kommenden Jahren massiv unterstützt.

Trends:

Bis zum Jahr 2005, so das ehrgeizige Ziel von Wissenschaftlern weltweit, soll das gesamte menschliche Erbgut entschlüsselt sein. Hinter den 100.000 Genen verbergen sich rund 3,5 Milliarden einzelne Bestandteile. In diesen Jahren wollen die Forscher auch klären, wie veränderte Gene am besten kranken Menschen einzupflanzen sind.

Noch steht die Gentherapie ganz am Anfang ihrer Entwicklung. Langfristig hoffen Wissenschaftler, daß mit ihrer Hilfe wirksame Mittel gegen Krebs, Cholesterin-Überschuß, Herzinfarkt und Aids entwickelt werden können.

Ohne sie steht die Forschung still

Naturwissenschaftler aller Art sind auf die Dienste von hochqualifizierten Mitarbeitern angewiesen. An die Laborspitze gelangen die emsigen Helfer allerdings nie.

Der Job:

Wenn Forscher forschen, brauchen sie um sich ein Heer von Hilfskräften. Diese bereiten die Präparate vor, kontrollieren die Versuchsbedingungen, wie Temperatur und Luftfeuchtigkeit, und räumen hinterher auf.

Sie dokumentieren minutiös die Ergebnisse und bereiten sie am PC auf, so daß sie auch nach Jahren noch den genauen Versuchsablauf rekapitulieren können. Bei großen Versuchsreihen entnehmen sie in regelmäßigen Abständen Proben, analysieren diese und protokollieren die Ergebnisse.

Laborhelfer arbeiten im Team, der Umgangston ist locker, die Anforderungen sind aber trotzdem hoch. Auf ihre Genauigkeit und Beobachtungsgabe verlassen sich Wissenschaftler zu 100 Prozent. Der Wermutstropfen bei dieser spannenden Arbeit: Ruhm, Ehre und hohen Verdienst kassieren die Forscher, an ihre Helfer denkt außerhalb des Labors keiner.

Fakten: Der lehrreiche Weg ins Labor

Biologie, Chemie, Medizin, Pharmazie, Physik – für jeden dieser Bereiche gibt es eine **zweijährige Ausbildung zum Assistenten** auf **privaten Schulen**. Sie kostet bis zu **900 Mark Schulgeld pro Monat**, staatliche Stellen übernehmen aber bei Bedarf einen Teil der Kosten. Die Industrie selbst bildet Chemielaboranten aus.

Voraussetzungen:

Zuverlässigkeit und Eigenständigkeit braucht man für die Analysen, bei denen es um Millionstel Gramm oder Zentimeter geht, in jedem Fall.

Schule: Realschule; der Anteil der Abiturienten in diesen Berufen steigt aber.

Ausbildung: Zweijährige Schulausbildung.

Zusatzqualifikationen: Computer-Know-how für die Tagesarbeit und Englischkenntnisse für die persönliche Weiterbildung.

Einstiegsmöglichkeiten: Industrie, Labors, Institute, Hochschulen; generell überall dort, wo geforscht wird.

Anfangsgehalt: 35.000 bis 45.000 Mark

Aufstieg:

Das große Manko bei den Karriereaussichten der Laborhelfer besteht darin, daß ihre Arbeitsstätten von Wissenschaftlern geleitet werden. Auch mit jahrelanger Berufserfahrung bleiben die Assistenten daher Zuarbeiter. Ihnen wird aber ein immer größeres Maß an Selbständigkeit eingeräumt. Außerdem besteht die Möglichkeit, sich auf Technikerschulen zum Labortechniker fortzubilden und so zum Gruppen- oder Laborleiter aufzusteigen.

Wer weiterkommen will, kann sich mit seinem Fachwissen auch als Berater bewerben: So arbeiten viele pharmazeutisch-technische Assistenten als Pharmareferenten, die Ärzte von den Produkten und Präparaten eines bestimmten Herstellers überzeugen sollen.

Trends:

Seit Jahren besetzt die Bundesrepublik gemeinsam mit Japan und den USA die Spitzenpositionen bei der weltweiten Forschung. Große Konzerne wie Bayer, Siemens und Hoechst gehören zu den Firmen mit den weltweit meisten Patentanmeldungen. Zusammen mit einem dichten Netz von Max-Planck-Instituten und Hochschulen verheißt dies Laborhelfern eine Vielzahl von Arbeitsplätzen.

Neue Beschäftigungsmöglichkeiten ergeben sich im Umweltbereich. Dort finden die technischen Assistenten Jobs in den Umweltabteilungen der Industrie oder bei Behörden, die Abwässer, Luft und Böden auf Schadstoffe untersuchen.

Jenseits allen Widerstands

Ohne Elektrizität funktioniert in der modernen Industriegesellschaft nichts mehr. Leitungsforscher verbessern ständig die Effizienz des Energietransports.

Der Job:

Die Arbeit mit modernen elektrischen Leitungen erinnert Außenstehende ans Nudelkochen: In aseptisch reinen Laborräumen wird pulverisiertes Wismut mit Silber und Kupfer zusammengemischt, danach zu spaghettiförmigen Bändern gezogen, geplättet und anschließend bei 700 Grad gebacken. Das Ergebnis, silberne Fettuccine, wird dann auf große Spiralen gewickelt. Ziel solcher Übungen ist es, Leitungen zu erhalten, durch die Energie mit möglichst wenig Widerstand fließen kann.

Leitungsforscher finden ihre Labors bei den Elektrokonzernen ABB und Siemens genauso wie beim Computerriesen IBM, dem Frankfurter Chemieriesen Hoechst oder den Stromerzeugern Electricité de France und RWE. Sie entwickeln dort alles, was zum Transport von Energie nötig ist.

Die Einrichtung der Forscherbüros verschlingt Millionen, doch ein Fehlschlag in der späteren Produktion könnte die Konzerne Milliarden kosten. Da werden den Spezialisten lieber von der Außenwelt hermetisch abgeriegelte Labore eingerichtet. Dort entwickeln sie im Team die nächsten Chip-Generationen.

Fakten:

Fieberhaft arbeiten Forscher weltweit an Supraleitern. Der Markt soll in den kommenden zehn Jahren explodieren.

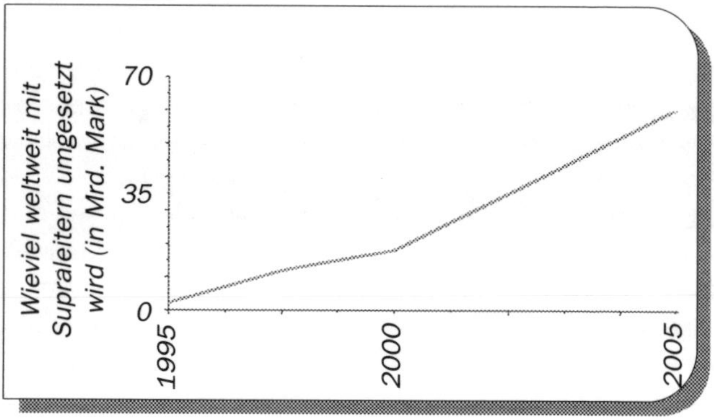

Voraussetzungen:

Das Meistern scheinbar unüberwindlicher Hindernisse setzt Tüftler mit Improvisationstalent und Genauigkeit voraus.

Schule: Fachabitur oder Abitur.

Ausbildung: Wer direkt in die Grundlagenforschung einsteigen will, kann Physik studieren. Ansonsten vermittelt ein Studium der Elektrotechnik den besten Einblick in die Welt der elektrischen Leiter.

Zusatzqualifikationen: Bereits im Studium Praxiserfahrung sammeln. Viele Arbeitgeber schätzen die Mitarbeit an Forschungsprojekten und bevorzugen Bewerber mit Promotion.

Einstiegsmöglichkeiten: Institute, Hochschulen, Industrieunternehmen.

Anfangsgehalt: Universitätsabsolventen rund 70.000 Mark.

Aufstieg:

Für Forscherkarrieren spielt das Renommee der ersten Arbeitgeber eine große Rolle. Institute von Weltruf oder international führende Unternehmen gelten als erste Adressen. Von den Bewerbern wird internationale Mobilität erwartet. Perfekte Englischkenntnisse sind für High-Tech-Forscher ohnehin selbstverständlich.

Mit wachsender Berufserfahrung und internationalem Bekanntheitsgrad können Leitungsforscher bis an die Spitze von Entwicklungsabteilungen oder ganzer Institute vordringen.

Trends:

Für 60 Milliarden Dollar Umsatz soll der Markt für Supraleiter in zehn Jahren sorgen. Egal, ob Stromkonzerne, Kraftwerkshersteller oder Computerbauer: sie alle setzen ihre Hoffnungen auf Materialien, die unterhalb einer bestimmten Temperatur Elektrizität ohne Widerstand leiten. Mikroprozessoren oder Motoren laufen dann nicht mehr heiß, bei der Stromübertragung geht keine Energie mehr verloren, und in Kraftwerken werden Stromschwankungen vermieden.

In der Energietechnik bleibt noch genügend Arbeit übrig. In den Kraftwerken geht immer noch zuviel Energie verloren: Die Energiequellen werden im Schnitt zu weniger als 40% genutzt.

Small is beautiful

Millimetergroße Zahnräder, Hebel und Schalter sind das Herzstück der Maschinen von morgen. Auch ganze Motoren oder Reaktoren haben in der Zukunft auf einem Streichholzkopf Platz. Entwickelt werden diese Miniaturausgaben von Mikrotechnikern.

Der Job:

Mit Schraubenzieher, Zange und Hammer können Mikrotechniker ihre Maschinen nicht mehr bearbeiten, schließlich erkennen sie sie gerade noch mit bloßem Auge. Sie reduzieren eine ganze Chemie-Fabrik mit Reaktor, Abkühlanlage sowie Ab- und Zuleitungen auf die Größe einer Briefmarke. Der Trick: Anstatt die Einzelteile mühsam zusammenzuschrauben, legen die Mikrotechniker eine Schablone, die die Oberflächenstruktur der Maschine enthält, auf Plexiglas und beschießen diese mit Röntgenstrahlen. Dort, wo die Maske Lücken hat, ätzen sie anschließend das Material weg und finden hier Platz, um mikroskopisch kleine Metall- und Keramikteile, sowie haarfeine Rohre und Leitungen anzubringen. Fertig ist die Fabrik, umweltgerecht und sicher.

Von der massenhaften Anwendung in der Praxis sind solche Verfahren noch weit entfernt. Derzeit arbeiten die Mikrotechniker in Forschungslabors an ihren Mikroskopen und Computern. Dort aber präsentieren sie bereits solche Chemiefabriken, genauso wie millimetergroße Motoren, die Maschinen antreiben, mit denen menschliche Arterien von Verkalkungen gereinigt werden können, oder feinste Düsen für Tintenstahldrucker, bei deren Verwendung man gegenüber dem Laserdrucker keinen Unterschied in der Schriftqualität mehr erkennt.

In den Labors herrscht Aufbruchstimmung. Die Forscher sind sich gewiß, daß sie die entscheidenden Durchbrüche für Deutschlands weltweit führenden Maschinenbau entwickeln. Der Umgang in den Teams ist locker, dafür wird von den Mikrotechnikern aber auch Flexibilität, etwa bei den Arbeitszeiten, erwartet.

Fakten: Kleine Geräte – große Umsätze

Viele Erfindungen von Mikrotechnikern stehen derzeit an der Schwelle zum Massenmarkt. Im **Jahr 2000** sollen auf dem Weltmarkt für Mikrosysteme **40 Milliarden Mark** umgesetzt werden. Allein die **Autoindustrie** wird dann Kleinstteile im Wert von **vier bis sechs Milliarden Mark** jährlich ordern.

Voraussetzungen:

Für den Umgang mit millimetergroßen Objekten brauchen die Techniker Geduld, Präzision und eine ruhige Hand.

Schule: Abitur, Fachabitur.

Ausbildung: Der gerade Weg ist ein Studium der Feinwerktechnik mit Spezialisierung auf Mikrosystemtechnik. Aber auch Elektrotechniker, Maschinenbauer und Naturwissenschaftler werden für die Arbeiten gebraucht.

Einstiegsmöglichkeiten: In erster Linie Hochschulen und Forschungsinstitute; aber auch forschende Industrieunternehmen.

Anfangsgehalt: Zwischen 50.000 und 60.000 Mark.

Aufstieg:

Permanentes Lernen ist erforderlich, um auf der Höhe des rasanten Fortschrittes in diesem Bereich zu bleiben. Um Leitungspositionen in der Forschung zu erklimmen, muß man neben einigen Jahren Berufserfahrung und exzellenten Kenntnissen im Fach auch einige eigene Neuentwicklungen vorweisen können.

Die Mikrotechnik steht kurz vor dem Übergang in die Massenfertigung. Experten, die in diesem Gebiet geforscht haben, können in den nächsten Jahren in Industriefirmen wechseln und dort am Aufbau von Fertigungsstätten mitarbeiten.

Trends:

Die Miniaturisierung und Verknüpfung optischer, mechanischer und elektronischer Bauteile ist eines der Forschungs-Highlights am Standort Deutschland. Das Mainzer Institut für Mikrotechnik oder das Forschungszentrum Karlsruhe liegen mit ihren Entwicklungen weltweit vorn.

In den kommenden Jahren kann sich die Mikrotechnik zur Basis eines neuen tiefgreifenden industriellen Wandels entwickeln, ähnlich dem Siegeszug der Computer in den 80er Jahren. Für Maschinen- und Fahrzeugbauer, für die Elektrobranche, sowie für die optische und chemische Industrie wird heute in den Labors eine neue Generation von Maschinen entwickelt, die gerade stecknadelgroß sind.

Die Welt neu erfinden

Eine Mischung aus Wissenschaft und Science-fiction hält die Forscherwelt in Atem: Aus manipulierten Atomen wollen Nanotechniker ganze Maschinen zusammensetzen.

Der Job:

Den Grundgedanken aller Nanotechniker formuliert ihr Guru, der Amerikaner Eric Drexler, folgendermaßen: »Ein Ingenieur mag fragen: Wie bekommt man so kleine Maschinen? Wir aber fragen: Wie bekommt man so große Moleküle?« Nanotechniker wollen die Welt neu zusammenbauen. Sie arbeiten am Computer an der Manipulation von Atomen. Sofern deren Strukturen nicht den Gesetzen der Chemie oder Physik widersprechen, so sind sie überzeugt, müßten sich ihre Atome auch in Wirklichkeit herstellen lassen.

Die Stoffe, mit denen sie arbeiten, können Nanotechniker mit bloßem Auge nicht einmal mehr erahnen: Ein Nanometer ist ein milliardstel Meter lang. In Computersimulationen entwerfen sie Werkzeuge – Assembler –, mit denen sie die Atome verändern wollen. Diese verfügen über Montagearme, mit denen sie einemillionmal pro Sekunde eine bestimmte Atom- oder Molekülsorte aufnehmen und abgeben können. Damit das atomare Wachstum schneller abläuft, sollen sie sich zuerst einmal selbst reproduzieren.

Unter einem Rasterkraftmikroskop gelingt es inzwischen, die Struktur von Atomen abzutasten und darzustellen. In Computersimulationen sind alle technischen Probleme gelöst. Jetzt müssen Nanotechniker beweisen, daß sie im Labor in der Lage sind, neue Moleküle herzustellen. Amerikanischen Chemikern gelang es bereits, künstliche Kohlenstoffmoleküle herzustellen, die funktionieren.

Fakten: Kleiner als klein

Nano (griechisch nanos = Zwerg) bezeichnet ein milliardstel Meter. Atome haben eine Durchmesser von 0,1 bis 0,3 Mikrometer, was einem millionstel Meter entspricht. Ein einzelnes Haar ist rund 50 Mikrometer dick.

Voraussetzungen:

Hier sind Visionäre gefragt. Sie müssen Ideen für neue Molekülkombinationen entwickeln, perfekt mit modernsten Techniken umgehen und in größeren Forscherteams arbeiten können.

Schule: Abitur.

Ausbildung: Die Nanotechnologie befindet sich derzeit noch auf dem Niveau der Grundlagenforschung. Physiker und Chemiker arbeiten an den neuen Atomen. In Zukunft sind aber auch Ingenieure gefragt, wenn es um die Umsetzung der Forschungsergebnisse in Anwendungen geht.

Zusatzqualifikationen: Um beim weltweiten Erfinderwettlauf mithalten zu können, sind perfekte Englischkenntnisse nötig.

Einstiegsmöglichkeiten: Forschungsinstitute, Hochschulen.

Anfangsgehalt: In staatlichen Instituten niedrig, rund 50.000 Mark.

Aufstieg:

Die Nanotechnik ist ein Forschungsgebiet, in dem sich noch Nobelpreise gewinnen lassen. Der zählt in der Forschergemeinde auch ein Vielfaches jeder Karrierestufe im Institut. Dort sind die Leitungsposten extrem dünn gesät. Die Forscherarbeit findet in Teams statt, der Projektleiter ist nur für eine begrenzte Zeit »Primus inter pares«. Der ungekrönte König ist aber der Kollege, dessen Aufsätze in den führenden Journalen abgedruckt und der zu den Top-Kongressen weltweit eingeladen wird.

Trends:

Die Vision der Nanoforscher ist eine Art Technologiesaat: Nanokeime, welche Assembler und die nötigen Atome enthalten, werden einfach in die Erde gestreut, wo sie sich Rohstoffe und Energie besorgen. Selbsttätig organisieren sich die Atome, reproduzieren sich selbst, und binnen weniger Tage entsteht aus der Saat eine Maschine.

Auch wenn Praktiker solche Utopien noch ins Reich der Phantasie verbannen, befinden sich einige Entwicklungen von Nanotechnikern bereits auf dem Weg zur Serienreife. Besonders interessant sind Verfahren, bei dem sich durch Manipulationen auf Oberflächen winzige Muster erzeugen lassen. Dies könnte die Computerchiphersteller vor technischem Stillstand bewahren, die mit Lichtstrahlen zur Gravur an ihre Grenzen stoßen. Die feinsten Leiterbahnen sind inzwischen so breit wie die Wellenlänge des Lichtes. Nanotechniker könnten feinere Verästelungen schaffen.

Wege aus dem Dauerstau

Die Forscher arbeiten an Lösungen für die wachsenden weltweiten Verkehrsprobleme. Originelle Ideen sind gefragt, doch darin steckt wochenlange Statistikarbeit.

Der Job:

Am Anfang jedes Forschungsprojektes steht knochentrockene Statistik: Erst einmal müssen sich die Verkehrsforscher einen Überblick über den Ist-Stand verschaffen. Sie lassen Flugbewegungen, Züge oder Autos zählen. Die Ergebnisse geben sie in ihre Rechner ein und prognostizieren die zukünftige Entwicklung. Das Ergebnis ist meistens: Der Verkehr nimmt zu.

Jetzt erst werden die Forscher aktiv und entwickeln Lösungsmöglichkeiten. Das kann ein neues Parkraumkonzept für eine Innenstadt sein, ein Autobahnring für ein Ballungsgebiet oder Überlegungen zu einem neuen Großflughafen.

Bei Konzernen wie Mercedes und BMW machen sich Forscher über die Rolle des Autos in der Zukunft Gedanken. Den Managern ist durchaus bewußt, daß das Wachstum des Verkehrs zunehmend den Verkauf ihres Produktes gefährdet. Gesucht werden daher Verkehrskonzepte, bei denen die Berufstätigen auf Bahn und Bus umsteigen und denen, die wirklich ihr Auto brauchen, freie Fahrt lassen.

Ihre Ideen verarbeiten die Forscher in mathematischen Formeln. Sie wollen herausfinden, welche Wirkungen ihre Lösung auf den Verkehr, die Umwelt, aber auch auf Arbeitsplätze oder Wirtschaftswachstum hat. Ihre größte Hoffnung bleibt, daß Politiker und Unternehmen den Mut finden, ihre oft revolutionären Vorschläge endlich zu verwirklichen.

Fakten:

Die beste Meßziffer für die Explosion des Verkehrsaufkommens ist die Zahl der zugelassenen Fahrzeuge.

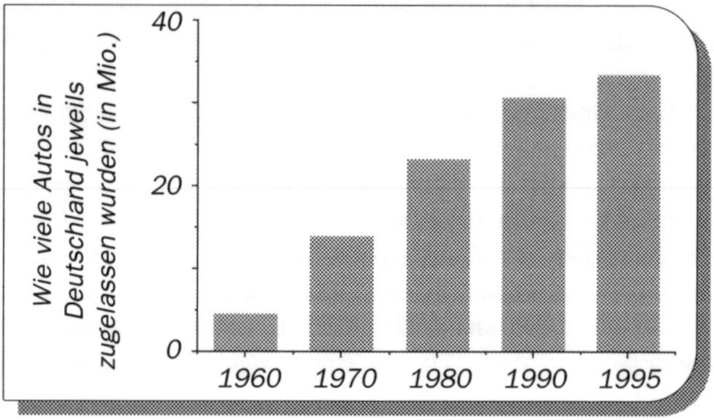

Voraussetzungen:

Optimale Voraussetzungen bieten Forscher, die sich mit dem genauen Arbeiten mit Statistiken anfreunden können und gleichzeitig in der Lage sind, Ideen zu entwickeln und in verständlicher Form zu präsentieren.

Schule: Fachabitur, Abitur.

Ausbildung: Zwei Wege führen zum Ziel: Ingenieurstudium mit Schwergewicht auf dem Verkehrswesen, beispielsweise an der Technischen Universität Berlin oder Dresden. Oder ein Wirtschaftsstudium mit Schwerpunkt Verkehrswissenschaft, möglich unter anderem an der Universität Köln. Auch Städtebauer können sich auf das Verkehrswesen spezialisieren.

Zusatzqualifikationen: Gestaut wird weltweit, und deshalb ist dieses Problem auch weltweit Gegenstand der Forschung. Gute Sprachkenntnisse sind unerläßlich, ebenso Praktika vor Ort: So bekommt man einen Einblick, wie andere Staaten ihr Verkehrsproblem lösen.

Einstiegsmöglichkeiten: Institute, Autohersteller, Behörden.

Anfangsgehalt: 50.000 Mark, in der Industrie auch mehr.

Aufstieg:

Innerhalb der Forschung können sich die Verkehrsexperten nur begrenzt entwickeln. Ihr Know-how über den Transport von morgen verschafft ihnen aber Möglichkeiten, nach einigen Jahren zu einem Transportbetrieb oder einem Fahrzeughersteller zu wechseln.

Trends:

Das explodierende Verkehrsaufkommen macht überall auf der Welt zu schaffen. Der damit zusammenhängende Anstieg des Kohlendioxid-Ausstosses gefährdet das Weltklima. Doch dem wachsenden Transport und Handel verdanken die Industriestaaten auch ihren Wohlstand.

Diesen Teufelskreis zu durchbrechen, sind weltweit Verkehrsforscher gefordert. Sie suchen umweltverträgliche, aber finanzierbare Lösungen für das 21. Jahrhundert. Dabei hofft vor allem die Politik, daß dies ohne große Einschränkungen für ihre Wähler abgeht. Denn an die grenzenlose Mobilität haben sich zumindest die Menschen in den Industriestaaten inzwischen gewöhnt.

Wie der Spagat zwischen Mobilitätswunsch und Umweltbelastung gelingen wird, wagt heute noch keiner zu prophezeien. Einig ist man sich nur, daß neue Lösungen gefordert sind. Und genau danach suchen Verkehrsforscher.

Rund um den Computer

Der rasante Technikfortschritt schafft ständig neue Berufsbilder

Mehr als die Hälfte der Arbeitnehmer kommen bei ihrer täglichen Arbeit mit dem Computer in Berührung: In Büros, Läden, Labors und Fabrikhallen stellen Rechner alle nötigen Informationen und Programme zur Verfügung und verarbeiten geduldig Millionen von Dateneingaben.

Rund 250.000 Computerexperten sorgen derzeit in Deutschland dafür, daß die Rechner fehlerlos arbeiten. Sie beraten Firmen bei der Auswahl der richtigen Computer und Programme, schulen Mitarbeiter im Umgang damit, erfinden neue Software und passen sie an die Bedürfnisse jeder einzelnen Firma an. Ein neues Betätigungsfeld bietet ihnen die weltweite Vernetzung von bislang isoliert arbeitenden Rechnern.

Die Berufsbezeichnungen verschwimmen dabei. Berater analysieren genauso Software-Probleme, wie Analysten in der Beratung arbeiten, und Programmierer reden ebenso in der Analyse mit wie Netzwerker. Vor drei Jahren spielten letztere in den Planungen der Firmen noch überhaupt keine Rolle. Ob sich jetzt wirklich der Internet-PC durchsetzt, der ohne Betriebssystem auskommt und seine Programme aus dem Netz holt, wagt heute noch keiner abschließend zu beurteilen. Die hier vorgestellten Jobs geben daher auch nur grobe Tätigkeitsmuster wieder.

Die Zukunft der Branche liegt eindeutig in der Beratung: Hier arbeiten Informatiker, aber auch Ingenieure und Wirtschaftswissenschaftler. Ihr großer Vorteil ist, daß sie die Praxis besser kennen und verstehen, was eigentlich im Unternehmen passiert. Dieses Wissen nutzen sie, um daraus rechnergestützte Lösungen zu erarbeiten. Informatiker müssen sich dagegen mühsam in den Alltag in Firmen einarbeiten. Sie sollten sich daher schon während des Studiums um betriebswirtschaftliches oder technisches Know-how bemühen.

Um ein Studium kommt kaum noch einer herum, der in dieser Branche einen qualifizierten Job ergattern will. Bereits jeder Dritte verfügt heute über ein Fachhochschul- oder Universitätsdiplom. Software-Schmieden haben einen Akademikeranteil von 70 bis 80 Prozent. Wem die Zeit zwischen Abitur und Diplom zu lange dauert, der kann als Alternative auch eine Ausbildung an einer Berufsakademie machen. Dort lernt er innerhalb von 18 Monaten komprimiert die Grundlagen der Informatik, die nächsten 18 Monate arbeitet er dann schon praktisch bei einem Unternehmen. Große Computerfirmen im Südwesten, wie die Ableger der US-Riesen IBM und Hewlett-Packard, bieten dafür Ausbildungsplätze an.

Seelsorger für Computernetze

Die ganz alltäglichen Probleme im Umgang mit dem Rechner sind das Geschäft der DV-Betreuer. Ohne sie kommt kein modernes Unternehmen aus.

Der Job:

»Mein Text ist weg!« Diesen Hilfeschrei kennen DV-Betreuer zur Genüge. Meist hat der Nutzer aus Versehen die Löschtaste gedrückt oder sucht sein Dokument im falschen Ordner. Durch einen einfachen Handgriff beheben die Computerexperten aus der EDV-Abteilung solche Pannen. Die Bewunderung hilfloser Nutzer ist ihnen gewiß.

Aber nicht alle Probleme lassen sich auf so einfache Art lösen. Die Hauptaufgabe liegt in der Pflege des Netzes. Je größer es ist, je mehr Benutzer darüber verbunden sind, desto intensiver die Netzbetreuung. Der dynamischen Entwicklung im Computer- und Software-Bereich haben die Systembetreuer in den Unternehmen Rechnung zu tragen. Kommt ein neues Programm auf den Markt, müssen Rechner aufgerüstet oder neue Drucker angeschafft werden. Passen sie nicht zum bestehenden Betriebssystem, liegt es an den Betreuern, sie passend zu machen.

Die Allroundtalente für alle Fragen rund um den Computer kümmern sich auch um Neuanschaffungen, installieren neue Rechner und schulen die Mitarbeiter. Ihre zeitliche Belastung ist ziemlich hoch – solange in der Firma gearbeitet wird, muß auch ein DV-Betreuer erreichbar sein. Größere Reparaturen verlegen sie in die Nachtstunden oder auf das Wochenende.

Fakten: Auf allen Rechnern zu Hause

DV-Betreuer haben bei ihrer Arbeit mit den **unterschiedlichsten Plattformen** zu tun. Den Hauptanteil von 90 Prozent stellen: DOS-, Windows-, Unix- und Apple-Anwendungen.

Voraussetzungen:

Geduld ist gefragt angesichts der immer gleichen Probleme hilfloser Anwender. Mit gesundem Menschenverstand und Pragmatismus lassen sich viele kompliziert klingende Dinge auf simple Art lösen.

Schule: Fachabitur oder Abitur.

Ausbildung: Studium der Informatik, Elektrotechnik, Learning-by-doing-Verfahren.

Zusatzqualifikationen: Grundkenntnisse in allen Betriebssystemen, einen guten Marktüberblick und die Fähigkeit, sich schnell in neue Zusammenhänge einzuarbeiten.

Einstiegsmöglichkeiten: Jedes größere Unternehmen braucht Betreuer für seine EDV-Anlagen.

Anfangsgehalt: Rund 60.000 Mark für Anfänger.

Aufstieg:

Die Karriere beginnt als »Feuerwehrmann«. Wenn's irgendwo klemmt, rufen genervte Mitarbeiter den Betreuer an, der meist einen Piepser oder ein Handy mitführt.

Anspruchsvollere Tätigkeiten warten auf die Systembetreuer indes auch. Die Vernetzung in kleinen und großen Unternehmen ist im vollen Gang. Als Angestellte oder auch als Selbständige für die jeweiligen Betriebe oder Büros die geeigneten Systeme zu finden, mit den Händlern und Herstellern zu feilschen, um schließlich für die gesamte Technik Verantwortung zu tragen, brauchen die DV-Fachleute auch kaufmännisches Geschick und einen guten Marktüberblick.

Trends:

Die Rechner erobern Büros, Fabrikhallen und Ladenlokale. Garantiert treten überall bei ihrer Benutzung Fragen auf – ein Fall für DV-Betreuer.

Je weiter sich die Welt vernetzt, desto größer wird deren Aufgabenfeld. Die permanent größer werdende Produktpalette der Soft- und Hardwarehersteller stellt die Betreuergilde vor immer neue Probleme, die unterschiedlichsten Produkte zusammenzuführen.

Sprachübungen für Computer

An der Schnittstelle zwischen PCs, Großrechnern und Telekommunikationsgeräten arbeiten Netzwerker. Ihr Ziel ist es, Computern das grenzenlose Plaudern zu ermöglichen.

Der Job:

Netzwerker bringen Rechnern das Kommunizieren bei. Sie bauen lokale Computernetze auf, binden PCs ans Telefon an oder finden Lösungen für die Datenübertragung mittels Handy. Bei ihrer täglichen Arbeit macht ihnen ein babylonisches Sprachengewirr zu schaffen. DOS-PCs verstehen ihre Kollegen von Apple nicht, ältere PC-Modelle haben Schwierigkeiten, die Nachrichten neuester Multimedia-Rechner zu entschlüsseln, und Großrechner-Terminals verstehen in der PC-Welt nur Bahnhof. Alle Rechner im Netz brauchen aber eine gemeinsame Kommunikationsplattform. Netzwerker müssen individuelle Lösungen für jeden Kunden finden und installieren.

Sie benutzen dabei lokale Netze genauso wie das Internet oder die Leitungen der Telekom. Die Auswahl ist vor allem eine Kostenfrage, wobei häufig die Nutzung des Internet die günstigste Variante darstellt. In Zukunft werden sie massiv auf Konkurrenten der Telekom im Leitungsgeschäft zurückgreifen. Trotz aller Beschäftigung mit Leitungen arbeiten die Netzwerker weder im Keller noch in Kabelschächten. An ihrem Arbeitsplatz steht ein PC, an dem sie – häufig im Team – intelligente Kommunikationslösungen entwickeln.

Fakten:

Im Vergleich zwischen der Situation in Deutschland und den USA zeigt sich ganz deutlich, daß hierzulande zwar die technische Netzinfrastruktur gut ausgebaut ist, es aber an Nutzungsmöglichkeiten und an leistungsfähigen Endgeräten mangelt.

Wer über welche Anschlüsse und Geräte verfügt

	USA	*D*
ISDN-Anschlüsse je 1.000 Einwohner	*13*	*57*
Kabelanschluß je 100 Haushalte	*93*	*63*
PC je 100 Einwohner	*48*	*24*
Modems je 100 Haushalte	*20*	*4*
Internet-Anschlüsse je 1.000 Einwohner	*17*	*4*
Faxgeräte je 100 Einwohner	*5*	*2*

Voraussetzungen:

Netzwerker brauchen bei ihrer Arbeit analytisches Denkvermögen und Lernbereitschaft.

Schule: Fachabitur, Abitur. Die Zukunft in der gesamten Computerbranche gehört den Höherqualifizierten.

Ausbildung: Studium der Informatik, der Wirtschaftsinformatik oder des Ingenieurwesens mit Schwerpunkt Informatik. Sinnvoll ist auch ein Elektrotechnik-Studium.

Zusatzqualifikationen: Frühzeitig Kontakt zur Praxis suchen. Das Studium vermittelt nur theoretische Grundlagen. Unerläßlich für die Arbeit in der Computerbranche sind gute Englischkenntnisse.

Einstiegsmöglichkeiten: Die gesamte Wirtschaft arbeitet derzeit an ihrer Vernetzung. Berufsstarter können bei spezialisierten Anbietern lernen.

Anfangsgehalt: 60.000 bis 70.000 Mark.

Aufstieg:

Learning by doing steht in den ersten Berufsjahren auf dem Stundenplan. Erst bei der täglichen Arbeit erfährt man, welche Probleme der Zusammenschluß unterschiedlicher Rechnertypen mit sich bringen kann. Hier gilt es sich auch nach Feierabend ständig fortzubilden.

Angesichts der zentralen Bedeutung der Netze bestehen für Leute mit Berufserfahrung gute Chancen, ins Management vorzustoßen. Eine Alternative besteht darin, sich frühzeitig auf eigene Beine zu stellen. Beim Aufbau von Netzen heuern Firmen freie Mitarbeiter an, die diese gewaltige Aufgabe zu bewältigen helfen. Die Pflege übernehmen dann die eigenen Leute, während die Freien zum nächsten bislang Netzlosen weiterziehen.

Trends:

Alleinstehende Rechner sind out – Netze hingegen selbst in privaten Haushalten in. Die Vorstände der Computerbauer Compaq und Hewlett-Packard schwärmen von einem Reihenhaus, bei dem in der Küche, im Arbeits- und im Kinderzimmer ein Computer steht und im Wohn- und im Schlafraum Fernseher. Alle diese Geräte sind miteinander vernetzt, ein Rechner funktioniert als Server, von dem die anderen ihre Programme abrufen. Diese Vision technisch zu realisieren, wird der Job für Netzwerker im nächsten Jahrtausend sein.

Die Macher in der Datenwelt

Schritt für Schritt übertragen sie menschliche Gedanken in maschinell lesbare Befehle.

Der Job:

Am Anfang eines neuen Auftrags arbeiten die Computerspezialisten mit Papier und Bleistift. Hier skizzieren sie mögliche Lösungen für ein neues Programm, bauen sich eine Hierarchie der Befehle auf und überprüfen den logischen Zusammenhang ihrer Überlegungen. Denn bevor sie am Rechner loshacken oder Hilfskräfte mit Programmierschritten beauftragen, müssen sie ihren gesamten Auftrag zu Ende gedacht haben.

Wenn ihre Analyse fertig ist, beginnt die Arbeit am Rechner. Programmierer arbeiten in einer maschinenlesbaren Sprache, der Normalsterbliche versteht weder Anfang noch Ende. Sie nutzen Programmierwerkzeuge, die ihnen fertige Bausteine vorgeben, welche sie dann an den individuellen Auftrag anpassen. Die spannendste Arbeit folgt im Anschluß beim Test: Funktioniert die ganze Sache wirklich so wie vorgestellt?

Ihr Arbeitsplatz befindet sich in Software-Häusern oder in den Rechenzentren großer Firmen. Größere Aufträge gehen sie im Team an, der Ton ist locker, als Kleidung reichen Jeans und Pulli. Steht der Termin für die Abgabe eines Programms fest, können sie ihren Feierabend vergessen. Ansonsten haben sie aber durchaus die Möglichkeit, abends etwas zu unternehmen.

Fakten:

Mehr als die Hälfte des weltweiten Software-Umsatzes wird in den USA erzielt. Aber auch in Deutschland weist die Branche Jahr für Jahr satte Zuwachsraten auf.

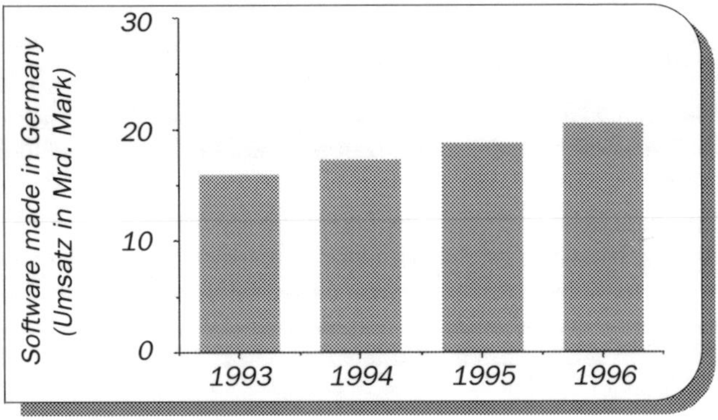

Voraussetzungen:

Bei ihrer Arbeit benötigen sie unbedingt absolute Genauigkeit und Geduld, falls das Programm nicht sofort läuft.

Schule: Fachabitur, Abitur, mittlere Reife in Kombination mit einer kaufmännischen Berufsausbildung.

Ausbildung: Einen guten Einstieg bieten Assistentenberufe im Datenverarbeitungsbereich wie Wirtschaftsassistent Informatik oder Staatlich geprüfter Wirtschaftsinformatiker. Universitätsabsolventen der Informatik, Wirtschaftsinformatik oder aus Ingenieurwissenschaften nutzen Programmiererjobs häufig als Einstieg in die Computerwelt.

Zusatzqualifikationen: Ständiges Lernen auch in der Freizeit ist in dieser Branche Pflicht. Doch für die meisten, die hier arbeiten, ist das ohnehin mehr Freizeitvergnügen denn belastende Arbeit.

Einstiegsmöglichkeiten: Software-Häuser, größere Unternehmen.

Anfangsgehalt: Ohne Studium um die 40.000 Mark, mit Diplom um die 60.000 Mark.

Aufstieg:

Programmierer sind Zuarbeiter. Ihre Firmen bieten eine Vielzahl von Fortbildungsmöglichkeiten an, die man unbedingt wahrnehmen sollte. Wer Engagement zeigt, hat durchaus Chancen, anspruchsvollere Aufgaben zu übernehmen. Die liegen in der Analyse von Systemen oder der Beratung von Kunden.

Trends:

In den USA werden in den kommenden fünf Jahren 250.000 zusätzliche Programmierer gesucht. Auch wenn jenseits des Atlantischen Ozeans die größten Software-Fabriken stehen, gibt es auch hierzulande genügend Einsatzmöglichkeiten. Die Erfolgsgeschichte des badischen Herstellers SAP zeigt, daß auch am Standort Deutschland eine weltweit führende Software-Schmiede Erfolg haben kann.

Das Zauberwort der kommenden Jahre für Programmierer heißt Künstliche Intelligenz. Neue Software arbeitet nicht mehr hierarchisch Befehl für Befehl ab, sondern kombiniert verschiedene Befehle. Ihre Struktur ist dem menschlichen Nervensystem nachempfunden, das in der Lage ist, ständig zwischen verschiedenen Gedanken hin und her zu springen. Die Struktur solcher Programme ist äußerst komplex, ihre Entwicklung daher zeit- und kostenaufwendig.

Programmieren für Laien

Screendesigner gestalten die Oberfläche von Programmen auf dem Bildschirm, so daß auch Anfänger mit dem Computer arbeiten können.

Der Job:

Die Zukunft gehört dem Mausklick. Spielend leicht gleiten Computerbenutzer mit dem Mauszeiger über den Bildschirm und öffnen durch einfachen oder Doppelklick Programme oder Dokumente. Aufgabe der Screendesigner ist es, die Oberfläche so aufzubauen, daß die Benutzer sich möglichst rasch zurechtfinden.

Ihre Vorgaben erhalten sie von Grafikern. Diese skizzieren schnell das Raster für ein Layout auf dem Papier, die oft Tage dauernde Umsetzung übernehmen Screendesigner. Sie gestalten Multimedia-CDs so, daß die Anwender zu Hause ohne Schwierigkeiten die geballten Informationen über Leonardo da Vinci oder 100 Jahre Kino abrufen können – durch einfachen Mausklick.

Sie entwerfen Oberflächen für Online-Dienste und Internet-Seiten. Um sich neue Ideen zu holen und um auf dem neuesten Stand zu sein, surfen sie stundenlang durch das Internet und diskutieren dort mit Designern aus aller Welt über Tricks und Kniffe, wie man Seiten optisch aufpeppen kann.

Von geregelten Arbeitszeiten können sie nur träumen: Ihre Projekte müssen nahezu immer zu einem Stichtag fertig sein. Doch meistens packt sie die Herausforderung, ein hochkompliziertes Programm für Laien verwendbar zu machen, ohne Rücksicht auf Arbeitszeiten.

Fakten:

Für die Oberflächengestalter besonders attraktiv ist der boomende Markt für CD-ROMs. Zwischen 1991 und vergangenem Jahr verfünffachte sich der Umsatz.

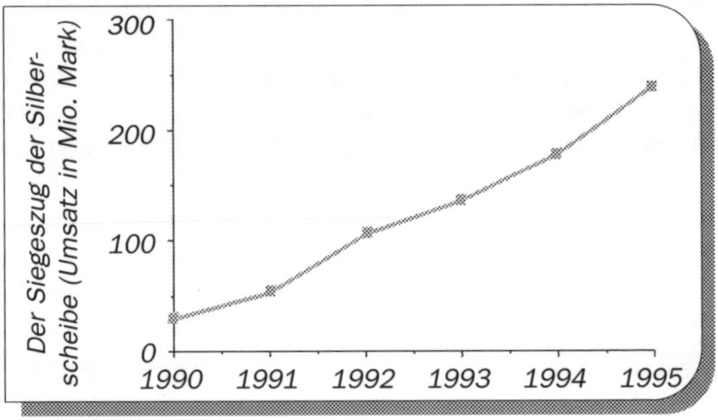

Voraussetzungen:

Kreativität, einen Sinn für Grafiken und Spaß am Umgang mit dem Computer sind wohl die wichtigsten Eigenschaften, die Screendesigner besitzen sollten.

Schule: Eher Nebensache. Wer aber studieren will, muß mindestens zwölf Jahre bis zum Fachabitur bleiben.

Ausbildung: Wer auf eine formale Bildung nicht verzichten will, dem bietet die Fachhochschule in Stuttgart den Studiengang Medien-Design. Auch andere Hochschulen richten neue Ausbildungswege im Bereich Medien ein. Lehrgänge speziell für Screendesigner bietet die Multimedia-Akademie Friedrichshafen an.

Zusatzqualifikationen: Learning by doing. Wer in dieser Branche Fuß fassen will, muß möglichst früh selbst mitarbeiten. Eine Mappe mit eigenen Screen-Entwürfen hilft bei der Suche nach dem ersten festen Job.

Einstiegsmöglichkeiten: Software-Häuser, Verlage, Werbeagenturen.

Anfangsgehalt: Je nach Vorwissen zwischen 40.000 und 55.000 Mark.

Aufstieg:

Der Beruf ist noch zu jung, um sichere Aussagen über mögliche Karrierewege machen zu können. In der Gründerphase der Multimedia-Branche bestehen aber in jedem Fall gute Chancen, sich in Zusammenarbeit mit einem Grafiker selbständig zu machen.

Trends:

Schon heute steht in jedem fünften deutschen Haushalt ein PC. Bis zur Jahrtausendwende soll sich diese Zahl verdoppeln. Dabei nutzen die meisten Anwender ihren Computer zur Freizeitgestaltung, als elektronische Schreibmaschine und zunehmend als Nachschlagewerk. Sie wollen sich nicht erst lange mit der Logik der Maschine auseinandersetzen oder sich durch dicke Handbücher quälen. Das verheißt gute Zeiten für Screendesigner. Sie nehmen den Benutzern in den eigenen vier Wänden die Arbeit mit dem Computer ab und geben ihnen mehr Zeit, zu lernen oder zu spielen.

Privatleute sind zudem der Wachstumsträger im Internet. Auch hier wollen sie sich meist nicht lange in den klassischen Diskussionsforen aufhalten, die optisch langweilig und schwieriger zu bedienen sind. Mit wachsender Begeisterung nutzen sie die Seiten des Word-Wide-Web, hinter deren zum Teil atemberaubender Aufmachung die Arbeit von Screendesignern steckt. Ihr größtes Betätigungsfeld wird aber in Zukunft die Gestaltung von Multimedia-Produkten sein. Lernsoftware und Lexika ersetzen in den Haushalten nach und nach gedruckte Produkte.

Denken wie ein Computer

Die Mittler zwischen Computer- und Menschenwelt tüfteln ständig neue Software-Lösungen aus.

Der Job:

»Können wir dazu eine Programmlösung anbieten?« Diese oder eine ähnliche Frage haben Systemanalytiker schon tausendmal gehört. Sie sitzen an der Schnittstelle zwischen Praxis und Computerwelt und setzen Vorgaben von Beratern oder Kunden in Software-Pakete um. Nicht selten winken sie aber auch rasch ab: »Das geht nicht.« Immer wieder müssen sie zugeben, daß die Computer noch Grenzen haben.

Systemanalytiker müssen sich in zwei Welten hervorragend auskennen: Von ihnen wird erwartet, daß sie alle Einsatzmöglichkeiten von Rechnern genau kennen. Genauso müssen sie aber in der Lage sein, bei komplizierten betriebswirtschaftlichen oder naturwissenschaftlichen Fragestellungen mitreden zu können. Denn nur wenn sie das Ausgangsproblem verstanden haben, können sie neue Lösungen entwickeln. Früher oder später spezialisiert sich daher jeder Analytiker auf eine Branche oder eine bestimmte Fragestellung.

In den System- oder Software-Häusern arbeiten sie zumeist in Teams an den Programmlösungen. Ihr eigenes Büro kann spartanisch sein, eigentlich muß dort nur ein leistungsfähiger Rechner stehen. Davor hocken sie manchmal tagelang auf der Suche nach möglichen Lösungen.

Gefordert sind die Analytiker auch bei der Pflege bestehender Software: Warum nimmt das Lagerhaltungsprogramm nie Preisänderungen an, die im Einkauf eingegeben werden? Der Fehler kann in einem einzigen Befehl stecken, fragt sich nur, in welchem. Systemanalytiker begeben sich auf die Suche und durchforsten systematisch Zehntausende von Programmierschritten.

Fakten: Krisenfester Job

Der Umsatz der Datenverarbeitungsbranche wächst in Deutschland unabhängig von allgemeinen Konjunkturdaten. 1995 erzielten die Firmen mit Informationstechnik einen Umsatz von **80 Milliarden Mark**. Für 1996 erwartet die Branche zusätzliche **6 Milliarden Mark**. Wachstumsmotor Nummer eins mit einem Zuwachs von **11,3 Prozent** war vergangenes Jahr die Hardware-Branche. Hier finden die Analytiker genauso freie Stellen, wie in der ebenfalls florierenden Software-Industrie, die allein 1995 zusätzliche Umsätze von **1,5 Milliarden Mark** erzielte.

Voraussetzungen:

Geduld und Beharrlichkeit brauchen die Software-Experten, wenn sie neue Programmlösungen erarbeiten.

Schule: Fachabitur, Abitur.

Ausbildung: Studium der Wirtschaftsinformatik oder der Informatik.

Zusatzqualifikationen: Kenntnisse der großen Programmiersprachen, Erfahrung als Programmierer.

Einstiegsmöglichkeiten: Software-Häuser, Hardware-Hersteller, Unternehmensberater, große Industriefirmen.

Anfangsgehalt: 60.000 bis 70.000 Mark.

Aufstieg:

In der Computerbranche gelten die alten Hierarchien nicht mehr viel. Für jeden Auftrag wird ein neues Team zusammengestellt. Die Leitung übernimmt, wer sich am längsten mit der Branche des Kunden oder dessen speziellem Problem auseinandergesetzt hat. Ist der Auftrag abgeschlossen, löst sich das Projektteam auf. Wer gerade noch eine Zehnmanngruppe geführt hat, ist beim nächsten Auftrag vielleicht als Zuarbeiter eingesetzt.

Trends:

Der Bedarf der Wirtschaft an Systemanalytikern bleibt auf Jahre groß. Sie sind die bestbezahlten Spezialisten in der nach wie vor wachsenden Datenverarbeitungsbranche. Bei ihrer Arbeit wird die Pflege und Fehlerkorrektur bereits laufender Software immer größere Bedeutung gewinnen.

Ihre Tätigkeit ist eng mit der von Beratern verwoben und im Alltag häufig nicht klar von dieser zu trennen. Wer sich einmal in ein bestimmtes Computersystem eingearbeitet hat, ist dann auch in der Lage, Kunden bei dessen Einsatz zu beraten (vgl. Systemberater, S. 224).

Wegweiser durch Hard- und Software

Das richtige Programm auf dem richtigen Rechner für die richtigen Leute: Systemberater entwerfen maßgeschneiderte Computerlösungen.

Der Job:

Systemberater sind die Frontkämpfer der Computerbranche. Sie stehen im direkten Kontakt mit den Kunden und verbringen einen guten Teil ihrer Zeit vor Ort in deren Fabrikhallen und Büros. Ein Auftrag kann sie dort für Wochen oder Monate festhalten.

Ihr Job ist es, jedem Kunden die individuell optimale Hard- und Software-Lösung zu verkaufen. Der eine sucht nach einem neuen Lagerwirtschaftssystem, der zweite will sein gesamtes Rechnersystem umstellen. Um dabei helfen zu können, müssen sich Systemberater erst einmal ein genaues Bild von der Arbeit in der Firma des Kunden machen: Welche Waren kommen herein? Wie werden sie erfaßt? Welche Menschen arbeiten dort?

Mit den Ergebnissen ihrer Analyse setzen sie sich dann an den Schreibtisch und tüfteln eine neue rechnergesteuerte Lösung aus. Den Ansatz finden sie nicht allein im stillen Hinterzimmer, sondern zusammen mit Kollegen. Sie prüfen, welche Standardsoftware am besten zum Kunden paßt und wieviel Arbeit noch in der Anpassung an spezielle Probleme im Betrieb steckt. Auch stellen sie die optimale Rechnerkonfiguration zusammen.

Vor Ort beim Kunden installieren die Systemberater die Rechner und schulen die Mitarbeiter im Umgang mit den neuen Programmen. Ihre Kunst liegt darin, ihr geballtes Know-how Laien in verständlicher Form mitzuteilen. Denn nur dann kann ihre Computerlösung im Betrieb wirklich laufen.

Fakten:

Dem vernetzten PC gehört die Zukunft. Im internationalen Vergleich findet man hierzulande zu wenig dieser kleinen Rechner – für Systemberater bleibt noch viel Aufklärungsarbeit zu leisten.

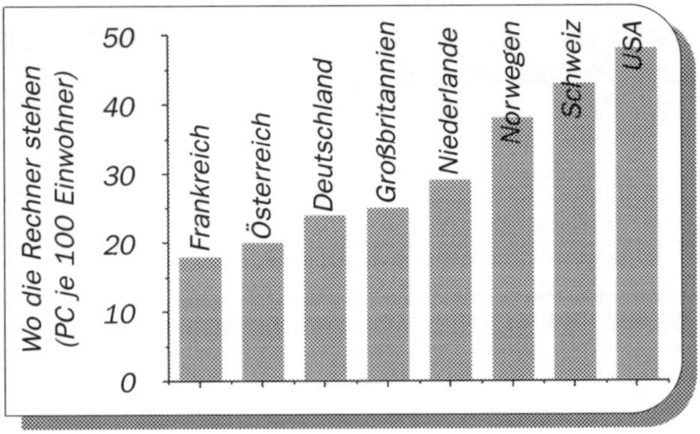

Voraussetzungen:

Flexibilität, Teamorientierung und Innovationskraft sind in diesem EDV-Job gefordert. Für den Umgang mit den Kunden müssen Systemberater souverän Gespräche führen und sich dabei klar und präzise ausdrücken können.

Schule: Abitur.

Ausbildung: Wirtschaftsinformatiker und -ingenieure sind gefragt. Sie haben Ahnung von der Technik und können sich schnell in die Arbeitsprozesse beim Kunden einarbeiten.

Zusatzqualifikationen: Wer Unternehmen beraten will, sollte wenigstens ein oder zwei davon durch eigene Arbeitseinsätze kennengelernt haben. Praktika in den Semesterferien sind Pflicht.

Einstiegsmöglichkeiten: Hardware-Hersteller, Systemberater, Software-Häuser.

Anfangsgehalt: Ab 50.000 Mark.

Aufstieg:

Nach dem Studienabschluß schulen die Unternehmen ihre Leute erst einmal im Umgang mit Programmen, Rechnern und Käufern. Die Nachwuchskräfte arbeiten dann im Hause bei ersten Projekten mit. Erst mit einiger Berufserfahrung kommen sie direkt mit den Kunden in Kontakt. Da sie maßgeblich für den Umsatz ihres Arbeitgebers verantwortlich sind, können sie sich sicher sein, daß er ihr Tun genau beobachtet wird und bei guten Leistungen einen Aufstieg ermöglicht.

Gute Systemberater haben auch die Chance, sich auf eigene Beine zu stellen. Der Bedarf des Mittelstandes nach qualifizierter Hilfe von außen ist riesig. Frühzeitig sollte man sich dabei auf einen ganz bestimmten Bereich konzentrieren: Das können Software-Lösungen für Landwirte genauso sein wie spezielle Abrechnungsprogramme für Außendienstler.

Trends:

Den Beratern sagen Experten eine goldene Zukunft voraus. In den letzten zehn Boom-Jahren haben Firmen häufig verschiedene Systeme in ihren Büros und Fertigungsstätten installiert. Da laufen PCs mit Microsoft-Software neben Programmen, die für Großrechner konzipiert wurden. Jetzt suchen diese Unternehmen EDV-Lösungen aus einem Guß. Beratung ist dringend erwünscht. Schließlich kann die Umstellung unternehmensweit schnell mehrere Millionen Mark kosten.

Rund um die Verwaltung

Der »Buhmann Beamte« kämpft mit den modernen Zeiten

»Das deutsche Schicksal«, erkannte Kurt Tucholsky in den 20er Jahren, sei es, »vor einem Schalter zu warten«, und er fügte sardonisch hinzu: »Das deutsche Ideal ist es, hinter einem Schalter zu sitzen.« Das Bild des klassischen Staatsdieners, mit Uniform und Amtsbefugnis bewaffnet, verblaßt indes zusehends.

Nicht nur bessere Einsicht, sondern bitterer Zwang beflügeln Ämter und Behörden, aufgeblähte Verwaltungstrupps abzuspecken und die Leistungsanforderungen zu erhöhen. »Leere Kassen« heißt der Grund, warum Staat, Länder und Kommunen sich immer öfter die Fragen stellen müssen, ob und für wen sie bestimmte Serviceleistungen erbringen können. Um diese Frage erschöpfend zu beantworten, müssen sie aber erst einmal herausfinden, was bestimmte Leistungen eigentlich kosten. Scharen von betriebswirtschaftlichen Kostenrechnern sind landauf, landab damit beschäftigt, das öffentliche Leistungsspektrum auf seine Wirtschaftlichkeit zu untersuchen.

Überproportional steigende Ausgaben verschlingen nicht nur seit Jahren die ebenfalls steigenden Einnahmen, auch die Staatsverschuldung nimmt kontinuierlich zu. Lag 1989 der Finanzierungssaldo des Bundes bei einem Minus von 20 Milliarden Mark, so beläuft er sich vier Jahre später bereits auf mehr als das Dreifache. Die Verschuldung der Länder stieg in diesem Zeitraum um das 5,5fache, und bei den Gemeinden entwickelte sich aus einem Plus von 1,7 Milliarden Mark ein kräftiges Minus von 22,5 Milliarden Mark.

Da selbst die staatlichen Finanzhüter einsehen müssen, daß sie aus den Bürgern nicht mehr Geld herauspressen können, und auch der Schuldenberg so aufgetürmt ist, daß bereits jede vierte eingenomme Steuermark für Zinsen aufgeht, wird der Sparzwang eklatant. Doch selbst wenn ihm einige Planstellen zum Opfer fallen, ist die Nachfrage nach engagierten, gut ausgebildeten Leuten im öffentlichen Dienst da.

Neben den öffentlich bestellten Rechnern sind die staatlichen Zukunftsjobs im klassischen Bereich der sozialen Sicherheit angesiedelt. Die von der Allgemeinheit finanzierten Ordnungshüter, die Straßen und dunkle Ecken in der U-Bahn sicherhalten oder sich Straftäter vorknöpfen, werden vermehrt gebraucht werden.

Ein Herz für die Probleme anderer

Den gesellschaftlichen Randgruppen begegnen Bewährungshelfer täglich. Hoffnungslose Fälle sind für sie nichts Ungewöhnliches. Schaffen sie es allerdings, Gestrauchelte wieder in das rechte Gleis zu bringen, wissen sie, warum sie diesen Beruf gewählt haben.

Der Job:

Klassische Bewährungshelfer sind entweder den Gerichten oder Strafvollzugsanstalten untergeordnet und können bei ersterer Behörde sehr frei, im Strafvollzug jedoch nur in engen Hierarchiestrukturen arbeiten.

Die Bewährungshelfer bei Gericht werden erst auf gerichtliches Verlangen tätig. Bei Straffälligen, die bis zu einer Freiheitsstrafe von zwei Jahren verurteilt werden, kann der Richter diese Strafe auf Bewährung aussetzen und gleichzeitig be-stimmen, daß der Betreffende einen Bewährungshelfer aufsuchen muß.

Mit schwerer Kriminalität haben es die Bewährungshelfer also nicht zu tun, dafür aber umso mehr mit Delikten wie Alkohol- oder Drogenmißbrauch, Diebstahl, Zahlungsverzug oder Verletzung der Unterhaltspflicht. Die menschlichen Schicksale, die ihnen bei ihrer Arbeit zu Gesicht und zu Ohren kommen, entmutigen immer wieder, da sie allzu oft die Grenzen ihrer Handlungsfähigkeit aufzeigen.

Ihr Handlungsspielraum ist indes riesengroß. Fast alle Wege stehen ihnen offen, Klein- und Halbkriminelle von der Unsinnigkeit ihrer Handlung zu überzeugen, Verantwortung müssen sie nur dem Richter gegenüber ablegen.

Fakten: Jede Menge Arbeit für Bewährungshelfer

Auszug aus der Kriminalstatistik in Deutschland, Stand 1994.

Straftaten im Bereich	*im Jahr 1994*	*Veränderung zu 1993*
Diebstahl	*866.330*	*– 6,9%*
Vermögens- und Fälschungsdelikte	*751.065*	*+ 8,7%*
Körperverletzung	*301.959*	*+2,4%*
Suchtgiftmißbrauch	*132.389*	*+8,3%*

Voraussetzungen:

Eine Portion Idealismus brauchen Bewährungshelfer in jedem Fall, um diesen Beruf auszuüben. Ein gutes Herz oder ein soziales Gewissen reicht indes nicht aus, um in diesem Job ein Leben lang zu arbeiten. Ein gesunder Selbstschutzmechanismus ist ebenso notwendig wie ein ausgeprägtes Urteilsvermögen, wo Hilfe lohnt und wo nicht.

Schule: Abitur.

Ausbildung: Studium der Sozialpädagogik, der Sozialarbeit oder des Sozialwesens.

Zusatzqualifikationen: Ein Jahr praktische Arbeit auf einem staatlichen Ausbildungsposten.

Einstiegsmöglichkeiten: In den speziellen Abteilungen der Gerichte, im Strafvollzug, bei privaten Hilfs- und Selbsthilfeorganisationen.

Anfangsgehalt: Zwischen 45.000 und 50.000 Mark.

Aufstieg:

Leitende Positionen für die Mitarbeiter im öffentlichen Dienst gibt es kaum. Die Hierarchiestrukturen in den Strafvollzugsanstalten sind stark untergliedert, folglich sind hier auch mehr Aufstiegsmöglichkeiten zu finden.

Wer eine glorreiche Karriere anstrebt, ist in diesem Berufsfeld ohnehin falsch aufgehoben. Hauptsächlich die persönliche Befriedigung motiviert Sozialpädagogen, und weniger klingende Titel oder üppige Tantiemen.

Trends:

Mit der Kriminalitätsrate steigt der Bedarf an Sozialpädagogen – auch wenn die angespannte Haushaltslage der öffentlichen Kassen ein großes Stellenwachstum zur Zeit verhindert. Die sozialen Helfer finden zunehmend Arbeitsmöglichkeiten in privaten oder karitativen Organisationen, die sich häufig auf ein Gebiet spezialisieren, um gezielte Hilfeleistung anzubieten. So wurden Rehabilitationszentren für drogenabhängige Jugendliche oder private Schuldnerberatungen gegründet. Ein neues Betätigungsfeld eröffnet sich für Sozialpädagogen auch in der qualifizierten Altenbetreuung.

Kontrolleure der Staatseinnahmen

Gerne zahlt niemand Steuern, und jedermann versucht, so viele Schlupflöcher wie möglich ausfindig zu machen. Die Steuerehrlichkeit der Bürger zu überprüfen, ist Aufgabe der Finanzbeamten.

Der Job:

Ihr Ruf ist nicht der beste: Die Mehrheit der Bevölkerung sieht in ihnen lästige Scharfrichter, die an ihr sauerverdientes Geld wollen. Zudem haftet ihnen das Image des Beamten mit zugehörigem Amtsschimmel an. Die Amtsstube ist denn auch ihr tägliches Zuhause, und an Attraktivität haben die Bürowände auch durch den Einzug der Computer und vernetzter Software-Systeme nicht gewonnen.

Meist zu zweit in einem Büro, prüfen Finanzbeamte Steuererklärungen, die ihnen Bürger und Unternehmen einreichen – einmal zu spät, einmal falsch ausgefüllt – und müssen aus den Eintragungen in den komplizierten Formularen herauslesen, ob der Steuerzahler ehrliche Angaben gemacht hat oder nicht.

Seit Jahren stöhnen die Finanzämter über chronischen Personalmangel und immer anspruchsvollere Tätigkeiten durch die komplizierter werdende Steuergesetzgebung. Die hohe Belastung in Deutschland beflügelt außerdem fast jeden Steuerzahler, alles auszuprobieren, um die Steuerlast zu senken. Finanzbeamte haben dann abzuwägen, ob sich eingehende und zeitaufwendige Nachprüfungen angesichts der Aktenberge auf ihren Schreibtischen lohnen. Abgesehen vom negativen Image birgt der Beruf alle Vorteile des Beamtentums und vermittelt das Gefühl, wirklich gebraucht zu werden.

Fakten:

Die Arbeit wächst: In den vergangenen zehn Jahren stieg die Zahl der Einkommensteuerfälle um 70%.

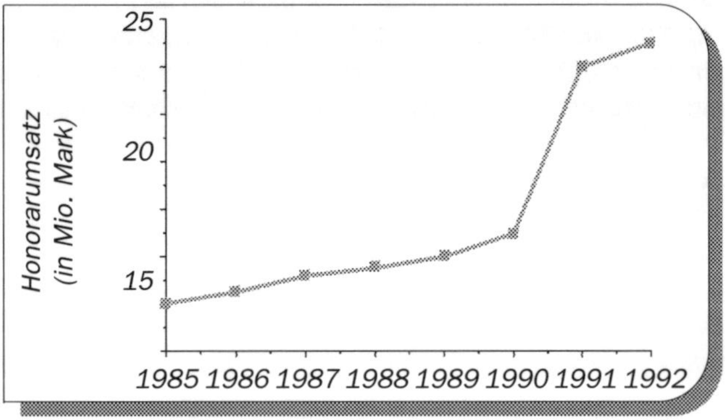

Voraussetzungen:

Ein bißchen von einer Tüftlerseele brauchen Finanzbeamte ebenso wie eine Portion Großzügigkeit und vor allem einen ausgeprägten Gerechtigkeitssinn. Außerdem müssen sie selbstbewußt hinter ihrem Job stehen.

Schule: Abitur oder Fachabitur.

Ausbildung: Für den gehobenen Dienst braucht man einen Abschluß an einer Verwaltungshochschule. Von den drei Jahren Studium verbringt man nur die Hälfte in Hörsälen, den Rest in Finanzämtern.

Zusatzqualifikationen: Permanente Weiterbildung aufgrund sich ständig ändernder Steuergesetze sowie Computerkenntnisse sind unentbehrlich.

Einstiegsmöglichkeiten: Finanzämter.

Anfangsgehalt: Ab 40.000 Mark.

Aufstieg:

Im Grunde ist die Beamtenlaufbahn festgelegt: von A9 nach A13 in 35 Berufsjahren. Mit großem Können, etwas Glück und einer freien Stelle ist ein Wechsel in den höheren Dienst möglich. Der beginnt bei Gehaltsgruppe A13 und endet erst beim beamteten Staatssekretär im Finanzministerium. Auf diesem Weg sind Verdienst und Altersversorgung zwar bombensicher, aber nicht besonders üppig. Wer sich seines fachlichen Könnens gewiß ist, kann aber nach einigen Berufsjahren in die freie Wirtschaft wechseln. In den Steuerabteilungen und bei Steuerberatern ist ihr Rat gefragt, schließlich kennen sie die Tricks ihrer ehemaligen Kollegen.

Trends:

Experten gehen davon aus, daß dem Staat alljährlich circa 150 Milliarden Mark an Steuern vorenthalten werden. Auf der Jagd nach diesen Geldern geht Finanzbeamten die Arbeit nie aus. Von den ansatzweisen Bemühungen um schlankere Staats- und Verwaltungsapparate bleibt diese Gilde unberührt, erhofft sich ihr Arbeitgeber von ihnen doch Mehreinnahmen. Ein weitgehend noch unbeackertes Feld ist die Steuerfahndung. Erst in den letzten beiden Jahren begannen die Fahndungsabteilungen, einzelne Privatbanken unter die Lupe zu nehmen, und fanden dabei Tausende von Schwarzgeld-Konten.

Damit entdeckten sie die Spitze eines Eisberges, den sie in den nächsten Jahren mit aufgestockten Abteilungen weiterverfolgen werden. Auch die neuen Einheitswerte, die das Verfassungsgericht verordnet hat, stellen die Finanzabteilungen vor völlig neue Aufgaben.

Die Kunst, Gewinne zu machen

Defizitäre Kulturstätten, wie Museen, Theater oder Opern, brauchen aufgrund der leeren öffentlichen Kassen künftig ein neues Kulturmanagement. Kunstfreaks mit kaufmännischem Know-how müssen defizitäre Einrichtungen in florierende Unternehmen verwandeln.

Der Job:

Einmal sind es Betriebswirte, ein andermal Geisteswissenschaftler oder Kunsthistoriker, die dieses brachliegende Feld beackern: Kulturstätten vom Tropf öffentlicher Kassen loszueisen und so umzugestalten, daß sie sich selbst tragen.

Neben kaufmännischem Grundlagenwissen, wie Kostenrechnung oder Personalwesen, und ausgeprägten Führungsqualitäten brauchen Kulturmanager vor allem eines: Ideenreichtum. Wenn die Kosten des Museums nicht über den Preis der Eintrittskarten wieder hereinzuholen sind, dann muß man sich eben andere Quellen erschließen, etwa indem man die vollgestopften Bildermagazine ausmistet und einzelne Objekte in Versteigerungen verkauft, oder indem man mit Postern, Drukken, Tüchern oder T-Shirts im Andenkenladen die Kassen füllt. Eine weitere Möglichkeit wäre auch, die attraktive Kulisse eines Museums oder Theaters für private Abendveranstaltungen zu vermieten und gar noch die Bewirtung mit anzubieten.

Solch ungewöhnliche Wege müssen die Kulturmanager erstens erdenken und zweitens durchsetzen. Die Widerstände innerhalb des eigenen Personalstabs sind beträchtlich, die der Kulturverantwortlichen im Stadt- oder Landrat nicht minder. Außerdem muß jede aufstrebende Führungskraft mit den modernsten Management-Methoden sich mit seinem Dienstherrn abfinden – dem Staat.

Fakten:

3.400 Museen – vom Heimatmuseum bis zur international anerkannten Gemäldegalerie – zählt das Statistische Bundesamt.

Rund 1.000 Bühnen bieten Schauspiel, Oper oder Ballett, manchmal auch alle drei zusammen in einem Haus. In ihren Zuschauerräumen können allabendlich **240.000 Menschen** Kultur konsumieren.

Voraussetzungen:

Für den schwierigen Balanceakt zwischen leeren staatlichen Kassen und Kulturschaffenden, die vom schnöden Mammon nichts wissen wollen, brauchen die Manager eine ganze Portion Durchsetzungsvermögen und Fingerspitzengefühl, aber auch in jedem Fall Liebe zur Kunst.

Schule: Abitur, Fachabitur.

Ausbildung: Immer mehr Hochschulen richten Studiengänge für Kulturmanagement ein. Ansonsten zuerst Betriebswirtschaftslehre oder Geisteswissenschaften studieren und sich danach spezialisieren.

Zusatzqualifikationen: Manager mit kaufmännischem Schwerpunkt brauchen Kunstkenntnisse, und umgekehrt. Amerika-Aufenthalte bringen einen auf gute Ideen.

Einstiegsmöglichkeiten: In allen Kulturstätten, aber auch bei Plattenfirmen oder Musikverlagen.

Anfangsgehalt: Ab 50.000 Mark.

Aufstieg:

Eine klassische Hierarchieleiter gibt es noch nicht; dafür ist der Beruf zu jung. Kulturmanager, die es mit Energie und Einfallsreichtum schaffen, daß sich kulturelle Einrichtungen selbst tragen, können sicher zu deren Leiter avancieren.

Auch eine selbständige Beratertätigkeit bietet sich dann an. Sie können aber auch das Geheimnis ihres Erfolges anderen beibringen. Dabei stehen ihnen Lehrstühle an Hochschulen und anderen staatlich anerkannten Bildungsinstituten offen, die mittlerweile die Lehrer aus der Praxis schätzen gelernt haben.

Trends:

Je größer der finanzielle Druck ist, desto größer ist die Bereitschaft staatlicher Kulturträger, ihre Pforten den jungen Kostenrechnern zu öffnen. Schließlich beweisen private Theater, Galerien oder Musikveranstaltungen, daß sich mit Kulturgut durchaus Geschäfte machen lassen. Selbst strengen Kulturhütern, welche die Unvereinbarkeit von Kunst und Kommerz predigten, gehen angesichts leerer öffentlicher Kassen die Argumente aus. Wer es also versteht, den künstlerischen und geschäftlichen Anforderungen gerecht zu werden, der hat auf diesem Feld beste Zukunftschancen.

Helfer in allen Lebenslagen

Es gibt wohl kaum eine menschliche Schwäche, die sie nicht in ihrer Laufbahn einmal erleben mußten. Die Kriminal- und Schutzpolizisten brauchen viel Charakterstärke und Durchhaltevermögen, um Sicherheit, Ordnung und Gesetzestreue zu gewährleisten.

Der Job:

Die gefährlichen Situationen, die ihr Job zwangsläufig mit sich bringt, sehen sie selbst nicht als größte Belastung an. Stärker setzen ihnen fürchterlich zugerichtete Verkehrsopfer oder der folgenschwere Gebrauch von Waffen zu. Als traumatisch empfinden junge Ordnungshüter vor allem die Pflicht, den engsten Familienangehörigen Todesnachrichten zu überbringen.

Trotzdem reißen die Bewerberströme zu den Polizeiakademien und Verwaltungshochschulen dieser Fachrichtung nicht ab. Die Eingangsvoraussetzungen haben sich mittlerweile drastisch geändert. Waren vor zehn Jahren noch körperliche Konstitution oder Sehvermögen entscheidend, werden heute überwiegend charakterliche Eigenschaften getestet. Denn die Fähigkeit zu friedlicher Konfliktlösung steht heute an erster Stelle im Anforderungskatalog für Polizisten.

Nach der Ausbildung landen sie garantiert auf einer Wache und werden als junge und meist ledige Berufsanfänger erst einmal ausreichend mit Nacht- und Feiertagsschichten eingedeckt. Der Einsatz auf der Straße findet immer mit einem festen Kollegen statt. Neben der üblichen Vor- und Nachbereitung am Schreibtisch verlangt ihnen die neue Polizeiordnung schon jetzt den punktuellen Einsatz in einer Hundertschaft ab; das heißt den Auftritt in großen Formationen bei Demonstrationen und Veranstaltungen.

Fakten:

Bei den »Freunden und Helfern« dominieren die Schutzpolizisten: Die Kripo macht nur ein Viertel davon aus.

Die deutsche Polizei in Zahlen (1995)	
Polizisten bundesweit insgesamt	*272.000*
davon Planstellen	*251.000*
davon Ausbildungsstellen	*21.000*
Beschäftigte bei der Schutzpolizei	*217.000*
Beschäftigte bei der Kriminalpolizei	*51.000*

Voraussetzungen:

Charakterstärke, Gerechtigkeitssinn und psychische Belastbarkeit sind unverzichtbar.

Schule: Realschule, Abitur oder Fachabitur.

Ausbildung: Der Einstieg in den mittleren Dienst erfolgt über eine dreijährige Ausbildung an einer Polizeiakademie nach Realschulabschluß oder Abitur. Für den Einstieg in den gehobenen Dienst ist ein Fachhochschulstudium an einer Verwaltungshochschule erfolderlich.

Einstiegsmöglichkeiten: Ob im mittleren oder gehobenen Dienst – nach ihrer Ausbildung werden Nachwuchspolizisten in eine Wache gesetzt.

Anfangsgehalt: Ab 36.000 Mark.

Aufstieg:

Zwei Dinge bestimmen die Karriere: die eigene Fähigkeit und die Zahl der Planstellen. Weitere Bedingungen gibt es aber nicht. Der Aufstieg vom mittleren Dienst in leitende Positionen steht über eine innerbetriebliche Weiterbildung offen. Für verantwortliche Positionen erhalten die Polizisten noch eine Art Feinschliff auf der eigenen Führungsakademie. Der Wechsel in einen anderen Beruf scheidet für die Berufszunft noch weitgehend aus. Allerdings arbeitet allen voran die Polizeigewerkschaft daran, die Ausbildung für die staatlichen Sicherheitsleute so zu erweitern, daß sie auch in parallele Berufe wechseln können.

Trends:

Einst war es politischer Wille, daß die Polizistenschar sich aus der Mittelschicht der Bevölkerung rekrutieren sollte. Noch vor einigen Jahren bildeten Abiturienten unter den Auszubildenden eher die Ausnahme. Das Berufsbild befindet sich zur Zeit in einem starken Wandel. Es hat den kasernenartigen Charakter der Ausbildung fast gänzlich abgestreift und stellt statt dessen immer höhere qualitative Anforderungen an den Nachwuchs, die zunehmend in Verwaltungsfachhochschulen gelehrt werden. Umwelt-, Daten- und Computerkriminalität sind als neue strafrechtliche Tatbestände erst in den letzten Jahren entstanden. Ermittlungen werden nicht mehr über Aktenarchive, sondern über weltweit vernetzte Datenbanken geführt. Diesen zusätzlichen Anforderungen ist die neue Polizistengarde nur mit einer fundierten Ausbildung gewachsen.

Leere Kassen fordern rechnende Beamte

Die Kommunen haben die Vorreiterrolle übernommen und beginnen zu praktizieren, was Bund und Länder nur predigen. Schlanke und effiziente Verwaltungsstrukturen ziehen unter den neuen Verwaltungsmanagern in die Rathäuser ein.

Der Job:

»Was habe ich heute eingespart?« heißt die tägliche Standardfrage der jungen Manager in den Amtsstuben der Städte und Gemeinden. Je angespannter die Haushaltslage einzelner Stadtverwaltungen ist, desto größer ist deren Bedarf nach einer Verwaltung, die rechnen kann. Kostenrechnung als Grundlage für eine sparsamere und effizientere Verwaltung betreiben die neuen Fachleute als eine Art Grundlagenforschung.

Wie ist der Müll günstiger abzutransportieren, woher können die Mittel für die zusätzlichen Kindergartenplätze kommen? Für dieses Gedankengut müssen sie nicht nur alle Mitarbeiter, sondern auch die Bewohner einer Gemeinde begeistern. Denn nirgendwo ist der Kontakt zwischen Verwaltung und Verwalteten direkter als auf kommunaler Ebene.

Ungewöhnliche Wege lassen sich engagierte Rechenkünstler bislang einfallen, um ihre Sparkurse durchzubringen: So errechnete beispielsweise der junge Verwaltungswirt im bergischen Warstein, was es kostet, zum jährlichen Schützenfest die festlichen Fahnen die Hauptstraße entlang aufzuhängen. Die Kosten von 300 Mark pro Fähnchen überzeugten selbst die engagierten Schützenbrüder, auf den Straßenschmuck besser zu verzichten. Neben fachlichem Know-how müssen die modernen städtischen Bediensteten es also auch schaffen, ihren Sparkurs transparent und nachvollziehbar zu machen.

Fakten:

Wieviel die Gemeinden einnahmen und ausgaben (in Mrd. Mark)

Einnahmen	*1992*	*1993*	*Ausgaben*	*1992*	*1993*
Steuern	*85,4*	*86,5*	*Sachinvestitionen*	*64,8*	*63,3*
Zuweisung Bund/Land	*91,6*	*97,5*	*Sachaufwand (Personal)*	*50,2*	*52,3*
Gebühren	*33,8*	*36,8*	*Soziale Leistungen*	*43,1*	*50,5*
Sonstiges	*50,3*	*54,2*	*Sonstiges*	*42,0*	*45,4*
Nettokreditaufnahme	*13,5*	*14,5*	*Zinsen*	*9,4*	*10,2*

Voraussetzungen:

Verwaltungsmanager müssen nicht nur Kostenbewußtsein und Genauigkeit mitbringen, sondern im Umgang mit starren Kommunen und sturen Bürgern auch Einfallsreichtum und Kommunikationstalent aufweisen.

Schule: Abitur oder Fachabitur

Ausbildung: Studium der Betriebswirtschaftslehre, Ausbildung an einer Verwaltungsfachhochschule mit den Schwerpunkten Kostenrechnung und Management

Zusatzqualifikationen: Neben Kostenrechnung und Menschenführung müssen die Verwaltungsmanager sattelfest in Rechts- und Sozialwissenschaften sein.

Einstiegsmöglichkeiten: Über die Sachbearbeiterebene in die öffentliche Verwaltung, bei Wirtschaftsfördergesellschaften, Non-profit-Organisationen oder Kammern.

Anfangsgehalt: Ab 50.000 Mark.

Aufstieg:

Je effizienter sie arbeiten und je bedrohlicher die Haushaltslage der Verwaltungsstelle ist, desto schneller geht es mit dem Aufstieg. Beamtenmäßige Beförderungen nach Dienstaltersstufen stehen den jungen Verwaltungswirten nur bedingt im Wege.

Insbesondere Diplombetriebswirte oder -kaufleute brauchen sich auf den Beamtenstatus gar nicht erst einzulassen, sondern beginnen als Angestellte im gehobenen oder höheren Dienst. Die Geldnot hat mittlerweile auch in einigen Städten für leistungsabhängige Bezahlung gesorgt.

Trends:

Verwaltungsmanager sind zweifellos auf dem Vormarsch, weil sie für fast alle Gemeinden lebensnotwendig werden. Und selbst wenn sie die Kommunen saniert haben, bleibt ihnen auf Landes- und Bundesebene noch ein weites Betätigungsfeld.

Über kurz oder lang werden die Betriebswirtschaftslehreabsolventen den reinen Verwaltungsschülern wahrscheinlich den Rang ablaufen. Erstens gibt es genug davon, zweitens bringen sie immer noch mehr unternehmerisches Denken mit als die Absolventen selbst der modernsten Verwaltungsfachhochschulen. Zudem haben die Kaufleute den Vorzug, gar nicht erst den Beamtenstatus kennengelernt zu haben.

Rund um die Freizeit

Industrienation im Freizeitpark

Ob daheim oder unterwegs – freie Zeit braucht Management. Ohne Anregungen, Anleitungen und Organisationshilfe wissen die Bewohner der westlichen Industrienationen offensichtlich immer seltener, was sie in ihrer arbeitsfreien Zeit anfangen sollen. Vielleicht hängt das auch damit zusammen, daß sie davon so viel haben.

Während der durchschnittliche Arbeitnehmer im Jahr 1950 noch 49 Stunden pro Woche in seinem Betrieb verbrachte und lediglich 13 Tage Urlaub im Jahr genießen konnte, war die Wochenarbeitszeit 1970 bereits auf 42 Stunden geschrumpft und die Urlaubstage auf 21 angewachsen. Heute stehen oder sitzen die deutschen Arbeitnehmer im Durchschnitt 37 Stunden pro Woche im Betrieb und erfreuen sich an 30 Urlaubstagen.

Trotz Arbeitszeitverkürzung blieben die Einkommen weitgehend unangetastet, bzw. stiegen sie fast jährlich kontinuierlich an. Gefüllte Haushaltskassen und jede Menge freie Zeit ließen denn auch das Angebot kommerzieller Sport- und Freizeitanlagen und die Anzahl der Ferienclubs, Reisebüros und Hotels kräftig gedeihen.

Mittlerweile machen in Deutschland knapp 300.000 Firmen ihr Geschäft mit der Freizeitwirtschaft, was einem Anteil von 15 Prozent der gesamten Unternehmenslandschaft entspricht. Im Kielwasser dieser Entwicklung haben fast fünf Millionen Erwerbstätige ihren Job in dieser Branche gefunden. Somit ist jeder siebte Berufstätige beim Arbeitgeber Freizeitgestaltung beschäftigt.

Die Arbeitszeit wird sich eher weiter verkürzen, und trotz angespannter wirtschaftlicher Situation werden die Löhne und Gehälter nicht dahinschmelzen. Die Ansprüche der Freizeit- und Sportlustigen werden deshalb mit hoher Wahrscheinlichkeit weiter steigen. Mit differenzierten Angeboten wird der Markt auf diese Bedürfnisse künftig reagieren müssen.

Essen ist nicht alles

Entertainment in Restaurants ist gefragt: Erstklassige Küche plus Show-Elemente sind das Erfolgsrezept der nächsten Jahre.

Der Job:

Auf die Mischung kommt es an: Man nehme einen Koch, der allabendlich ein tadelloses Drei-Gänge-Menü hinbekommt, eine Kellnerbrigade, die unauffällig, aber effizient bedient, und einige Varieté-Künstler, die es schaffen, ihre Zuschauer zu verführen. Fertig ist die Erlebnisgastronomie.

Dahinter steckt eine ungeheure Menge an Organisationsarbeit. Für die Auswahl der richtigen Leute braucht es Wochen. Hat man die passende Truppe beisammen, springen die ersten schon wieder ab. Ohne ein geeignetes Lokal mit Umkleideräumen für die Künstler und einer vernünftigen Ton- und Lichtanlage geht gar nichts.

Bevor der erste Gast empfangen werden kann, muß die Stadtverwaltung dem Konzept zustimmen; das Aufsichtsamt kontrolliert die Sauberkeit der Küche, und ein weiteres Amt zählt akribisch nach, ob auch genug Parkraum zur Verfügung steht.

Gastronom ist ein Job für Spätaufsteher. Schließlich verbringen sie die halbe Nacht in ihrem Lokal und geben acht, daß alles funktioniert. Pech hat der, der in seiner eigenen Gaststätte kocht: Er muß um sechs Uhr morgens aus den Federn und im Großmarkt für den Abend einkaufen.

Fakten:

Den Deutschen schlägt die Rezession auf den Magen: Die Umsätze der Gaststätten stagnieren seit Jahren.

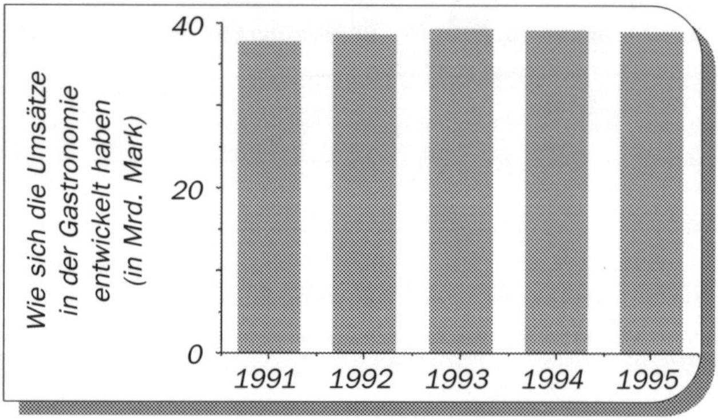

Voraussetzungen:

Übung macht den Meister! Dieses abgegriffene Sprichwort hat in dieser Branche seine Berechtigung. Nur im Job lernt man, mit Streß, schlechten Arbeitszeiten und nörgelnden Gästen fertig zu werden. Das ist nichts für Nervenschwache.

Schule: Haupt- oder Realschule. Wichtiger als theoretisches Wissen ist Berufserfahrung.

Ausbildung: Wer in der Branche arbeiten will, muß etwas vom Fach verstehen: Eine Lehre als Kellner oder Koch ermöglicht erste Einblicke in die Gastronomie.

Zusatzqualifikationen: Nachtarbeit verlangt körperliche Fitneß. Jobs im Ausland setzen sehr gute Englischkenntnisse voraus.

Einstiegsmöglichkeiten: Restaurants, Hotels, Unterhaltungsbetriebe.

Anfangsgehalt: Ein ausgelernter Koch verdient 40.000 Mark

Aufstieg:

Karriere machen heißt in dieser Branche Stellen wechseln. Gerade am Anfang der Berufslaufbahn kommt es darauf an, in möglichst renommierten Häusern zu arbeiten. Keine Scheu vor dem Ausland! In der Gastronomie sind Arbeitsplatzwechsel über die Grenzen der eigenen Heimat hinaus üblich. Bei jedem Job sollte man sich etwas Neues aneignen. Schließlich lautet das Ziel ja, selbst einen Betrieb aufzumachen. Denn nur dann kann man in dieser Branche richtig Geld verdienen.

Trends:

Die Zukunft in der Gastronomie gehört den Kreativen. Aus Freude an guter Unterhaltung oder auch aus Mangel an eigenem Gesprächsstoff stürmen die Bundesbürger Lokale, in denen sie nicht nur essen können. Ohne mit der Wimper zu zukken, legen sie dort 150 bis 200 Mark auf den Tisch und bekommen dafür neben einem Menü noch ein abendfüllendes Show-Programm. Zirkus, Kabarett, Modeschauen: alles ist erlaubt, was unterhält. »Essen wie im Mittelalter« oder »Tafeln wie im alten Rom« lockt ganze Busladungen von Erlebnis-Hungrigen an.

Neue Möglichkeiten ergeben sich bei Sport- oder Kulturveranstaltungen. Wer einmal beim Davis-Cup beobachtet hat, wie die Leute genußvoll zwischen Buffet und Loge hin und her pendeln, weiß, daß die Zukunft dem Kompletterlebnis für einen Abend gehört.

Täglich eine Prise große Welt

Eintreten und sich wohlfühlen – dem Gast dieses Gefühl zu vermitteln, ist die Aufgabe des Hotelmanagers. Von der blitzsauberen Halle bis zum freundlichen Lächeln des Zimmermädchens liegt alles in seiner Verantwortung.

Der Job:

Sie bräuchten tausend Augen, Ohren und Hände, die Geduld eines Priesters und die Widerstandskraft eines Maultieres. Da Hotelmanager natürlich nicht über derartige Eigenschaften verfügen, müssen sie die Arbeit delegieren und doch alles im Griff haben.

Neben exzellenten kaufmännischen Fähigkeiten, Fremdsprachenkenntnissen, internationalen Erfahrungen und einem verbindlichen Wesen müssen sie heute vor allem eines haben: die Fähigkeit, dem Gast das Gefühl zu vermitteln, daß er in ihrem Hause zu Hause ist. Jahrelang haben vor allem die Bettenburgen anonymer Hotelketten diesen Grundsatz aus den Augen verloren.

Viel Geld dürfen sie für diesen Zweck aber nicht ausgeben. Die gekürzten Reisekostenetats der Firmen und der beinharte Konkurrenzkampf in der Branche lassen viele Hotelbetten leerstehen. Die Hotelmanager stehen vor der schweren Aufgabe, dem Kunden optimalen und individuellen Service zu bieten – trotz Rationalisierungsmaßnahmen.

Diese Aufgabe können sie nur mit einer hochmotivierten Mannschaft bewältigen. Menschenführung gehört daher zu ihren wichtigsten Aufgaben.

Fakten:

Die stetige Talfahrt der Hotellerie seit Beginn der 90er Jahre konnte vorerst gestoppt werden.

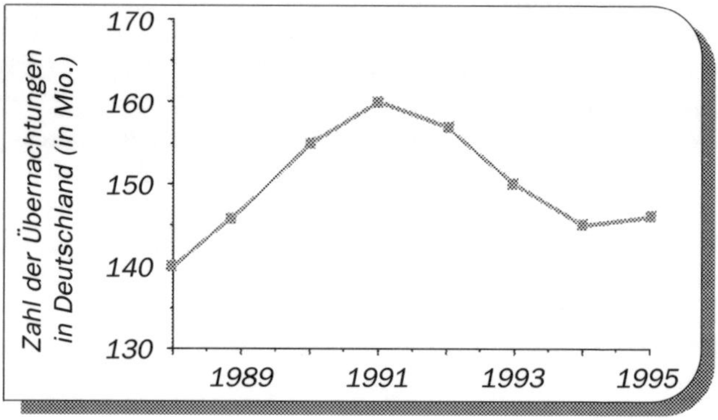

Voraussetzungen:

Kontaktfreude und Organisationstalent sind in diesem Beruf unerläßlich.

Schule: Hauptschule, Realschule, Abitur; wichtig sind gute Englisch- und Deutschkenntnisse.

Ausbildung: Lehre als Hotelfachmann oder Hotelkaufmann. Der Kaufmann lernt mehr über die betriebswirtschaftliche Führung, der Fachmann mehr über die tatsächlichen Arbeiten im Hotel. Wichtig bei der Wahl der Lehrstelle ist das Renommee des Hauses. Auch international anerkannte Berufsfachschulen für den Hotelbetrieb bieten einen guten Einstieg.

Zusatzqualifikationen: Die Kenntnis einer zweiten und dritten Fremdsprache erleichtert den Karrierestart.

Anfangsgehalt: Nach der Lehre ab 35.000 Mark.

Aufstieg:

Oriental in Bangkok, Ritz in Paris, Vier Jahreszeiten in München: mit diesen Adressen im Lebenslauf ist die Karriere im Hotelfach gesichert. Die Branche achtet auf den Ruf bisheriger Arbeitgeber. Keinesfalls rufschädigend ist häufiger Stellenwechsel. Dabei sollte man Berufserfahrungen nicht nur im Inland, sondern weltweit sammeln.

Von Job zu Job übertragen einem die Hotels mehr Verantwortung. Beschränkt sich die Aufgabe im ersten oder zweiten Betrieb noch auf die Leitung des Zimmerservice oder der Rezeption, kann man nach mehreren Jahren an die Spitze eines Hotels gelangen.

Trends:

Die andauernde Rezession und das neue Kostenbewußtsein in den Unternehmen trifft das Beherbungsgewerbe empfindlich. Die Zahl der Übernachtungen ging jahrelang zurück, ältere Häuser müssen schließen. Billiganbieter wie Novotel oder Formule 1 bedrängen die etablierten Betriebe zusätzlich. Vergangenes Jahr eröffneten die Ketten in Deutschland 100 Hotels mit 10.000 neuen Zimmern.

Für Neueinsteiger in diese Branche besteht dennoch kein Grund, Trübsal zu blasen. Erstens brauchen die großen Hotelgesellschaften für ihre Wachstumsstrategie ständig neue Leute. Zweitens ist derzeit der Personalbestand in den Hotels überaltert: Knapp die Hälfte ist älter als 45 Jahre. Und schließlich ist man in diesem Gewerbe bei der Jobsuche nicht auf Deutschland beschränkt.

Verschönerung von Kopf bis Fuß

Sie helfen der Natur ein bißchen, mitunter aber auch massiv nach. Dieser nach wie vor hauptsächlich von Frauen ausgeübte Beruf erschöpft sich nicht mehr im Ziehen des Lidstrichs, sondern hat sich bis zur Beratung in Ernährungsfragen und bei Umweltkrankheiten weiterentwickelt.

Der Job:

Als klassischer Dienstleistungsberuf im Luxusbereich angesiedelt, ist dieser Job ausgesprochen konjunkturabhängig. Lebensnotwendig sind die Kosmetiksalons nicht, das Make-up kann notfalls auch alleine aufgetragen werden, herrscht aber ein gutes Konsumklima, gönnen sich mehr Menschen eine Verwöhnstunde im Kosmetiksalon. Nicht zuletzt aus diesem Grund hat sich der Beruf von der reinen Verschönerung zur Beratung, zur Behandlung leichter Hautunebenheiten, zur Verabreichung von Ganz-Körper-Packungen, sowie zur Durchführung von Maniküre und Pediküre weiterentwickelt. In intimer Atmosphäre können sich die Kunden von geschulten Händen verwöhnen lassen. Die Kunst der Kosmetikerin darf sich nicht in handwerklicher Fertigkeit erschöpfen: Die Erfolgreichen unter ihnen geben dem Kunden das Gefühl mit auf den Weg, den Laden wie neu zu verlassen.

Verkaufstalente bringen noch das eine oder andere neue Produkte an die Kunde, bevor sie den Salon verläßt. Und das ist auch notwendig, denn im Idealfall sollten Kosmetikerinnen 30 Prozent des Umsatzes durch den Produktverkauf erzielen. Ihre Kundschaft ist verwöhnt und kommt überwiegend aus wohlhabenden Kreisen, was den Beruf nicht immer leicht macht. Nicht zuletzt deshalb müssen sich die Salon- und Schönheitsfarmbesitzer und -mitarbeiter immer wieder einen besonderen Service überlegen, um sich die Stammkundschaft zu erhalten.

Fakten:

Rund **50.000** ausgebildete **Kosmetikerinnen** tummeln sich in Deutschland. Neben Beauty-Farmen oder Schönheitsabteilungen größerer Hotels arbeiten sie in **10.000** eigenständigen **Salons**.

Voraussetzungen:

Kontaktfreude auf der einen sowie Taktgefühl und Zurückhaltung auf der anderen Seite sollten Kosmetikerinnen mitbringen. Denn sie müssen zwar manchmal ihren Kunden die Scheu nehmen, aber auch erkennen, wann Diskretion angesagt ist.

Schule: Hauptschule, Realschule.

Ausbildung: An privaten Kosmetikschulen zwischen ein und drei Jahren oder alternativ nach der Friseurausbildung mittels Weiterbildung über Seminare.

Zusatzqualifikationen: Grundkenntnisse von Hautkrankheiten, Allergien und Ernährungswissenschaften.

Einstiegsmöglichkeiten: Kosmetik- und Schönheitssalons, für Mobile auch in größeren Hotels, Schönheits- oder Gesundheitsfarmen.

Anfangsgehalt: Ab 32.000 Mark.

Aufstieg:

Üppige Gehälter werden in dieser Branche auf sich warten lassen. Angestellte können sich zwar über Zusatzausbildung in Haut- oder Typberatung, Maniküre und Pediküre größere Tätigkeitsgebiete und damit auch Gehaltszuwächse erarbeiten, größere Verdienstsprünge verschafft indes meist nur die Selbständigkeit. Mit einer Spezialisierung sowie mit einer kaufmännischen Zusatzausbildung und einiger Stammkundschaft kann man diese wagen.

Außerdem stehen einigen Aspiranten mit spezieller Weiterbildung die Türen zu Maskenbildnern und Visagisten offen.

Trends:

Wie in vielen Bereichen haushaltsnaher Dienstleistungen gehört auch der kosmetische Beruf nicht zu denen, der reichlich Geldsegen verspricht. Seit Jahren weist das Statistische Bundesamt nicht mehr als zwei Prozent der Bevölkerung aus, die regelmäßig ortsansässige Kosmetikerinnen aufsuchen. Einen wesentlich größeren Wachstumsschub verzeichnen die Schönheits- und Beauty-Farmen, die zudem neue Kundschaft erschließen konnten: die Herren der Schöpfung. Auch sie geben sich im Urlaub gerne einmal einer geschickten Maniküre oder einem indischen Heilbad hin. Hier liegen denn auch die größten Jobpotentiale für angestellte Fachkräfte.

Produktionschef mit Flügeln

Immer noch haben die fliegenden Barone einen gewissen Zauber, allerdings nur für Außenstehende. Ein Mitglied der Pilotenzunft selbst muß jahrelang vor allem eines: sich Routine aneignen.

Der Job:

Menschen, die ein Flugzeug besteigen, vertrauen ihnen ihr Leben an. Angesichts der jüngsten Unfälle ist auch die Pilotenausbildung wieder zum Gesprächsthema geworden. Die Lufthansa als größte Nachwuchsschmiede deutscher Piloten legt Wert darauf, daß die verantwortlichen Flugkapitäne über jahrelange Erfahrungen im Cockpit verfügen, bevor sie eigenverantwortlich eine Maschine steuern dürfen.

Geduld und Ruhe bewahren gehört zu den wichtigsten Eigenschaften, die Piloten mitbringen müssen. Eine einwandfreie körperliche Konstitution versteht sich von selbst. Die immer kompliziertere Elektronik an Bord, die einerseits das Fliegen erleichtert, andererseits aber auch eine höhere Störanfälligkeit mit sich bringt, müssen sie notfalls auch im Griff haben.

Die Arbeitsanforderungen sind insbesondere bei den Charter-Gesellschaften härter geworden. Zwar sollten Flug- und Ruhestunden penibel eingehalten werden, doch in Hauptreisezeiten setzen die Gesellschaften ihr Personal so unter Zeitdruck, daß darunter häufig die sorgfältige Wartung leidet.

Fakten: Wachsende Fluglust braucht Piloten

In zehn Jahren hat sich die Zahl deutscher Reisender, die das Flugzeug als Verkehrsmittel benutzen, mehr als verdoppelt.

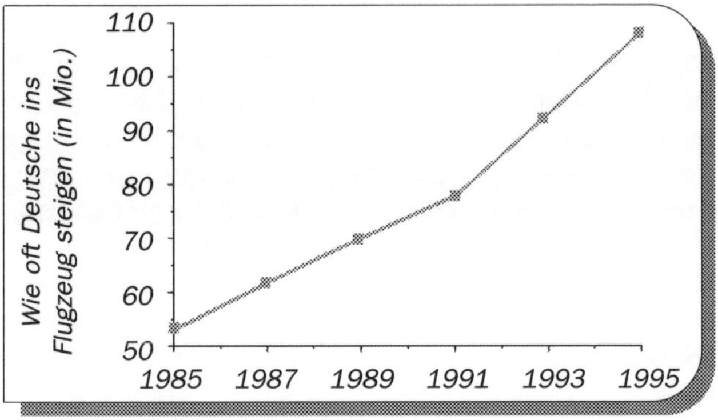

Voraussetzungen:

Charakterstärke, einen ruhigen Puls in Streßsituationen und ein ausgeglichenes Wesen brauchen Piloten für ihren Job in zehntausend Meter Höhe.

Schule: Abitur, Fachabitur.

Ausbildung: Zwei Jahre Basisschule an einer der fünf Flugschulen in der BRD mit Gesamtkosten von 140.000 Mark, die die angehenden Piloten aus der eigenen Tasche zahlen müssen.

Zusatzqualifikationen: Englisch ist die Sprache des internationalen Flugverkehrs.

Einstiegsmöglichkeiten: Überall dort, wo geflogen wird: bei der Lufthansa ebenso wie bei ihrer nationalen oder internationalen Konkurrenz.

Anfangsgehalt: Ab 60.000 Mark.

Aufstieg:

Er birgt wenig Überraschungen, da er genau vorgezeichnet ist. Nicht individuelles Talent, sondern Erfahrung und nachgewiesene Stunden in der Luft bestimmen die Karriereleiter. Nach der zweijährigen Ausbildung besteigt ein Pilot für mindestens ein halbes Jahr als zweiter Offizier das Cockpit, anschließend avanciert er zum ersten Offizier. Erst nach 13jähriger Cockpit-Erfahrung als Kopilot darf er repräsentative Stahlvögel wie eine große Boeing oder einen Airbus eigenverantwortlich steuern.

Trends:

Die fortschreitende Technisierung und die hohen Sicherheitsstandards haben die weitgehend selbst zu entrichtenden Ausbildungskosten der Piloten in schwindelnde Höhen getrieben. Zudem sind die Arbeitsbedingungen härter und die Einstiegsgehälter niedriger geworden. Nachdem die Lufthansa ihr Rationalisierungsprogramm abgeschlossen hat und die Flugreiselust ungebrochen anhält, kann man schon bald von einem Nachwuchsmangel sprechen. Trotzdem hat nicht zuletzt der Sparkurs der Lufthansa, die in den vergangenen Jahren mehr Piloten ausbildete als einstellte, die Diskussion um eine Berufserneuerung der Flugzeugführer ausgelöst. Bislang erschöpft sich die Ausbildung nämlich im Erwerb einer Lizenz zum Fliegen. Jüngste Bemühungen wollen die Ausbildungspalette so erweitern, daß Piloten über die Tragflächen hinaus auch in Organisation, Management und kaufmännischen Abteilungen einzusetzen sind.

Kindermädchen mit Orts- und Sprachkenntnis

Braungebrannt und freundlich lächelnd betreuen ausgebildete Reiseleiter die Urlauber am Ort des Geschehens, erfinden und führen die Rahmenprogramme aus und haben für alle Sorgen ein offenes Ohr.

Der Job:

Sevilla lockt, aber spanische Sprachkenntnisse fehlen. Kein Problem: Die Touristenbetreuer vor Ort fungieren als Dolmetscher, Wegweiser, Kunsthistoriker, Sportlehrer und Guide in Sachen ausgefallene Restaurants. Als Einmann-Empfangskomitee erwarten sie die Gäste vor Ort und verschaffen sich schnell einen Überblick über die Neuen. Mit einem feinen Gespür haben sie zu erkennen, wer etwas intensiver betreut werden möchte und wer seine Ruhe haben will.

Ausflugsziele oder Kulturtrips, die vorher ausgekundschaftet wurden, müssen den Geschmack der Reisenden treffen. Fundierte Hintergrundinformationen oder lustige Histörchen über das eine oder andere Baudenkmal sollten ebenfalls nicht fehlen.

Reiseleiter sind Tag und Nacht im Einsatz, und wenn quengelnde Gäste sich über den Hotelservice oder eine durchgelegene Matratze beschweren, müssen sie sofort Abhilfe schaffen. Selbst wenn sie für kalte Meerestemperaturen eigentlich nicht verantwortlich zeichnen, müssen sie immer wieder mal als Blitzableiter für verärgerte Urlauber herhalten.

Als Angestellte großer Reiseveranstalter haben sie zwar ihr festes Einkommen, da dieses aber meist nicht sehr üppig ausfällt, finden pfiffige und ortskundige Leiter Nebenverdienstmöglichkeiten im Provisionsgeschäft mit Ausflügen.

Fakten:

1995 hat die gesamte deutsche Tourismusbranche über **200 Milliarden Mark** umgesetzt. **70 Milliarden** gaben deutsche Urlauber für Auslandsreisen aus.

Beliebteste Flugreiseziele der Deutschen

Balearen	*2.600.000 Buchungen*
Kanaren	*2.500.000 Buchungen*
Griechenland	*2.400.000 Buchungen*
Tunesien	*900.000 Buchungen*
Portugal	*700.000 Buchungen*
Türkei	*600.000 Buchungen*

Voraussetzungen:

Überdurchschnittliches organisatorisches Geschick und Kommunikationsfähigkeit werden ebenso verlangt wie Leistungsbereitschaft und ein ausgeglichenes Wesen.

Schule: Abitur oder Fachabitur.

Ausbildung: Einen geregelten Ausbildungsweg gibt es nicht. Ein Studium oder zumindest einige Semester sind bei den großen Veranstaltern Voraussetzung; anschließend werden die Mitarbeiter in Schulungen gezielt in ihren Beruf eingewiesen.

Zusatzqualifikationen: Orts- und Sprachkenntnisse in den Einsatzgebieten sind ein Muß. Etwas kulturell oder sportlich beschlagen sollten Reiseleiter je nach Einsatzgebiet ebenfalls sein.

Einstiegsmöglichkeiten: Große Reiseveranstalter wie TUI oder Alltours, Bildungsreisenanbieter wie Studiosus.

Anfangsgehalt: Um 30.000 Mark, bei freier Unterbringung und Verpflegung.

Aufstieg:

Das Reiseleitungsgeschäft ist ein Saisongeschäft. Viele Unternehmen arbeiten dementsprechend auch mit Zeit- oder Werkverträgen, die sie aber guten Leuten regelmäßig immer wieder anbieten.

Man muß in der Regel schon seine Zeit in den Bettenburgen Mallorcas oder Gran Canarias abgedient haben, bevor der Arbeitgeber einem Fernreiseziele zuweist. Ein späterer Wechsel zu einer leitenden Festanstellung in einem Reisebüro oder Selbständigkeit ist für die Älteren in der Touristikbranche ein normaler Werdegang. Wenige werden Chefreiseleiter und damit verantwortlich dafür, neue Hotels und Reiserouten ausfindig zu machen, vor Ort über Preise zu verhandeln und ganze Regionen für den Veranstalter zu erschließen.

Trends:

Wenn die Tourismusjobs auch künftig weder üppige Gehälter noch geregelte Arbeitszeiten zu bieten haben werden, bleibt die Attraktivität dieses Berufsfeldes für viele Einsteiger ungebrochen. Zu Recht, denn schon jetzt bringt die Branche 12,4 Prozent aller Arbeitsplätze auf – mit steigender Tendenz.

Die Lust der Bundesbürger auf immer exotischere Flugziele schafft auch neue attraktive Jobs für Reiseleiter: »Mauritius statt Mallorca« setzt sich zunehmend auch bei den großen Anbietern durch.

Die McJobs kommen

Sie verkaufen Hamburger, Pommes und Pizzastücke, und die Bundesbürger stürmen ihre Lokale – vom Kleinkind bis zum Rentner. Damit der Laden richtig läuft, müssen Systemgastronomen viel von Organisation und Personalführung verstehen.

Der Job:

Haute Cuisine wird in ihren Lokalen nicht gerade zelebriert. Dafür kommt das Essen schnell, die Rechnung läßt einen nicht erbleichen, und wenn einmal etwas hinunterfällt, ist es auch nicht schlimm. Immer mehr Menschen mögen diese Art des Essens zwischendurch oder auch abends mit der ganzen Familie. Seit Jahren boomen Ketten wie McDonald's, Burger King oder Pizza Hut auf dem deutschen Markt.

Wer hier arbeitet, muß sich mit Streß rund um die Uhr abfinden. Viele Restaurants haben von morgens sieben oder acht Uhr bis tief in die Nacht geöffnet. Die Mitarbeiter kommen in Schichten, mehr als acht bis zehn Stunden ununterbrochenes Stehen hält keiner von ihnen durch. Doch die Systemgastronomen, die als Manager oder Assistenten des Restaurantleiters arbeiten, müssen ihren Laden die ganze Zeit im Griff behalten. Da kommen schnell zehn bis zwölf Arbeitsstunden pro Tag zusammen.

Ihr Handwerk lernen sie von der Pike auf. Sie wissen, wie man Hamburger zubereitet und wie die Getränkeautomaten und Kassensysteme funktionieren. Als Gastronomen kümmern sie sich um den Einkauf, die Sauberkeit im Lokal und immer wieder um Einstellungen. Denn die Jobs in den McLokalen sind bei Schülern und Studenten zwar als Einnahmequelle beliebt, aber nur für einige Wochen. Dann haben sie genug vom Fettgestank und von kreischenden Teenager-Horden und suchen sich etwas Neues.

Fakten:

Neben den Fast-Food-Hochburgen wie McDonald's setzen auch Transportunternehmen wie die Lufthansa auf die systematische Bewirtung.

Die Top-Five der Branche (Umsatz 1995 in Mrd. Mark)

McDonald's	*3,0*
LSG (Lufthansa)	*1,5*
Mitropa (Bahn)	*0,6*
Dinea (Grillpfanne)	*0,5*
Nordsee	*0,4*

Voraussetzungen:

Wer in die Gastronomie will, braucht Stehvermögen und eine ganze Portion Einsatzfreude. Sonst hält er den täglichen Streß im Lokal nicht lange durch.

Schule: Hauptschule, Realschule.

Ausbildung: Bislang stehen Quereinsteigern alle Türen offen. Die Branche selbst bildet kaum aus und stellt daher Ungelernte genauso ein wie gelernte Restaurantfachleute. Ab 1997 soll es aber einen Lehrberuf Systemgastronom geben.

Zusatzqualifikationen: Wer ins Management der Ketten aufsteigen will, braucht eine ganze Menge kaufmännisches Know-how.

Einstiegsmöglichkeiten: Systemgastronomiebetriebe.

Anfangsgehalt: Ab 25.000 Mark, Assistenten der Geschäftsführung ab 50.000 Mark.

Aufstieg:

Den Tüchtigen gehört hier die Zukunft. Der Weg vom Hamburgerverkäufer zum Geschäftsstellenleiter steht jedem offen. Danach wird es schwieriger, denn auch Hotelfachleute und Betriebswirte haben erkannt, daß die Systemgastronomie Zukunft hat, und haben Jobs in den Zentralen angenommen. Mit Biß und guter Leistung können sich aber auch Verkäufer hier vorarbeiten und bei der Steuerung der Filialen und im Marketing der Gastronomieketten mitarbeiten.

Trends:

Die Systemgastronomen sind nicht aufzuhalten: Anfang der 80erJahre verspeisten die Bundesbürger bei ihnen nur sieben Prozent ihres Budgets für Restaurantbesuche, 1995 waren es bereits 15 Prozent, und nach dem Jahr 2000 sollen sie hier jede vierte Mark lassen, die sie für Essen außer Haus ausgeben.

Die Erfolgsrezepte von McDonald's & Co. werden inzwischen vom Rest der Gastronomiebranche kopiert. Dazu gehören standardisierte Produkte, zentraler Einkauf und zentrale Steuerung der Restaurants sowie die Multiplikation eines einmal gefundenen Unternehmenskonzeptes. Vorreiter auf diesem Gebiet sind die Steakhaus-Ketten. Für Leute, die sich bei einem klassischen Systemgastronomen hochgearbeitet haben, bestehen in diesen Betrieben gute Einstiegschancen.

Individuelle Planer für den kleinen Kick

Eine wachsende Bevölkerungsgruppe sucht den etwas anderen Urlaub für die drei schönsten Wochen im Jahr – abseits des Massentourismus. Ihre Wünsche erfüllen spezialisierte Touristikfachleute.

Der Job:

Nichts gegen Gran Canaria, aber mit einem Riesenbomber in überfüllte Urlaubsgebiete und Bettenburgen zu fliegen, entspricht nicht jedermanns Vorstellung von unvergeßlichen Urlaubswochen. Um eigene Reiseziele und -routen, Übernachtungs- und Freizeitmöglichkeiten zu finden, fehlt vielen die Zeit und die Kenntnis. Diese Lücke schließen Touristikexperten, die Reisehungrigen individuelle und komplette Angebote unterbreiten, wie etwa das Ausprobieren original italienischer Spaghetti-Rezepte auf einem Landgut in der Toskana, eine Bootstour auf dem Amazonas, eine Planwagenfahrt durch Nordamerika oder eine Bildungsreise ins Tal der Könige.

Die Fährtensucher in Sachen neuer Tourismusgebiete und -attraktionen und Serviceanbieter für Planung und Buchung reisen aber nicht nur rund um den Globus, sondern haben auch vor Ort eine Menge Kleinarbeit zu erledigen. Gerade weil sie Urlauber mit nahezu unerschlossenen Gebieten locken, müssen sie sich dort zumindest teilweise kundig machen. Trotz aller Abenteuerlust wollen ihre Gäste in der Regel nicht auf jedwede Art von Komfort verzichten. Und wenn es im Urwald keine Restaurants gibt, müssen die Touristikexperten eben ein exzellentes Essen am Lagerfeuer organisieren.

Fakten: Grenzenlos verreisen

Wo die Bundesbürger 1994 ihr Urlaubsbudget ausgaben (in Mrd. Mark)	
Österreich	*9,1*
Italien	*8,7*
Spanien	*7,9*
Frankreich	*5,5*
Schweiz	*4,6*
USA	*4,1*
Niederlande	*3,5*
Griechenland	*2,5*
Großbritannien	*2,4*
Tunesien	*1,7*

Voraussetzungen:

Ideenreichtum, Flexibilität und Organisationstalent sind entscheidender als Qualifikationsnachweise in Papierform.

Schule: Realschule, Abitur oder Fachabitur.

Ausbildung: Viele Möglichkeiten führen zum Ziel, z. B. eine Lehre als Reisekaufmann, ein Touristikstudium, ein Sportstudium oder ein kaufmännischer Ausbildungsberuf.

Zusatzqualifikationen: Fremdsprachenkenntnisse sind selbstverständlich, Kenntnisse sanfter Sportarten sind für kaufmännisch Ausgebildete und kaufmännisches Know-how für anderweitig Gebildete notwendig.

Einstiegsmöglichkeiten: Bei den großen Reiseveranstaltern wie TUI, Neckermann oder in kleineren, selbständigen Reisebüros, die sich darauf spezialisiert haben.

Anfangsgehalt: Circa 50.000 Mark.

Aufstieg:

Als Entdecker neuer Gestaltungsmöglichkeiten für Freizeit und Urlaub arbeiten sie anfangs – meist noch während ihres Studiums – frei für die Reiseagenturen. (Reise)kaufmännisch Ausgebildete beginnen in der Regel gleich mit einer Festanstellung. Wer sein Organisationstalent und seinen Ideenreichtum unter Beweis stellt, kann später eigene Projekte von der Idee bis zur Abwicklung organisieren und gerade in den Hierarchien großer Touristikunternehmen die Karriereleiter weit hochklettern. Spezialisierungen helfen in diesem unübersichtlichen Markt allemal.

Trends:

Mehr als 70 Milliarden Mark geben deutsche Urlauber alljährlich jenseits der Grenzen für ihren Urlaub aus. Selbst allgemeine Wirtschaftskrisen oder Konsumflauten veranlassen Jung und Alt nicht, auf ihren Urlaub zu verzichten.

Die Ziele werden gerade bei denen, die nicht auf den Pfennig achten müssen, immer individueller. Die Grüppchen agiler älterer Herrschaften wollen bedient werden, auch Behinderte haben spezielle Bedürfnisse in bezug auf ihre Reiseziele, und eine wachsende Zahl gutverdienender Singles sucht im Urlaub Spannung und Abenteuer. Experten schätzen daher zu Recht, daß der weltweite Tourismus in den nächsten Jahren circa 150 Millionen Beschäftigen Arbeit bieten wird. Auch der Seminartourismus für Führungskräfte begibt sich immer häufiger in ausgefallene Umgebungen statt in etablierte Hotels. Seit die Seminarleiter Teamfähigkeit und soziale Kompetenz als Lernstoff entdeckt haben, findet die betriebliche Weiterbildung auch schon einmal auf einer Hundeschlitten-Tour durch Lappland statt.

Profis leiten Amateurklubs

Bei immer mehr Vereinen setzt sich die Erkenntnis durch, daß Feierabend-Präsidenten mit ihrem Job überfordert sind.

Der Job:

Managen heißt hier in erster Linie verkaufen. Das Produkt ist der Verein. Potentielle Käufer sind Sponsoren, mit deren Geldern die tägliche Arbeit zu bezahlen ist, aber auch neue Mitglieder, die mit ihren Beiträgen einen Teil zum Etat beisteuern können, sowie die Medien, die über jede Veranstaltung ausgiebig und positiv berichten sollen.

Alle diese Kundengruppen gilt es zu pflegen. Vereinsmanager halten den Kontakt mit allen am Verein Interessierten und bemühen sich, mit besonderen Veranstaltungen wie Turnieren oder Vorträgen zusätzliches Interesse zu wecken. Sie kümmern sich um Fanartikel oder Broschüren, mit deren Verkauf die Einnahmen gesteigert werden können.

Neben ihrer Tätigkeit als Chefverkäufer kümmern sich die Vereinsmanager auch um die Buchführung, stellen Leute ein und organisieren die tägliche Arbeit. Geregelte Arbeitszeiten können sie dabei vergessen: Wochenend- und Nachtarbeit gehört zum Job.

Fakten:

Vom Alpen- bis zum Zitherspiel-Verein: in Deutschland gibt es nichts, wofür es keinen Verein gibt. Doch gezählt hat sie bislang niemand. Statistiker verweisen aber auf die alte Faustregel: Drei Deutsche – ein Verein.

Sehr gut erfaßt ist allein der Sportbereich. **21,8 Millionen Bundesbürger** sind hier in **83.342 Vereinen** organisiert.

Die meisten Mitglieder haben	
Fußballvereine	*5,5 Millionen Mitglieder*
Turnvereine	*4,5 Millionen Mitglieder*
Tennisclubs	*2,4 Millionen Mitglieder*
Schützen	*1,5 Millionen Mitglieder*
Leichtathletikvereine	*0,9 Millionen Mitglieder*
Handballvereine	*0,8 Millionen Mitglieder*
Tischtennisvereine	*0,8 Millionen Mitglieder*

Voraussetzungen:

Vereinsmanager brauchen gute Nerven, Kondition und Verkaufstalent.

Schule: Alles ist möglich. Haupt- oder Realschule reicht aber aus.

Ausbildung: Eine kaufmännische Lehre bereitet auf Verkaufs- und Organisationsaufgaben vor.

Zusatzqualifikationen: In Vereinen muß man sich vor allem wohlfühlen. Doch wer bis zum Manager aufsteigen will, gehört ohnehin zumeist seit dem 3. Geburtstag einem oder mehreren Clubs an.

Einstiegsmöglichkeiten: Vereine. Schriftliche Bewerbungen sind sinnlos. Mögliche Jobs ergeben sich durch persönliche Kontakte und Ansehen in der Branche.

Anfangsgehalt: Alles ist möglich – von 30.000 bis 300.000 Mark.

Aufstieg:

Im Verein selbst sind die Karriereaussichten gering, da der Manager meist ohnehin schon zum Spitzentrupp zählt. Chancen ergeben sich aber bei Firmen, die Produkte verkaufen, mit denen der Verein zu tun hat: Fußballmanager können bei Schuhherstellern anklopfen, Tennismanager dürften bei Schläger- oder Tennisbekleidungsproduzenten offene Türen vorfinden. Schließlich kennen die Manager das Geschäft und ihre Konkurrenten ganz genau.

Trends:

Noch werden 99 Prozent der deutschen Vereine von ehrenamtlichen Vorsitzenden geleitet. Professionelle Manager beschäftigen die millionenschweren Fußballklubs der Bundesliga und andere große Sportvereine. Beim Rest scheitert das Engagement eines Verwaltungsprofis an fehlenden finanziellen Mitteln. Dabei können Profis an der Vereinsspitze dazu beitragen, Sponsoren für den eigenen Club zu begeistern und damit Finanzkraft zu gewinnen.

Auch das Gesetz legt den Vereinen Schranken auf. Sie sind zur Gemeinnützigkeit verpflichtet. Zu große kommerzielle Erfolge machen das Finanzamt mißtrauisch. Sprechen die Behörden den Vereinen ihre Gemeinnützigkeit ab, können die Mitglieder Beiträge nicht mehr von der Steuer absetzen.

Noch verlangt also das Management an der Vereinsspitze viel taktisches Geschick. In Zukunft läßt sich aber eine Entwicklung wie in den USA nicht mehr aufhalten: Dort gehört das professionelle Verkaufen zum alltäglichen Geschäft jedes Vereins.

Hilfestellung beim »Fit for Life«

Ein gesunder Geist in einem gesunden Körper – diesen Wunsch helfen Wellness-Trainer zu verwirklichen, indem sie körperliche Bewegung, Ernährung und Lebensweise so abstimmen, daß genau dieses Resultat eintritt.

Der Job:

Als erstes müssen Wellness-Trainer oft erklären, daß Wunder etwas länger dauern: Weder können sie über Nacht überflüssige Fettpolster wegzaubern, noch schmächtige Gestalten in Muskelprotze verwandeln. Motivationstraining ist somit die erste und wichtigste Aufgabe, die Wellness-Trainer erfolgreich erfüllen müssen. Mit psychologischem Geschick und fachlichem Know-how in Sport, Sportmedizin und Ernährungswissenschaft ist diese neue Art von Gesundheitsapostel auf dem Vormarsch. Darüber hinaus müssen diese Kombinationskünstler nicht nur fachlich beschlagen sein, sondern bei ihren Kunden (oder Patienten) auch die richtige Mischung aus Ansporn, Lob und Strenge finden.

In anspruchsvollen Fitneß-Studios findet man sie heutzutage ebenso wie in Rehabilitationszentren, auf Gesundheitsfarmen und in ausgesuchten Privatkliniken. Doch besonders die Sportstudios haben den neuen Trainer-Typ entdeckt. Denn der Fitneßcenter-Markt ist in Deutschland weitgehend gesättigt, was durch die rückläufige Zahl von Neueröffnungen dokumentiert wird. Mit der Gesundheitsmasche versuchen die Studios nun wettzumachen, was sie über Jahre versäumt haben: über individuelle Leistungen einen langjährigen Kundenstamm aufzubauen.

Fakten: Großer Gewinn auf kleinem Raum

Professionelle Studios mit beachtlichen Umsätzen lösen Kleinbetriebe ab.

Wieviel die Fitneß-Center umsetzten		
	1991	***1993***
Umsätze bis 100.000 Mark	*10,7%*	*2,0%*
zwischen 100.000 und 200.000 Mark	*23,5%*	*13,8%*
zwischen 200.000 und 300.000 Mark	*19,5%*	*13,8%*
zwischen 300.000 und 400.000 Mark	*18,5%*	*17,8%*
zwischen 400.000 und 500.000 Mark	*11,2%*	*19,9%*
über 500.000 Mark	*16,6%*	*32,7%*

Voraussetzungen:

Wellness-Trainer sollten pädagogische Fähigkeiten, eine Portion Autorität und Aufgeschlossenheit mitbringen.

Schule: Abitur, Fachabitur.

Ausbildung: Sport- oder Sportmedizin-Studium, Gymnastikausbildung, Ernährungswissenschaft.

Zusatzqualifikationen: Was mit der Erstausbildung nicht abgedeckt ist, muß durch zusätzliche Seminare erlernt werden.

Einstiegsmöglichkeiten: Fitneß- und Gesundheitszentren, große Unternehmen mit Betriebssport-Abteilungen.

Anfangsgehalt: Ab 50.000 Mark.

Aufstieg:

Universitätsabsolventen, die sich auch nach ihrem Berufseinstieg weiterbilden, die richtige Methode für ihre Kundschaft entwickeln und sich gut verkaufen können, haben einige Möglichkeiten, meist über Jobwechsel nach oben zu gelangen. Der Nachteil im gesamten Sport- und Fitneßbereich darf indes nicht verschwiegen werden: Schneller als in vielen anderen Berufen wird man hier mit zunehmendem Alter von der Jugend verdrängt. Um ebenso elegant wie erfolgreich vom aktiven Training in Verwaltung, Marketing und Leitung überzuwechseln, sind kaufmännische Kenntnisse unbedingt erforderlich.

Trends:

Das Gesundheitsbewußtsein der Bevölkerung ist in den letzten Jahren merklich gestiegen. Zunehmend transportieren auch Werbung und Medien die Botschaft gesunder Lebensweise. Die Sensibilität für dieses Thema wächst zweifelsfrei. Drei Faktoren begünstigen außerdem den Vormarsch dieses jungen Berufsstandes:

- Die freie Zeit der Erwerbstätigen wird vom Volumen her gesehen zumindest gleichbleiben;
- das Budget, das die Menschen für Sport, Freizeit, Gesundheit und Unterhaltung planen, hat innerhalb der letzten Jahre kontinuierlich zugenommen;
- die Krankenkassen tragen zunehmend dem gestiegenen Gesundheitsbewußtsein Rechnung und finanzieren häufiger vorbeugende Therapien.

Rund ums Lernen

Lebenslanges Lernen ist angesagt

Für Lehrer ist die Flaute der 80er Jahre vorbei. Die Zahl der Schüler steigt, und der Berufsstand ist restlos überaltert. An manchen Schulen erreichen zwei Drittel des Lehrpersonals in näherer Zukunft das Pensionsalter, im Bundesschnitt sind mehr als 40 Prozent der Lehrer älter als 45 Jahre. Da hilft es den Ländern nichts, auf ihre leeren Kassen zu verweisen und – anstatt neue Lehrer zu beschäftigen – die Arbeitszeit der bereits im Dienst befindlichen zu verlängern. Sie kommen um Neueinstellungen nicht herum. Nur müssen sich die Nachrücker damit abfinden, nicht mehr als Beamte in den Staatsdienst eintreten zu können, sondern als ganz normale Angestellte zu arbeiten.

Die wahren Wachstumspotentiale für Lehrpersonal liegen aber jenseits der Schultore im Fortbildungsbereich. Drei Berufe wird ein heute 25jähriger erlernen, bis er in Rente geht. Dreimal wird er sich komplett neue Fähigkeiten aneignen und eine neue Branche kennenlernen. Hierbei helfen ihm ausgebildete Pädagogen, aber auch andere Fachleute, die in der beruflichen Weiterbildung arbeiten.

Dabei entsteht ein gewaltiger Markt: Über 40 Milliarden Mark geben die Unternehmen inzwischen für die Qualifikation ihrer Leute aus. Über zehn Milliarden Mark stecken die Bundesbürger selbst in Computerkurse, Englischunterricht oder Bewerbungstraining. Rund 30.000 Anbieter bieten ihren Kunden jährlich über 500.000 Veranstaltungen an.

Alle Prognosen sagen diesem Markt weiteres Wachstum voraus. Neue Technologien wie CIM (Computer Integrated Manufacturing) oder das Internet erfordern neue Lehrgänge für alle, die damit umgehen müssen. Der Trend zur Teamarbeit schuf für Tausende von Trainern Beschäftigung, die Managern und Teammitgliedern erst einmal beibringen mußten, zusammenzuarbeiten.

Eine ganz neue Lernform etabliert sich auch durch den Einsatz von Multimedia. Während heute noch die Mehrzahl in Klassenzimmern, Seminarräumen oder Hörsälen lernt, können Bildungswillige sich in Zukunft einen Großteil des Stoffes vor dem eigenen PC beibringen. Multimedia-CDs bieten das Lernprogramm in Bild, Ton und Schrift an. Sowohl Firmen als auch private Käufer werden vermehrt zu den silbernen Scheiben greifen, um im Beruf auf dem laufenden zu bleiben.

Büffeln für den Job

Bereits heute werden Berufsschullehrer für einige Fächer händeringend gesucht. Der Zwang zur permanenten Fortbildung verbessert ihre Arbeitsmarktchancen in den nächsten Jahren weiterhin.

Der Job:

Ihre Schüler sind Hauptschüler, Realschüler und Abiturienten. Sie lernen Schlosser, Bäcker oder Industriekaufmann. Ein bis zwei Tage pro Woche kommen sie alle zur Berufsschule. Hier erhalten sie einen Großteil des Wissens, das sie für die Abschlußprüfungen vor den Handwerks- oder Industrie- und Handelskammern brauchen.

Ihre Lehrer müssen sich hier für jede Klasse komplett umstellen, auch wenn ihr Fach dasselbe bleibt. Zu unterschiedlich sind die Schüler, ihr Vorwissen und ihr Interesse am eigenen Fach. Dabei sind die 16- bis 25jährigen in der Schulbank kritische Zuhörer. Schließlich kommen sie aus der Praxis und gleichen ständig den Lehrstoff mit ihrer täglichen Arbeit ab. Ein falsches Wort, und das Gejohle ist groß. Berufsschullehrer brauchen den ständigen Kontakt mit den Betrieben, um sich über Technik und Arbeitsweise auf dem laufenden zu halten. Ihr Arbeitstag beginnt um acht Uhr morgens, ihre Arbeitswoche dauert von Montag bis Freitag. Wer Pech hat, wird noch zum Samstagsdienst eingeteilt, wo Prüfungsvorbereitung für die Azubis auf dem Lehrplan steht.

Fakten: Berufsschulen – die unbekannte Größe

9.069 berufsbildende Schulen gibt es in Deutschland. In ihren Schulbänken lernen **mehr als 2 Millionen Schüler** alles Wissenswerte für ihren Beruf. Jährlich verlassen über **900.000 Schüler** sie mit einem Abschlußzeugnis. Über **100.000 Lehrer** unterrichten dort, **45 Prozent** davon sind älter als 45 Jahre.

Voraussetzungen:

Nervenstark, überzeugend und redegewandt sollten Personen sein, die als Lehrer vor eine Klasse treten wollen.

Schule: Abitur.

Ausbildung: Zwei Studien stehen zur Auswahl: Berufspädagogik oder die Ausbildung zum Diplom-Handelslehrer.

Zusatzqualifikationen: Das Studium für Lehrer ist stark verschult. Bis zu einem Jahr Praktikum gehört zur Ausbildung dazu.

Einstiegsmöglichkeiten: Berufsschulen oder Ausbildungs- und Personalabteilungen von Unternehmen.

Anfangsgehalt: Im Schnitt 50.000 Mark.

Aufstieg:

Die Karrierechancen im öffentlichen Dienst sind begrenzt. Hier wird streng nach Dienstalter befördert. Wesentlich besser sind die Aussichten in der freien Wirtschaft. Einstiegsmöglichkeiten bieten sich als Ausbildungsleiter oder als Lehrer im betriebsinternen Unterricht an.

In den Ausbildungsressorts beschäftigen sich Lehrer vor allem mit der Auswahl der neueinzustellenden Lehrlinge, die sie dann auch während der Ausbildungszeit betreuen. Aufstiegschancen bieten sich bis zum Leiter der Berufsausbildung oder auch im Personalwesen.

Trends:

Fast die Hälfte aller Lehrer an den Berufsschulen ist heute älter als 45 Jahre. Im kommenden Jahrzehnt steht daher eine gewaltige Einstellungswelle für diesen Job an, zumal die Schülerzahlen in diesem Zeitraum um 20 Prozent steigen werden. Nur die leeren Kassen der Länder verhindern ein schnelleres Anwachsen der Beschäftigungszahlen.

Neue Jobs finden die Lehrer in der Fortbildung. Statt 16jähriger drängeln sich zunehmend auch 30 oder 40 Jahre alte Berufstätige in den Klassenzimmern. Sie bilden sich nach Feierabend oder auch während ihrer Arbeitszeit fort, um den Anschluß in ihrem Job nicht zu verpassen oder um sich umzuschulen.

Der Pauker als Servicemann

Aufmunternd wie aufgeschlossen, praxisnah trotz Vermittlung von fundiertem Grundlagenwissen, einsatzbereit statt freizeit- und urlaubsbewußt – die Lehrerpersönlichkeit mit dem neuen Berufsverständnis steckt noch in der Entstehungsphase. Sie kommt aber gewiß.

Der Job:

Den Beruf des Paukers von gestern und heute braucht man nicht darzustellen, jeder kennt ihn aus seinem Schulalltag zu Genüge. An den Lehrer von morgen und übermorgen werden Anforderungen gestellt, die dieser selbst mit einer Hochschulausbildung nur unzureichend erfüllen kann.

Die Hauptaufgabe der künftigen Wissensvermittler besteht darin, ihre Schüler so individuell und optimal wie möglich auf das Leben außerhalb der Schulmauern vorzubereiten. Daß die Lehrer diese Welt selbst in der Regel nicht kennen, weil sie von der Schulbank in den Hörsaal und zurück in das Klassenzimmer gewechselt haben, ist keine Entschuldigung mehr.

Praxisnähe statt starrer Orientierung an den Idealen humanistischer Schulbildung hat sich selbst die maßgebliche Hochschulrektorenkonferenz ins Curriculum geschrieben. Neben einer soliden Grundlagenbildung heißt die kommende Aufgabe der Pädagogen, ihre Schäfchen auf einen lebenslangen Lernprozeß vorzubereiten. Daneben hat das Lehrerkollegium von morgen aber zunehmend sich selbst und den Schülern die Frage zu beantworten, wie dieses erworbene Wissen in der freien Wirtschaft ein- und umzusetzen ist. Dabei wird der jeweils aktuelle Kenntnisstand eines sich rasch verändernden Wirtschaftslebens sie ebenfalls zu lebenslangem Lernen zwingen.

Fakten:

Der Run auf die Gymnasien wird trotz rückläufiger absoluter Schülerzahlen nicht nachlassen.

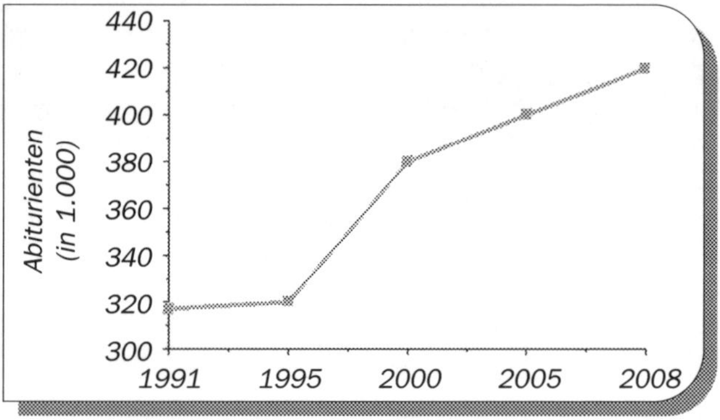

Voraussetzungen:

Einer selbstbewußten Jugend gegenüberzutreten, die häufig aus Familien stammt, wo beide Elternteile berufstätig sind, oder die zu einem Drittel aus gescheiterten Ehen kommt, und diese nicht nur zu lehren, sondern auch zu erziehen, ist eine anspruchsvolle, belastende Aufgabe.

Schule: Abitur.

Ausbildung: Lehramtsstudium an der Universität, zwei Fächer plus Pädagogik. Nach dem ersten Staatsexamen ein zweijähriges Referendariat und anschließend das zweite Staatsexamen.

Zusatzqualifikationen: Praktika in Unternehmen während des Studiums, auf Qualifikations- und Bildungsmessen neue Lehrmittel und -methoden kennenlernen.

Arbeitgeber: Bundesländer, private Schulträger.

Anfangsgehalt: Ab 50.000 Mark.

Aufstieg:

Sie sind Beamte und steigen als Lehrer in der Sekundarstufe zwei schon relativ hoch ein. Leitende Tätigkeiten sind ausgesprochen rar, die Gehälter wachsen mit dem Dienstalter. Auch Job-Hopping bringt keine Gehaltssteigerungen. Verantwortliche Bereiche am Rande der Lehrtätigkeit oder Schwerpunkte sind nicht vorgegeben, sondern selbst zu finden oder zu erarbeiten.

Trends:

Noch klingt es wie Zukunftsmusik, doch der neue Lehrertyp wird zwingend Realität:

- Rückläufige Geburtenraten werden nach der Jahrtausendwende den Schüler zur umworbenen Zielgruppe machen. Die Schulen sind dann gezwungen, sich dem Wettbewerb zu stellen und sich als attraktive, moderne Lehrinstitute zu präsentieren. Nur so erhalten sie ihre gewohnten Budgets zugeteilt. Einzelne Bundesländer testen bereits Modelle, bei denen die Schulen ihre öffentlichen Mittel nach der Zahl der Schüler und nicht länger nach der Zahl der Lehrer und gewohnheitsmäßig zugeteilt bekommen.
- Die schnelle Veralterung des Wissens und die Notwendigkeit lebenslangen Lernens stellt das Gymnasium als zweckfreie Bildungsinstitution in Frage. Per Definition dient das Gymnasium der Vorbereitung auf ein anschließendes Hochschulstudium. Die Zahl der Abiturienten steigt zwar, doch nur ein Drittel macht direkt von der Hochschulberechtigung Gebrauch. Die anderen 70 Prozent muß das Gymnasium auf den direkten Berufseinstieg nach der Schule vorbereiten – was es bislang nicht tut.

Rezepte für Spitzenleistungen

Alles ist lernbar: Management-Trainer bringen Managern die Tricks und Kniffe ihres Berufes bei.

Der Job:

Zehn Stunden am Tag absolute Konzentration, jeder Satz muß sitzen, jede Geste kontrolliert sein: Wenn Firmen für das Training eines Managers bis zu 5.000 Mark pro Tag ausgeben, erwarten sie von den Lehrern absolute Spitzenleistungen.

Die Coachs für Führungskräfte müssen sich auf ihre zahlungskräftige Kundschaft einstellen. Derbe Kritik ist diese nicht gewohnt, Fingerspitzengefühl ist daher gefragt. Die Trainer bringen ihrer verwöhnten Kundschaft ein Gefühl für Rhetorik bei, arbeiten an ihrem Führungsverhalten und an ihrer Persönlichkeit oder bringen sie auf den neuesten Stand moderner Management-Methoden.

Ihre Veranstaltungen bereiten sie sorgfältig vor. Sie bringen entweder eine Videoausrüstung mit, damit die Führungskräfte vor laufender Kamera ihre Redegewandtheit unter Beweis stellen und anschließend selbst sehen, woran es hapert. Oder die Trainer überlegen sich Rollenspiele, in denen der Abteilungsleiter in die Rolle des Untergebenen schlüpfen muß.

Die genaue Planung erfolgt gemeinsam mit ihrem Auftraggeber. Immer häufiger legt dieser auch Wert auf Erfolgskontrollen und Nachschulungen, da er der Wirkung eines Zweitageseminars allein mißtraut.

Fakten: Was Manager (noch) lernen müssen

Die fünf meistgefragten Kursthemen:

1.) Mitarbeiterführung
2.) Persönlichkeitstraining
3.) EDV-Anwendung
4.) Fremdsprachen
5.) Kaufmännisches Know-how

Voraussetzungen:

Die Trainer brauchen vor allem zwei Dinge: ein gesundes Selbstbewußtsein und große Überzeugungsgabe.

Schule: Abitur, Fachabitur.

Ausbildung: Es gibt kein geregeltes Training für Trainer. Um Managern etwas beizubringen, benötigen sie in jedem Fall ein fundiertes Grundwissen. Ein Betriebswirtschaftslehre-Studium mit Schwerpunkt Personal oder Organisation oder ein Studium der Betriebspsychologie bereiten auf das Metier vor. In der Branche fassen aber auch Diplom-Sportler oder Geisteswissenschaftler Fuß, die mit ungewöhnlichen Trainingsideen das Interesse von Firmen wecken.

Einstiegsmöglichkeiten: Management-Institute, Personalabteilungen.

Anfangsgehalt: 40.000 bis 70.000 Mark.

Aufstieg:

So wenig wie eine geordnete Ausbildung gibt es auch einen vorgezeichneten Karriereweg für die bunt schillernde Zunft der Trainer. Bei Management-Instituten oder in Personalabteilungen erhalten sie Einblicke in das Geschäft mit der Fortbildung von Top-Leuten.

Für den Sprung in die Selbständigkeit kommt es auf die zündende Idee an. Jeder Trainer muß sein persönliches Profil finden, das seine Kunden nachgerade zwingt, seine Seminare zu stürmen – ob Talk-Show-Training oder Stegreiftheater. In der Branche ergeben sich neue Aufträge meist durch Mund-zu-Mund Propaganda: War der erste Trainierte zufrieden, erzählt er es seinen Geschäftspartnern. Ebenfalls wichtig sind die Referenzen: Wo Siemens oder Bayer ihre Leute hinschicken, wird die Qualität schon stimmen, denken sich viele Mittelständler und folgen den Trendsettern.

Trends:

In den Führungsetagen hat sich die Erkenntnis durchgesetzt, daß auch Top-Leute bis zu ihrer Pensionierung an sich arbeiten müssen. Die Zukunft liegt in der Vermittlung sozialer Kompetenz. Schmerzhaft wird vielen Unternehmen bewußt, daß ihre Führungsleute nicht auf Teamarbeit und Unternehmensorganisationen ohne Titel und Dienstwagen vorbereitet sind. In tagelangen Seminaren bringen ihnen Trainer bei, ihre Kollegen nicht länger als Konkurrenten um den nächsten Posten zu sehen oder Mitarbeiter nicht wie Untergebene zu behandeln.

Lernen für's nächste Jahrtausend

Schulbänke sind out, multimediales Lernen vor dem PC in. Mediendidaktiker entwickeln die individuelle Software für das programmierte Studieren daheim.

Der Job:

Womit motiviert die Deutsche Bundesbahn AG ihre ehemaligen Beamten, Fahrkarten mit einem freundlichen Lächeln zu verkaufen und alle Wünsche der Fahrgäste zu erfüllen? Mit gezielter multimedialer Schulung, die den Mitarbeitern am persönlichen Terminal alle erdenklichen Verkaufssituationen vorspielt und sie auch in die Rolle jenseits des Schalters versetzt.

Die typische Lernsoftware entwickeln Mediendidaktiker. Sie haben Bilder, Text und Ton so zu kombinieren, daß sich der Lernende auch in den eigenen vier Wänden möglichst rasch in eine neue Materie einarbeiten kann. Die Programme müssen hierbei alle etwaigen Zwischenfragen bereits vorab berücksichtigen.

Monatelang entwickeln die Didaktiker im Team ihre Software. Vorab müssen sie in den Unternehmen oder Behörden in Gesprächen und auf eigene Faust die Lernlücken herausfinden. Dabei werden die Themen immer komplexer. Statt einfacher Vokabelprogramme bereiten die Fachleute heute beispielsweise ganze Universitätsvorlesungen für die Multimedia-Welt auf. Der Betrachter und Nutzer merkt am Ende nicht einmal im Ansatz, wieviel Arbeit in einer CD-ROM steckt.

Fakten:

Jeder dritte Computerbesitzer in Deutschland nutzt bereits heute seinen PC daheim, um sich weiterzubilden:

Wozu der Home-PC dient	
Büroarbeit	*59%*
Haushaltsfinanzen	*36%*
Spiele	*34%*
Weiterbildung	*31%*
Hobby	*25%*
Kommunikation	*24%*

Voraussetzungen:

Kreativität und Überzeugungskraft sind in diesem Job wichtig. Schulungsbedürftige Mitarbeiter sind nicht unbedingt erfahren im Umgang mit dieser Lehrmethode. Multimedia-Trainer müssen also Mittel und Wege finden, um Hemmschwellen abzubauen.

Schule: Formale Qualifikation ist eher unwichtig. Die Hauptsache ist der perfekte Umgang mit dem Computer.

Ausbildung: Den anerkannten Weg zum Multimedia-Trainer gibt es noch nicht. Ein wenig Pädagogik gehört dazu, Informatik ist nicht verkehrt, schließlich will man mit moderner Software arbeiten. Einen Einstieg bieten auch Medien-Studiengänge, wie sie inzwischen 41 Hochschulen im Programm haben.

Zusatzqualifikationen: Üben, üben, üben. Frühzeitig um Praktikantenplätze bei Firmen bemühen, die in diesem Bereich arbeiten. Ein Aufenthalt in den USA öffnet die Augen, was mit multimedialem Lernen alles möglich ist.

Einstiegsmöglichkeiten: Multimedia-Entwickler, auch klassische Lehrbuchverlage.

Anfangsgehalt: 50.000 bis 60.000 Mark.

Aufstieg:

Den Pionieren gehört die Zukunft. Die Branche steht noch am Anfang ihrer Entwicklung, geregelte Karrierewege lassen sich noch nicht aufzeigen. Bei den Schulbuchverlagen zeigt sich aber bereits heute, daß sie ihre Zukunft in Multimedia sehen. Wer hier einsteigt, stellt für den Aufstieg innerhalb der Verlagswelt die richtigen Weichen. Nach und nach werden alle Firmen dieser Branche Töchter für diesen Bereich gründen und die besten Leute der Konkurrenz abwerben.

Trends:

Noch sitzen 95 Prozent der Lernenden in Klassenzimmern, Hörsälen und Seminarräumen. Raummieten, Anfahrtskosten und die Ausgaben für Trainer lassen die private Wirtschaft nach Alternativen Ausschau halten. Multimedia bietet sie. Die Investition in das »Humankapital« wird weiter wachsen. Zum einen veraltet das Wissen immer schneller, zum anderen müssen sich die Unternehmen bei hohen Lohn- und Lohnnebenkosten mehr denn je auf hochqualifizierte und motivierte Mitarbeiter verlassen können.

Die neue Lernform trägt beidem Rechnung und überzeugt zudem durch ihren Vorteil, auf die individuellen Lernbedürfnisse oder -gewohnheiten ihrer Benutzer optimal einzugehen.

Streitschlichter und Wellenbrecher

Wie einst das ABC, müssen die Mitarbeiter kleiner und großer Unternehmen nun wieder von Grund auf lernen, wie man miteinander spricht. Am Lehrerpult stehen die Team-Moderatoren.

Der Job:

Sprechen können sie natürlich, die Damen und Herren der mittleren, gehobenen und höchsten Etagen in den Unternehmen. Nur am Ablauf der Kommunikation quer durch die Hierachien hapert es oft. Der Sachbearbeiter steht immer noch mit straffen Schultern vor seinem Abteilungsleiter und dieser wird immer noch mit spitzen Worten von seinem Abteilungsdirektor zur Schnecke gemacht. Zwar gibt es diese Posten offiziell nicht mehr, das Verhalten der ehemaligen Stelleninhaber läßt sich aber nicht über Nacht ändern.

Auch wenn das Gerede von schlanken Strukturen, von sich auflösenden Hierarchien und von Team-Arbeit in vielen Betrieben Realität wird, haben ehemalige Vorgesetzte und Untergebene den neuartigen Umgang miteinander mühsam zu erlernen.

Hilfe leistet ihnen hierbei der Team-Moderator, der zumeist in die Unternehmen kommt und die Gesprächsrunden leitet. Mit viel Einfühlungsvermögen nimmt er seinen Schäfchen die Scheu davor, jedwede Kritik unabhängig von Dienstalter und Rang frei auszusprechen, und verhindert gleichzeitig einen unkonstruktiven Ton.

Sinn und Zweck seiner Arbeit ist letztlich die Effizienzsteigerung. Aus diesem Grund hat das Unternehmen schließlich von der Pöstchenstruktur zur Team- und Projektarbeit umgeschwenkt. Jetzt müssen die Team-Arbeiter nur noch lernen, sich in der neuen Struktur zurechtzufinden.

Fakten:

Buntgewürfelte Projektteams

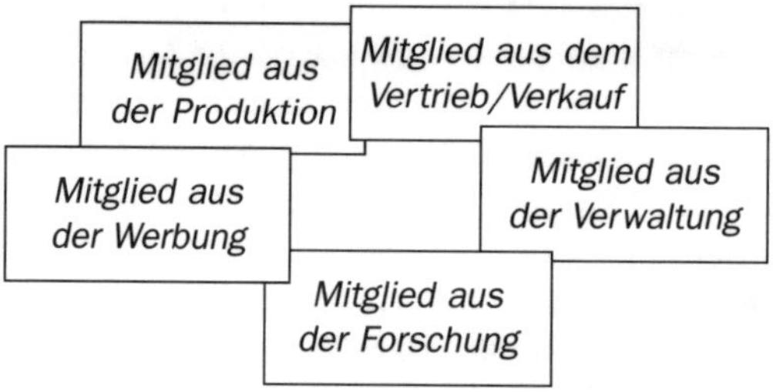

Voraussetzungen:

Psychologisches Einfühlungsvermögen trotz Autorität, gepaart mit einem sicheren Auftreten zeichnen gute Team-Moderatoren aus.

Schule: Abitur und Fachabitur.

Ausbildung: Studium der Pädagogik, der Sozialwissenschaften oder Betriebswirtschaftslehre-Studium mit zusätzlicher psychologischer Ausbildung.

Zusatzqualifikationen: Moderatoren sollten die Betriebsorganisation und Mitarbeiterstruktur repräsentativer Unternehmen kennen.

Einstiegsmöglichkeiten: Fortbildungsinstitute, Seminarveranstalter, Personalberatungsfirmen, Personalabteilungen großer Unternehmen.

Anfangsgehalt: Zwischen 55.000 und 65.000 Mark.

Aufstieg:

Auf dem Markt der betrieblichen Weiterbildung herrscht weitgehend Wildwuchs. Einheitliche Berufsbilder fehlen, offizielle Befähigungsnachweise oder Kontrollen gibt es kaum. Um so bessere Chancen haben engagierte Talente, mit einem ausgezeichneten Ruf, sich in dieser Branche selbständig zu machen – als Freiberufler oder mit einer eigenen Agentur.

Trends:

Bedenkt man die gewaltige personelle Umstrukturierung, die sich die meisten Unternehmen zum Ziel gesetzt haben, wird verständlich, warum die Arbeit für Team-Moderatoren so schnell nicht ausgehen wird.

Mit Einmal-Veranstaltungen ist diese Arbeit ohnehin nicht zu bewältigen. Gruppen werden sich nach dem neuen Ideal der Firmenlenker immer wieder auflösen und neu zusammensetzen. Mitarbeiter ausländischer Partnerbetriebe oder kurzfristig Angestellte werden zusätzlich dafür sorgen, daß sich die Teamstruktur laufend ändert.

Hat ein Unternehmen die Erfahrungen gemacht, daß ein Außenstehender mit seinem natürlichen Abstand und seiner fachlich bedingten Autorität eine Gruppe auf Teamverhalten trimmt, wird es ihn bei der nächsten Gelegenheit erneut damit beauftragen.

Beratung, Studientips, Seminaranbieter: Auf den folgenden Seiten finden Sie Ansprechpartner, die Fragen zu nahezu jedem Job der Zukunft erschöpfend beantworten können.

I. Allgemeine Auskunftsstellen

Das Arbeitsamt hält in seinen Berufsinformationszentren (BIZ) für Interessierte eine Fülle von Unterlagen bereit. Experten vor Ort geben Tips und helfen bei der Suche nach Ausbildungsplätzen.

Ein BIZ finden Sie in jeder größeren Stadt. Wo das nächstgelegene Infozentrum liegt, erfahren Sie von der

Bundesanstalt für Arbeit
Regensburger Straße 104
90478 Nürnberg
Tel.: 0911/179-0

In Österreich erhalten Sie Auskünfte über die nächstgelegene Informationsstelle vom

Bundesministerium für Arbeit
und Soziales
Stubenring 1
1010 Wien
Tel.: 0222/711 00

Hilfe findet man auch bei der

Bundessektion Gewerbe und
Handwerk
Wiedner Hauptstraße 63
1045 Wien
Tel.: 0222/50 10 50

In der Schweiz informiert das

Bundesamt für Industrie, Gewerbe
und Arbeit
Bundesgasse 8
3003 Bern
Tel.: 031/322 29 44

Für viele Studienfächer muß man in Deutschland rechtzeitig vor Semesterbeginn einen Studienplatz beantragen. Informationen, welche Fächer davon betroffen sind und wie die Bewerbung abläuft, gibt die

ZVS – Zentralstelle für die Vergabe
von Studienplätzen
Sonnenstraße 171
44137 Dortmund
Tel.: 0231/10 81-0

II. Informationen zu den 100 Jobs

Die Einteilung des Adreßteils folgt den Kapiteln im Buch.

Zuerst finden Sie Ansprechpartner, die Informationen über die Branche geben. Danach sind Institutionen aufgelistet, die sich in einem Beruf gut auskennen. Umfaßt das Kapitel zu unterschiedliche Tätigkeiten, sind nur Spezialisten angeführt. Für einige der 100 Jobs fehlen die Adressen komplett. Diese Berufe befinden sich noch im Aufbau: Weder existieren feste Ausbildungswege noch Interessenvertretungen.

Rund um den Bau

Infos über den gesamten Bereich

Hauptverband der Deutschen Bauindustrie e. V.
Abraham-Lincoln-Straße 30
65189 Wiesbaden
Tel.: 0611/77 20

Zentralverband des Deutschen Baugewerbes
Godesberger Allee 99
53175 Bonn
Tel.: 0228/81 02-0

Österreich:
Fachverband der Bauindustrie
Karlsgasse 5
1040 Wien
Tel.: 0222/504 15 51-0

Spezielle Infos zu den jeweiligen Jobs

Architekt

Bundesarchitektenkammer
Königswinterer Straße 709
53227 Bonn
Tel.: 0228/97 08 20

Bund Deutscher Architekten
Bundessekretariat
Ippendorfer Allee 14a
53127 Bonn
Tel.: 0228/28 50 11

Schweiz:
Bund Schweizer Architekten (BSA)
Pfluggässlein 3
4001 Basel
Tel.: 061/262 10 10

Bauroboter-Experte

Einer der führenden Experten, Professor Thomas Bock, unterrichtet in Karlsruhe
Universität Karlsruhe
Kaiserstraße 12
76131 Karlsruhe
Tel.: 0721/60 80

Gartenbauer

Zentralverband Gartenbau e. V.
Godesberger Allee 142–148
53175 Bonn
Tel.: 0228/81 00 20

Bund Deutscher Landschafts-
Architekten e. V.
Colmanstraße 32
53115 Bonn
Tel.: 0228/65 54 88

Holzhausbauer

Bundesverband Deutscher
Fertigbauer e. V.
Flutgraben 2
53604 Bad Honnef
Tel.: 02224/937 70

Solarbauer

Bund der Energieverbraucher e. V.
Josefstraße 24
53619 Rheinbreitbach
Tel.: 02224/784 75

Rund um die Gesundheit

Infos über den gesamten Bereich

Bundesärztekammer
Herbert-Lewin-Straße 1
50931 Köln
Tel.: 0221/40 04-0

Österreich:
Österreichische Ärztekammer
Weihburggasse 10–12
1010 Wien
Tel.: 0222/514 06-0

Schweiz:
FMH-Verbindung der Schweizer Ärzte
Elfenstraße 18
3000 Bern 16
Tel.: 031/351 55 43

Spezielle Infos zu den jeweiligen Jobs

Allergologe

Deutsche Gesellschaft für Allergie-
und Immunitätsforschung e. V.
BG-Kliniken
Bürkle-de-la-Camp-Platz 1
44789 Bochum
Tel.: 0234/302 64 44

Heilpraktiker

Interessengemeinschaft Deutscher
Heilpraktikerverbände
Kölner Straße 369
40227 Düsseldorf
Tel.: 0211/72 57 77

Fachverband Deutscher Heilpraktiker
Maarweg 10
53123 Bonn
Tel.: 0228/61 10 49

Zentrum für Naturheilkunde
Heilpraktikerschule und
Fortbildungszentrum
Hirtenstraße 26
80335 München
Tel.: 089/545 93 10

Krankenhausmanager

Verband der Krankenhausdirektoren
Kaiserstraße 50
45468 Mülheim
Tel.: 0208/305 27 56

Berufsbegleitendes Kontaktstudium
»Krankenhaus- und Sozial-
management«
Kolping-Akademie Rudolf Knäpple
Robert-Bosch-Straße 23
88499 Riedlingen
Tel.: 07371/93 15 14

Studiengang »Krankenhaus-
management«
Fachhochschule Osnabrück
Postfach 1940
49009 Osnabrück
Tel.: 0541/969 22 12

Universität Münster
Schloßplatz 2
48149 Münster
Tel.: 0251/83 29 49

Universität Mannheim
Am Schloß 115/4
68131 Mannheim
Tel.: 0621/292 54 58

Österreich
Wirtschaftsuniversität Wien
Althanstraße 51
1090 Wien
Tel.: 0222/313 36-4960

Krankenpfleger

Fachverband der Krankenpflege e. V.
Gerhart-Hauptmann-Ring 396
60439 Frankfurt a. M.
Tel.: 069/57 00 00-17

Studiengang »Pflegewissenschaft«
Universität Witten/Herdecke
Stockumerstraße 12
58453 Witten
Tel.: 02302/66 93 73

Österreich:
Fachgruppenvereinigung des
Krankenpflegepersonals im ÖGB
Maria-Theresien-Straße 11
1090 Wien
Tel.: 0222/313 16-0

Medizinisch-technischer Laborassistent

Deutscher Verband technischer
Assistenten in der Medizin e. V.
Spaldingstraße 110b
20097 Hamburg
Tel.: 040/23 14 36

Medizintechniker

Zentralvereinigung Medizin-
Technik e. V.
Sachsenring 69
50677 Köln
Tel.: 0221/32 70 54

Physiotherapeut

Deutscher Verband für Physiotherapie
Deutzer Freiheit 72–74
50679 Köln
Tel.: 0221/88 40 31

Physiotherapieverband
Prinz-Albrecht-Straße 41
53115 Bonn
Tel.: 0228/21 05 06

Psychotherapeut

Deutsche Gesellschaft für Psychiatrie,
Psychotherapie und Nervenheilkunde
Bergische Landstraße 2
40629 Düsseldorf
Tel.: 0211/922 20 01

Österreich
Bundesverband für Psychotherapie
Rosenbursenstraße 8
1010 Wien
Tel.: 0222/512 70 90

Radiologe

Berufsverband der Deutschen
Radiologen und Nuklearmediziner e. V.
Sonnenstraße 3
80331 München
Tel.: 089/59 26 90

Österreich:
Gesellschaft für medizinische
Radiologie und Nuklearmedizin
Rotenhausgasse 6
1090 Wien
Tel.: 0222/406 52 22

Rund ums Geld

Infos über den gesamten Bereich

Bundesverband deutscher
Banken e. V.
Kattenbug 1
50667 Köln
Tel.: 0221/166 30

Deutscher Sparkassen- und
Giroverband e. V.
Simrockstraße 4
53113 Bonn
Tel.: 0228/20 40

Österreich:
Fachverband der Banken und Bankiers
Börsegasse 11
1010 Wien
Tel.: 0222/535 17 71-0

Schweiz:
Schweizerischer Bankpersonalverband
Postfach 8235
3001 Bern
Tel.: 031/371 43 11

Spezielle Infos zu den jeweiligen Jobs

Anlageberater

Deutsche Vereinigung für Finanz-
analyse und Anlagenberatung e. V.
Siemensstraße 18
63303 Dreieich
Tel.: 06103/810 71

Bundesverband Deutscher
Vermögensberater
Untermainanlage 8
60329 Frankfurt
Tel.: 069/25 07 55

Gutachter

Bundesverband öffentlich bestellter
und vereidigter sowie qualifizierter
Sachverständiger e. V.
Godesberger Allee 54
53175 Bonn
Tel.: 0228/37 87 06

Bundesverband der freiberuflichen
und unabhängigen Sachverständigen
für das Kraftfahrzeugwesen e. V.
Juliusstraße 41
12051 Berlin
Tel.: 030/625 20 65

Versicherungsmakler

Bundesverband Deutscher
Versicherungsmakler
Cremon 33
20457 Hamburg
Tel.: 040/36 48 04

Gesamtverband der Deutschen
Versicherungswirtschaft e. V.
Walter-Flex-Straße 3
53113 Bonn
Tel.: 0228/916 20

Österreich:
Versicherungsmaklerring
Mühlgasse 72
2380 Perchtoldsdorf
Tel.: 0222/86 06 80

Rund um den Handel

Spezielle Infos zu den jeweiligen Jobs

Außenhändler

Bundesverband des Deutschen
Groß- und Außenhandels e. V.
Bonner Talweg 57
53113 Bonn
Tel.: 0228/26 00 40

Automobilkaufmann

Verband der Automobilindustrie e. V.
Westendstraße 61
60325 Frankfurt a. M.
Tel.: 069/757 00

Verkäufer

Hauptverband des Deutschen
Einzelhandels e. V.
Gothaer Allee 2
50969 Köln
Tel.: 0221/936 55 02

Rund um die Beratung

Spezielle Infos zu den jeweiligen Jobs

Anwalt

Bundesrechtsanwaltskammer KdöR
Joachimstraße 1
53113 Bonn
Tel.: 0228/91 18 60

Deutscher Anwaltverein e. V.
Adenauerallee 106
53113 Bonn
Tel.: 0228/260 70

Österreich:
Österreichischer Rechtsanwalts-
kammertag
Rotenturmstraße 13
1011 Wien
Tel.: 0222/535 12 75

Schweiz:
Schweizerischer Anwaltsverband
Bollwerk 21
3001 Bern
Tel.: 031/312 25 05

Anwaltsgehilfe

Deutsche Vereinigung der Rechts-
anwalts- und Notariatsangestellten
Corneliusstraße 76
40215 Düsseldorf
Tel.: 0211/384 94 94

Consulter

Bundesverband Deutscher
Unternehmensberater
Friedrich-Wilhelm-Straße 2
53113 Bonn
Tel.: 0228/23 80 55

Österreich:
Fachverband Unternehmensberatung
und Datenverarbeitung
Wiedner Hauptstraße 83
1040 Wien
Tel.: 0222/501 05-0

Schweiz:
Vereinigung der Unternehmensberater
Mühlebachstraße 28
8008 Zürich
Tel.: 01/252 86 09

Energieberater

Vereinigung Deutscher
Elektrizitätswerke
Stresemannallee 23
60596 Frankfurt a. M.
Tel.: 069/630 41

Franchise-Manager

Deutscher Franchise-Verband
Paul-Heyse-Straße 33–35
80336 München
Tel.: 089/53 50 27

Österreich:
Österreichischer Franchise-Verband
c/o Syncor GmbH.
Nonntaler Hauptstraße 48
5020 Salzburg
Tel.: 0662/83 53 03

Gebäudemanager

Dachverband Deutscher Hausverwalter
Karlstraße 53
80333 München
Tel.: 089/55 39 16

Immobilienmakler

Ring Deutscher Makler
Mönckebergstraße 27
20095 Hamburg
Tel.: 040/33 12 10

Immobilien-Akademie
Fragen beantwortet: Sibylle Dürkop PR
Ulmenstraße 24a
22299 Hamburg
Tel.: 040/48 60 97

Diplom-Immobilienbetriebswirt

Südwestdeutsche Fachakademie
der Grundstücks- und Wohnungs-
wirtschaft e.V
Friedrichstraße 55
65185 Wiesbaden
Tel.: 0611/37 97 56

Studiengang »Wohnungs- und
Immobilienwirtschaft« an der
Hochschule für Technik, Wirtschaft
und Sozialwesen in Zittau-Görlitz
Theodor-Körner-Allee 16
02763 Zittau
Tel.: 03583/610

Ökonom

Bundesverband Deutscher Volks-
und Betriebswirte e. V.
Florastraße 29
40217 Düsseldorf
Tel.: 0211/37 10 22

Personalberater

Bundesverband Personal-
vermittlung e. V.
Vorgebirgsstraße 39
53119 Bonn
Tel.: 0228/63 00 78

PR-Experte

Deutsche Public-Relations-
Gesellschaft e. V.
Königswintererstraße 552
53227 Bonn
Tel.: 0228/44 45 00

Österreich:
Public Relations Verband Austria
Wienerbergstraße 11b
1100 Wien
Tel.: 0222/604 19 22

Sicherheitsexperte

Bundesverband Deutscher Wach-
und Sicherheitsunternehmen
Norsk-Data-Straße 3
61352 Bad Homburg
Tel.: 06172/94 80 50

Schweiz:
Wacheverein
Bösch 75
6331 Hünenberg
Tel.: 042/36 46 22

Steuerberater

Bundessteuerberaterkammer
Poppelsdorfer Allee 24
53115 Bonn
Tel.: 0228/72 63 90

Deutscher Steuerberaterverband
Bertha-von-Suttner-Platz 6
53111 Bonn
Tel.: 0228/98 59 40

Tagungsveranstalter

Weiterbildungsstudiengang für
Veranstaltungsfachleute
Institut für Veranstaltungswesen
der Fachhochschule Osnabrück
Albrechtstraße 30
49076 Osnabrück
Tel.: 0541/969

Berufsakademie Ravensburg
Studium zum Diplom-Betriebswirt (BA)
mit Messeschwerpunkt
Marienplatz 2
88212 Ravensburg
Tel.: 0751/806 27 00

Werber

Zentralverband der Deutschen
Werbewirtschaft
Villichgasse 17
53177 Bonn
Tel.: 0228/82 09 20

Österreich:
Fachverband Werbung
Wiedner Hauptstraße 63
1040 Wien
Tel.: 0222/501 05-0

Wirtschaftsprüfer

Wirtschaftsprüferkammer KdöR
Tersteegenstraße 14
40474 Düsseldorf
Tel.: 0211/456 10

Rund um die Produktion

Spezielle Infos zu den jeweiligen Jobs

Buchhalter

Bundesverband der Bilanzbuchhalter
und Controller e. V.
Friedrich-Ebert-Allee 73–75
53113 Bonn
Tel.: 0228/23 97 90

Büromanager

Bund Deutscher Sekretärinnen e. V.
Zentnerstraße 44
80796 München
Tel.: 089/271 68 73

Deutscher Sekretärinnen-Verband e. V.
Nietzschestraße 89
67063 Ludwigshafen
Tel.: 0621/69 59 65

Controller

Controller Verein
Leutstettener Straße 2
82131 Gauting
Tel.: 089/89 31 34-20

Bundesverband der Bilanzbuchhalter
und Controller e. V.
Friedrich-Ebert-Allee 73–75
53113 Bonn
Tel.: 0228/23 97 90

Österreich:
Österreichisches Controller-Institut
Döblinger Hauptstraße 7a/11
1190 Wien
Tel.: 0222/37 78 21-0 oder
0222/368 67 42

Entsorger

Bundesverband der Deutschen
Entsorgungswirtschaft
Hauptstraße 305
51143 Köln
Tel.: 0221/934 70 00

Studium Entsorgungstechnik
Fachhochschule Gelsenkirchen
Neidenburgerstraße 10
45877 Gelsenkirchen
Tel.: 0209/959 61 96

Studiengang »Umweltschutztechnik«
mit der Vertiefungsrichtung
Entsorgungstechnik
Technische Universität Clausthal
Postfach 1253
38670 Clausthal-Zellerfeld

Studiengang Abfallentsorgung
RWTH Aachen
Postfach
52056 Aachen

Logistiker

Bundesvereinigung Logistik e. V.
Contrescarpe 45
28195 Bremen
Tel.: 0421/33 56 80

Schweiz:
Schweizerische Gesellschaft
für Logistik
Mittelstraße 43
3003 Bern
Tel.: 031/351 65 15

Marketing-Spezialist

Deutsche Marketing-Vereinigung e. V.
Haroldstraße 14
40213 Düsseldorf
Tel.: 0211/86 40 60

Produktionstechniker

VDI-Gesellschaft Produktionstechnik
Graf-Recke-Straße 84
40239 Düsseldorf
Tel.: 0211/621 42 32

Qualitätsmanager

Deutsche Gesellschaft für
Qualität e. V.
August-Schanz-Straße 21a
60395 Frankfurt
Tel.: 069/95 42 40

Postgraduiertenstudium
»Total Quality Management«
Universität Kaiserslautern
Postfach 3049
67653 Kaiserslautern
Tel.: 0631/205 36 49

Zusatzqualifikation zum Qualitätsmanagementbeauftragten
TÜV Akademie Pfalz
Merkurstraße 45
67663 Kaiserslautern
Tel.: 0631/53 31 56

Rund um die Information

Spezielle Infos zu den jeweiligen Jobs

Allround-Journalist

Deutscher Journalistenverband e. V.
Bennauerstraße 60
53115 Bonn
Tel.: 0228/22 29 71

Bundesverband Deutscher
Zeitungsverleger
Riemenschneiderstraße 10
53175 Bonn
Tel.: 0228/81 00 40

Drehbuchautor

Verband Deutscher
Drehbuchautoren e. V.
Rosenthaler Straße 39
10178 Berlin
Tel.: 030/282 42 05

Grafiker

Studiengang »Design für elektronische
Medien« Fachhochschule Nürnberg
Keßlerplatz 12
90121 Nürnberg
Tel.: 0911/588 06 56

Informationsbroker

Diplom-Studiengang: Informationswirt
Fachhochschule Darmstadt
Haardtring 100
64295 Darmstadt
Tel.: 06151/16-84 91

Marktforscher

Berufsverband Deutscher Markt- und Sozialforscher e. V.
Frankfurter Straße 22
63065 Offenbach
Tel.: 069/800 15 52

Online-Redakteur

Bertelsmann AG
America-Online
Carl-Bertelsmann-Straße 270
33335 Gütersloh
Tel.: 05241/800

Producer

Bundesverband Deutscher Fernsehproduzenten e. V.
Widenmayerstraße 32
80538 München
Tel.: 089/212 14 71-0

Rund um die Familie

Spezielle Infos zu den jeweiligen Jobs

Altenpfleger

Deutscher Berufsverband für Pflegeberufe e. V.
Hauptstraße 392
65760 Eschborn
Tel.: 06173/650 86

Studiengang »Soziale Arbeit mit älteren Menschen/Geragogik«
Fachhochschule Braunschweig/Wolfenbüttel; Fachbereich Sozialwesen
Ludwig-Winter-Straße 2
38120 Braunschweig
Tel.: 0521/44 46 12

Deutscher Berufsverband für Altenpflege e. V.
Sonnenwall 15
47501 Duisburg
Tel.: 0203/294-37

Haushaltshelfer

Berufsverband Hauswirtschaftlicher Fach- und Führungskräfte e. V.
Römmelesweg 8
71394 Kernen
Tel.: 07151/437 70

Mediator

Bundesarbeitsgemeinschaft für Familienmediation
Rathausplatz 25
22926 Ahrensburg

Rentenberater

Bundesverband der Rentenberater e. V.
Hohenstaufenring 17
50674 Köln
Tel.: 0221/240 66 42

Rund um die Forschung

Spezielle Infos zu den jeweiligen Jobs

Biotechnologe

Gesellschaft für Biotechnologische Forschung mbH
Mascheroder Weg 1
38124 Braunschweig
Tel.: 0531/618 10

Gentechniker

Berufsverband medizinische Genetik
Konstanty-Gutschow-Straße 8
30623 Hannover
Tel.: 0511/532-32 00

Ludwig-Maximilians-Universität München
Genzentrum
Am Klopferspitz 18a
82152 Planegg
Tel.: 089/857 83 94-0

Österreich:
Kolleg für Biochemie
Biochemische Technologie und Gentechnik
Höhere Lehranstalt für Chemie
Rosensteingasse 79
1170 Wien
Tel.: 0222/46 14 80

Mikrotechniker

VDI/VDE-Gesellschaft für Mikro- und Feinwerktechnik
Graf-Recke-Straße 84
40239 Düsseldorf
Tel.: 0211/621 42 30

Studiengang für Mikrosystemtechnik an der Fachhochschule Zweibrücken
Amerikastraße 1
66482 Zweibrücken
Tel.: 06332/914 10 21

Studiengang für Feinwerktechnik/Mikrotechnik
Fachhochschule Jena
Postfach 100314
07703 Jena
Tel.: 03641/64 34 95

Rund um den Computer

Infos über den gesamten Bereich

Verband der Softwareindustrie Deutschlands e. V.
Seitzstraße 17
80538 München
Tel.: 089/291 602 93

Zentralverband Elektronik- und Elektronikindustrie e. V.
Stresemannallee 19
60596 Frankfurt a. M.
Tel.: 069/630 20

Gesellschaft für Informatik e. V.
Godesberger Allee 99
53175 Bonn
Tel.: 0228/95 99 40

Netzwerker

Aufbaustudiengang Netzwerk-
administration
Fachhochschule Fulda
Marquardstraße 35
36039 Fulda
Tel.: 0661/964 00

Screendesigner

Lehrgänge an der Multimedia-
Akademie Friedrichshafen
Am Seemooser Hain 20
88045 Friedrichshafen
Tel.: 07541/385 60

Rund um die Verwaltung

Infos über den gesamten Bereich

Deutscher Beamtenbund
Peter-Hensen-Straße 5–7
53175 Bonn
Tel.: 0228/811-0

Schweiz:
Föderativverband des Personals
öffentlicher Verwaltungen und
Betriebe
Monbijoustraße 61
3000 Bern 23
Tel.: 031/371 04 34

Spezielle Infos zu den jeweiligen Jobs

Bewährungshelfer

Deutsche Bewährungs-, Gerichts-
und Straffälligenhilfe e. V.
Mirbachstraße 2
53173 Bonn
Tel.: 0228/35 37 26

Finanzfachmann

Deutsche Steuer-Gewerkschaft
In der Raste 14
53129 Bonn
Tel.: 0228/23 90 96

Kulturmanager

Studiengang Kultur-, Medien- und
Freizeitmanagement
Fachhochschule Gelsenkirchen
Emscherstraße 62
45877 Gelsenkirchen
Tel.: 0209/959 60

Fernuniversität Hagen
Weiterbildendes Studium
Kulturmanagement
Postfach 940
58084 Hagen
Tel.: 02331/987 44 41

Zusatzstudium »Kultur- und Medien-
management«
Hochschule für Musik Hanns Eisler
Berlin
Postfach 147
10104 Berlin
Tel.: 030/779 28 03

Studiengang »Angewandte Kulturwissenschaften«
Universität Lüneburg
Zentrale Studien- und Studentenberatungsstelle
Scharnhorststraße 1
21335 Lüneburg
Tel.: 04131/780

Polizist

Gewerkschaft der Polizei
Forststraße 3a
40721 Hilden
Tel.: 0211/710 40

Rund um die Freizeit

Spezielle Infos zu den jeweiligen Jobs

Hotelmanager

Deutscher Hotel- und Gaststättenverband
Kronprinzenstraße 46
53173 Bonn
Tel.: 0228/82 00 80

Österreich:
Hotel- und Tourismusschulen Modul der Wirtschaftskammer Wien
Peter-Jordan-Straße 78
1190 Wien
Tel.: 0222/476 70-0

Schweiz:
Schweizer Hotelier Verein
Monbijoustraße 130
3001 Bern
Tel.: 031/370 41 11

Verein Schweizerischer Hotel- und Restaurantfachschulen
Postfach 4943
6002 Luzern
Tel.: 077/43 03 43

Kosmetiker

Bundesverband Deutscher Kosmetikerinnen
Liesengangstraße 10
40211 Düsseldorf
Tel.: 0211/36 58 91

Schweiz:
Verband für Kosmetik
Bachmattstraße 53
8048 Zürich
Tel.: 01/431 31 86

Pilot

Vereinigung Cockpit e. V.
Lerchesbergring 24
60598 Frankfurt a. M.
Tel.: 069/68 10 65

Deutsche Lufthansa AG
Hauptverwaltung
Von-Gablenz-Straße 2–6
50679 Köln
Tel.: 0221/82 60

Österreich:
Austrian Airlines
Sektion Cockpitpersonal
1300 Schwechat, Flughafen
Tel.: 0222/70 07-35 11

Systemgastronom

Deutscher Hotel- und
Gaststättenverband
Kronprinzenstraße 46
53173 Bonn
Tel.: 0228/82 00 80

McDonald's Deutschland Inc.
Drygalski-Allee 51
81477 München
Tel.: 089/78 59 40

Touristikexperte

Deutsche Zentrale für Tourismus
Beethovenstraße 69
60325 Frankfurt a. M.
Tel.: 069/757 20

Verband Deutscher Kur- und
Tourismus-Fachleute
Bertha-von-Suttner-Platz 13
53111 Bonn
Tel.: 0228/69 86 22

Fernstudiengang Touristikmanagement
Institut für Sport, Freizeit und Touristik
Rothenburg 41
48143 Münster
Tel.: 0251/547 18

Berufsbegleitendes Studium
Hotelmanagement und Touristik
Hotel Touristik Akademie an der ISM
Technologie Park
Otto-Hahn-Straße 37
44227 Dortmund
Tel.: 0231/757 96

Akademie für Touristik
Lessingstraße 13
79100 Freiburg/Breisgau
Tel.: 0761/70 19 36

Österreich:
Fachhochschule für Tourismus-
Management der Wirtschaftskammer
Wien
Peter-Jordan-Straße 78
1190 Wien
Tel.: 0222/476 70-0

Rund ums Lernen

Infos über den gesamten Bereich

Gewerkschaft Erziehung und
Wissenschaft
Reifenberger Straße 21
60489 Frankfurt a. M.
Tel.: 069/78 97 30

Spezielle Infos zu den jeweiligen Jobs

Berufsschullehrer

Bundesverband der Lehrer an
beruflichen Schulen
Dreizehnmorgenweg 36
53175 Bonn
Tel.: 0228/37 19 59

Österreich:
Berufspädagogische Akademie des
Bundes in Wien
Grenzackerstraße 18
1100 Wien
Tel.: 0222/601 18-0

Gymnasiallehrer

Deutscher Lehrerverband
Burbacher Straße 8
53129 Bonn
Tel.: 0228/21 12 12

Deutscher Philologenverband e. V.
Bahnhofsweg 8
82008 Unterhaching
Tel.: 089/625 16 19

Schweiz:
Dachverband Schweizer Lehrerinnen
und Lehrer
Postfach 189
8057 Zürich
Tel.: 01/311 83 03

Stichwortregister